幸福广州的探索与实践

肖欢欢 著

SPM
南方传媒

广东人民出版社
·广州·

图书在版编目（CIP）数据

幸福广州的探索与实践/肖欢欢著. —广州：广东人民出版社，
2024.6

ISBN 978 - 7 - 218 - 17505 - 8

Ⅰ. ①幸… Ⅱ. ①肖… Ⅲ. ①城市发展—研究—广州
Ⅳ. ①F299. 276. 51

中国国家版本馆 CIP 数据核字（2024）第 073392 号

XINGFU GUANGZHOU DE TANSUO YU SHIJIAN

幸福广州的探索与实践

肖欢欢　著

出 版 人：肖风华

策划编辑：赵世平
责任编辑：赵瑞艳
责任技编：吴彦斌

出版发行：广东人民出版社
地　　址：广州市越秀区大沙头四马路 10 号（邮政编码：510199）
电　　话：（020）85716809（总编室）
传　　真：（020）83289585
网　　址：http://www.gdpph.com
印　　刷：广州市豪威彩色印务有限公司
开　　本：787mm×1092mm　1/16
印　　张：18　字　数：230 千
版　　次：2024 年 6 月第 1 版
印　　次：2024 年 6 月第 1 次印刷
定　　价：45.00 元

如发现印装质量问题，影响阅读，请与出版社（020 - 87712513）联系调换。
售书热线：（020）87716172

广州市宣传文化人才培养专项经费资助项目

序言

广州何以幸福

习近平总书记指出："人民对美好生活的向往，就是我们的奋斗目标。"过去几年，广州坚持以人民为中心的发展思想，持续增加民生投入，着力提升公共服务水平，在发展中不断增进民生福祉，努力实现"幼有所育、学有所教、劳有所得、病有所医、老有所养、住有所居、弱有所扶"，因为这是我们过去、现在以及未来孜孜以求的目标。多年来，广州市各级各部门坚持以不断满足城乡社区居民日益增长的美好生活需要作为城乡社区治理工作的出发点和落脚点，积极践行共建共治共享的城乡社区治理理念。让全体群众共享改革开放发展成果是中国特色社会主义的本质要求，是新发展理念的重要内涵之一。迈入新征程，聚焦群众"急难愁盼"问题，在推动高质量发展过程中着力解决民生难题、兜牢民生底线，把高质量发展同满足人民群众美好生活需要紧密结合，广州努力让发展更有温度、幸福更有质感，朝着共同富裕方向阔步迈进。

2022 年和 2023 年的"中国最具幸福感城市"调查推选，广州连续两年入围。有人评价广州的吸引力在于顶着一线城市的头衔，还有着三四线城市的烟火气。在中国，要说最具幸福感的城市，广州绝对名副其实。

广州作为国内最早推动行政审批改革的地区之一，自 2015 年开始就实施"一窗"政务服务改革。近两年，又推出不见面审批、云上办等改革措施，将用水、用电、燃气、地铁、有线电视等市政公用企业事项纳入集成服务。广州市政务服务大厅可办理 50 多个部门 1972 个政务服务事项，"一门"率达到 100%，实现网上政务服务"无差别受理、同标准办理"。"穗好办"App 汇聚 2800 多个事项，覆盖社保、公积金、户政、教育、医疗、交通、不动产等市民的身边事和常见事。

在水文化底蕴深厚的广州，一条珠江和无数大大小小的河涌，记录千年古城的发展历程。自 2019 年以来，广州高起点高质量规划建设千里碧道，截至 2022 年底，广州已累计建设碧道超 1000 公里，实现从治理水陆本体，向水陆统筹治理的转变。广州在碧道建设中注重统筹水环境治理、水生态修复工作，通过"碧道＋污染治理"巩固提升水环境质量。数据显示，目前，广州纳入国家监管的 147 条黑臭河涌全消除、13 个国省考断面水质全达标、劣 V 类水体断面全清零。良好的生态环境关系着经济社会发展潜力和后劲。一座高质量发展的城市，就是要让居住在这里的群众能共享发展的成果。

截至 2021 年底，广州常住人口约 1881 万，其中近 900 万为非户籍人口。如何让新广州人这个庞大的群体在广州没有隔离感和排斥感？文化是重要的纽带。广州以"基层文化创新"为目标，通过公共文化服务与社会治理融合试点，促进形成基于文化认同的社区共同体，探索"以文惠民""以文兴旅""以文化人"的基层社会治理新路径。

如今，去图书馆已经成为很多广州市民日常生活的一部分，也是很多广州人周末充电学习的选择。广州的图书馆资源也曾面临不够用、不平均的困扰：拥有丰富文化服务资源的老城区、中心区，如何与文化资源较为匮乏的非中心区实现资源共享？

为解决资源流动的"最后一公里"，广州在全国首次以地方性法规的形式，明确建立在全市以广州图书馆为中心馆、各区设分馆，各区以区公共图书馆为区域总馆，镇、街道公共图书馆为分馆的图书馆总分馆制体系。凭借这个体系架构，全市的图书文化资源可以跨区域、跨上下层流动。截至 2020 年底，广州图书馆覆盖率达 96%，平均每 5.2 万人就拥有一座公共图书馆

（分馆）。沿着服务场馆建设的足迹，公共文化资源向更远更深处延伸。如今广州已形成以标志性文化设施为龙头、特色基层文化设施为纽带的市、区、街（镇）、社区（村）四级公共文化设施网络体系，公共文化设施服务半径基本形成城市"10分钟文化圈"、农村"10里文化圈"。截至2020年底，每万人拥有室内公共文化设施面积1512平方米。

社会保障制度保障和改善民生，也维护着社会公平、增进人民福祉，是让广大人民群众共享改革发展成果的制度保障。医疗保障是百姓民生福祉的重要内容。近年来，广州以人民健康为中心，推进基本公共卫生服务均等化，基本医疗卫生制度向全民提供，布局"一主一副五分网络化"医疗服务空间，引导医疗资源向城市薄弱地区延伸。2016—2021年，广州市医疗卫生机构从3806家上升至5814家，床位数从8.8万张上升至10.7万张，专业卫生技术人员从13.8万人上升至18.8万人，人均医疗资源稳居全国前列。广州还建立了覆盖所有社区卫生服务中心和镇卫生院的家庭医生服务体系，有1722个家庭医生团队为群众提供基本医疗和健康管理服务。近年来，广州陆续推出"穗岁康"、长护险等补充医疗保障体系。其中，"穗岁康"作为基本医疗保险的有效补充，零门槛投保，不受既往患病史、年龄限制，且覆盖医保不覆盖的大病自费部分，重点保障罕见病治疗，其普惠性质明显，适用对象更广，覆盖面也更大。截至2022年12月15日，2022年"穗岁康"已超过300万人参保，新增参保人数达73万人。

在关爱长者方面，广州社区居家养老服务改革试点贴近民心。紧紧抓住助餐配餐这个老年人最关心、最直接、最现实的利益问题，下达1.37亿元统筹推进中央财政支持居家和社区养老服务改革试点及全市"3＋X"创新试点，重点构建全覆盖的社会化"大配餐"服务体系，营造人人参与、人人尽力、人人共享的共建共治共享助餐配餐服务格局，并以此为抓手推进社区居家养老服务改革。截至2022年底，全市共有长者饭堂1000多个，覆盖全市街道（镇）、社区（村），市中心城区10～15分钟，外围城区20分钟的全覆盖、多层次、多支撑、多主体的服务体系基本形成。

近年来，在幼有所育、学有所教、劳有所得、病有所医、老有所养、住有所居、弱有所扶上取得了新进展，广州不断擦亮幸福城市的成色和底色，在与城市共建共治共享发展中获得感幸福感安全感不断增强。

放眼未来，随着广州持续推动幸福社区、社区居家养老、城乡社区网格化服务管理、社区议事厅、社区微改造等多项重点工作，城乡社区公共服务水平持续提高，广州市民的幸福感和获得感将持续增强，"幸福广州"将成为广州的一张金字招牌。

广州已经连续多年获得"中国最具幸福感城市"殊荣，某种程度上说，获奖就是对广州这座城市最大的褒扬。尽管广州在国内一线城市中 GDP 不是最亮眼的，但这并不影响广州的"江湖地位"和广州人的幸福感。作为一名在广州生活了将近 20 年的"新广州人"，这些年，我也一直在品味广州的"幸福滋味"，也逐渐在一个个暖意融融的细节中爱上广州。在一个个深夜，当我在电脑前回味着"幸福广州"的滋味时，一个个面孔浮现在我眼前。广州何以幸福？我相信每个人都有不同的答案，每个人都有爱广州的不同理由。

在这本书的创作中我特别要感谢广东人民出版社的赵世平老师和赵瑞艳编辑，他们对书稿内容反复修改，多次打磨，为书稿内容增色不少。其次，在此书的创作中，我还要感谢我的妻子关晨夕，两个可爱的儿子肖宇宸、肖景天，我的妻子在我忙于撰写书稿的几个月中承担了大部分家务，使我能够安心创作，我的两个儿子也在本书创作中给了我不少灵感，感谢两位小天使。

目录

CONTENTS

7 病有所医

8 广州街坊

9 口袋公园

10　1 小时生活圈

1 河涌"变身记"

水清河绿中的"幸福密码"

　　珠江穿城而过，上百条河涌汇入其中。因水得城，依水而建，水是广州城市的灵魂。但长期以来，黑臭的河涌、沟渠，也让广州百姓十分头疼，成为影响居民生活幸福感的重要"堵点"。2018 年以来，广州市以纳入国家监管的 147 条黑臭河涌治理工作为重点，探索特大型城市治水的有效路径。过去几年，广州以河湖长制为重要抓手，深入落实市总河长令，加强对全市 197 条黑臭河涌的动态监测及重点督办河涌的监督管理，推进河湖"长制久清"，全力打造"水清岸绿、鱼翔浅底、水草丰美、白鹭成群"的美好水环境。随着广州市大力度推进城市绿化美化，深入推进水质治理，城市生态环境质量越来越好，广大市民对生态环境的满意度越来越高。2023 年，广州首次提出《绿美广州建设五年行动计划》，高质量建设人与自然和谐共生的绿美广州，让市民对未来的美丽广州有了更多期待。

用"绣花"功夫治水，提升城市精细化管理水平

　　长度超过 18 公里、流经 9 条城中村、龙舟文化底蕴深厚，作为广州

东部一条重要的河涌，车陂涌一度是全市最黑臭的河涌之———垃圾成堆，又黑又臭。每年夏天，居住在河涌两岸的居民都不敢开窗，因为臭味实在太难闻了。与河水黑臭相对应的是，河涌两岸垃圾遍地，经常有泥头车趁着晚上将垃圾偷倒在这里。"经常时不时见到偷排的污水冒着泡泡。破窗效应越来越明显"。

但经过3年的整治，截至2022年底，沿着河涌走，已是花草吐芳、白鹭飞翔、鱼翔浅底的乡村风光。环卫工老杨负责河道清护已近3年，车陂涌的变化一直看在眼里。如今，每天下午，都有人在车陂涌两岸钓鱼。在现场钓鱼的群众说，过去河涌不仅没有鱼，连其他生物的影子也没看见。杨师傅说，车陂涌的变黑变臭是因为两岸的居民生活污水和小商店的污水都直排进入河涌中，而且是没有经过任何处理的直排。经过治理后，臭味没了，水质清了，鱼儿也多了，老杨曾见到过一条罗非鱼，估计有两三斤重。"河涌没治理好，别说河涌中没有鱼，有鱼你也不敢吃，臭水沟中养出来的鱼，谁敢吃？"

从2022年开始，车陂涌两岸的生态环境进一步优化。晚上还能在河涌边看到萤火虫。车陂涌是如何实现华丽变身的？用一句话概括，就是"排水用户全接管、污水管网全覆盖、污水处理全达标"。先通过定量分析，再划分排水单元，对污染源"重点出击、各个击破"。首先，天河区水务部门将车陂涌流域按分水岭划分为58个排水分区，按用地情况划分为872个排水单元，结合用水量、人口分布和水质监测情况，对污染源情况进行定量分析和科学研判。然后，对流域内9条城中村截污纳管，同时稳步推进住宅小区、企事业单位排水单元达标建设，最终实现全流域雨污分流。车陂涌也是广州最早进行"清污分流"的河涌之一。

在"四洗"清源，即"洗楼""洗井""洗管""洗河"的基础上，当地还统一调配引入山水、水库水和处理过的中水等洁净水源进入受污染河道，帮助河道更好地恢复自身净化能力。"河涌黑臭，老百姓的幸福感如何提高？为了车陂涌变清，可以说，该想的办法我们都想了。"天河区水务部门介绍说。为此，当地敷设管道 102 公里，每天引山水约 3.9 万立方米流入主涌，让主涌的 COD（化学需氧量）和 BOD（生化需氧量）逐年下降。

要想大河净，先要小河清。2020 年 4 月，广州市颁发第 8 号总河长令，要求清理城乡水系 "毛细血管"，全面治理边沟边渠、风水塘、山塘、鱼塘等小微水体，为全市实现水清湖绿创造 "微环境"。截至 2023 年 8 月，市总河长令第 8 号下达的 168 宗黑臭小微水体整治任务已全部完成，全部 "不黑不臭"，广州范围内 "小河清，大河净" 目标基本实现。

车陂涌是近年来广州河涌整治的缩影。位于海珠区晓港公园内的晓港湖经过 3 年治理，华丽变身，从过去的黑臭难闻，到现在成为周围居民休闲、纳凉的好去处。通过全面截污、生态治理，晓港湖变成清澈见底的 "水底森林"。在此之前，晓港湖曾是海珠区黑臭湖体的典型代表，居住在湖泊附近的居民夏天都不敢开窗，因为河水实在太臭了，蚊虫也非常多。即便居住地附近没有菜市场，还是经常有老鼠顺着排污管跑进

◎ 治理后的河涌清澈见底

居民家中。夏日的午后，阳光打在碧绿的湖面上，长长的水草在湖底摇曳，一排游船静静停靠岸边，三五游人在树荫下漫步，宁静而美好。常来公园锻炼的阿姨说："湖水清澈了，真是让人心旷神怡。一到周末，小孙子就吵着要我带他来这里写生。"

1975年，晓港公园建成开放，其中心湖晓港湖与海珠涌相连。随着周边建筑物越来越密集，水体富营养化程度不断加重，水下生态被严重破坏，水体也渐渐混浊发绿。因为周围的河涌水环境也恶化，不能为晓港湖补充清洁水源，晓港湖的水体一直摘不掉"劣五类"的标签。为根治晓港公园水质问题，2016年开始，海珠区以晓港湖为试点实施水生态治理。首先，打出源头治污"组合拳"。当地对晓港湖实施全面截污，拆除海珠涌沿线违法建设3922平方米，全线关停对晓港湖水质产生影响的餐饮项目，取缔了公园内存在了二十多年的烧烤场，从源头控制沿湖周边餐饮的污水排放。同时，因地制宜，为湖体配置四季常绿的苦草类水下草皮，并分步投放各类鱼虾螺贝，逐步形成生态水质自净系统，就像一座"水底森林"，从而促进水生态系统的稳定与平衡。

经过两年多的治理，2018年8月，经检测，晓港湖几大主要水质指标（透明度、氧化还原电位、溶解氧、氨氮）皆由劣Ⅴ类水质变成Ⅲ类水质，湖区中心水体透明度已达2.2米。截至2020年底，晓港湖水体已稳定保持Ⅲ类水质，个别月份水质监测可达到Ⅱ类水质。截至2022年底，海珠涌东段已达到Ⅲ类水质，西段达到Ⅳ类水质。水质清冽的晓港湖又回来了。

晓港湖的湖水就是海珠涌的水，通过整治可让湖水达到Ⅱ类、Ⅲ类水质的标准，这也说明了，海珠涌的水也是可以达到这样的标准。海珠区水务局相关负责人表示，晓港湖水体的几大主要水质指标由地表劣Ⅴ类水质变成Ⅱ类水质，水体透明度达到2米，湖水清澈见底且无任何异味，水体生态状况得到大大改善。晓港湖的湖水量大约是海珠涌水量的

1/4，根据晓港湖试点治理的效果，他们很有信心让海珠涌及其他区内河涌的水质也变得如此。

在广州市天河区珠江新城中央商务区，猎德涌在林立的高楼之间穿过，水草丰茂、鱼翔浅底，成群白鹭在河道中觅食、嬉戏。如今，这是广州"城市客厅"里的一道风景线，而在过去，这却是一条人人避而远之的"臭水沟"。"最大的变化就是以前河水的气味比较难闻，我们都尽量不经过这边。最近这几年，臭味消失了，空气变得非常清新。"住在附近的市民黄彩红见证了它翻天覆地的改变，"现在猎德涌的水很清澈，小鱼都清晰可见，白鹭越来越多，成群地在这里觅食，周边居民都经常来河涌边散步。"2016 年，广州全面落实河（湖）长制，啃起了治水这块"硬骨头"。当时天河区"摸着石头过河"，在全市率先开展洗楼、洗井、洗管、洗河的"四洗"行动，还因地制宜地摸索出"降水位、少清淤、不调水"保持河涌低水位运行的生态修复治理方式。天河区水务局河湖科副主任赖锦丰回忆说："为了进一步提升水质，我们将水位降下来，便于观察和管理各个排口，这给我们带来了一个很大的惊喜——经过半年多的阳光照射，原来这一片黑色的底泥开始自然消纳并逐渐沙化了，还原了自然的本底情况。"

2018 年，猎德涌终于摘掉了"劣 V 类"这顶"帽子"，截至 2023 年上半年已达到Ⅲ类水质标准。猎德涌水生态环境的治理和改善，是广州迎难而上、探路超大城市治水之道的一个生动注脚。

近年来，广州以"绣花"功夫开展源头治理、综合治理，治水不断取得新成效。2023 年 1—7 月，广州已完成治理的 147 条城市黑臭河涌持续保持不黑不臭；在住建部发布的全国 38 条治水经验中，广州被收录 14 条，数量位居全国第一。2023 年 4 月，习近平总书记在广东视察时强调，推进中国式现代化要把水资源问题考虑进去，以水定城、以水定地、以水定人、以水定产。当前，广州在现有治水成果的基础上，又提出新的

◎ 白云区的碧道成为附近居民跑步健身的热门打卡地

目标——全域建设造福人民的幸福河湖。

位于黄埔区的南岗河源自乡野、穿越都市，犹如镶嵌在城市间的一条绿色长廊。2022 年，南岗河成为广东省唯一一条入选水利部首批幸福河湖建设的河流。黄埔区水务局副局长李志刚说，以碧道为引领，促进"水、产、城"综合发展是建设的关键，"目前南岗河两岸 24 公里的碧道已经全部建成，串联起各个口袋公园、桥下空间、河滨湿地。平常有许多市民在这些公共空间搭帐篷、开露天音乐会、烧烤。整个城市空间、人们的居住环境都得到了很大的提升"。

幸福河湖建设拓宽了人水和谐的城市新空间，生态岸线达到 90% 以上，多种生物在这片"城市绿洲"栖息。"我们科学地营造出适合生物栖息的环境，包括浅滩、水田、站立桩等等。另外，我们还有意识地保持河流周边竹林或树林的密度，方便鸟类筑巢。目前，这一系列做法取得了明显的效果，现在流域内有鸟类 68 种，包括国家二级重点保护鸟类褐翅鸦鹃、红喉歌鸲和画眉，白鹭、池鹭等鸟类也明显增加。"南岗河街镇级河长、长岭街道党工委书记沈凯说道。

南岗河重新变回了市民记忆中"小时候家门前的那条河"，成为一条极大提升居民幸福感的"幸福河"。

在广州，过去 5 年间，像这样的黑臭河涌变清变绿的案例还有很多。位于广州市中心城区西北部的石井河，曾是广州有名的黑臭河涌，这条水系的健康，甚至影响着珠江水质。东塱断面能否达标，关键看石井河。白云区副区长曾东标曾表示，以前的石井河，河水就像"墨汁"一样。不少人说："如果石井河都能治好，中国没有哪条河治不了。"2021年1—9月，石井河口断面稳定达到IV水质目标，优于省考核标准，氨氮浓度较整治前下降近90%，白鹭重现石井河。

147条国管河涌告别黑臭，实现"长制久清"

2017年5月以来，广州以"控源、截污、清淤、补水、管理"为方针，探索建立超大城市水环境治理的"12345"思路，全市水环境质量持续稳定改善并取得全面达标的历史性突破。截至2021年底，广州全市被纳入国家监管的147条黑臭河涌全部消除黑臭并达到"长制久清"，13个国省考断面水质由2017年4个未达到考核要求到目前全部达到考核要求。

在体制机制方面，广州全面落实河湖长制，建立"河长责任""发现问题""解决问题""监督考核""激励问责"五大机制；成立五大流域管理机构，推进广佛跨界河流联合治理；创新推行河湖警长制；积极推进排水立法，颁布出台《广州市供水用水条例》，审议通过《广州市排水管理条例》等。在源头治污方面，广州采取"源头治理、全面推进、分

◎ 风景如画的河涌衬托出广州的"水之美"

◎ 荔湾区花地河两岸经过治理后风景秀丽

类处置、分步实施、智慧监管"的工作思路，清理整治"散乱污"场所。截至 2021 年 9 月底，国省考断面涉及的 75 条劣 V 类一级支流已有 56 条阶段性达标。在设施方面，广州加快推进污水收集处理设施建设。2017 年至 2021 年 9 月，全市新建污水管网 19616 公里，新（扩）建污水处理厂 30 座，截至 2022 年底，广州污水处理能力达到 785.83 万吨/日，位居全国第二。随着全域建设幸福河湖的脚步不断提速，人与自然和谐共生的绿美广州生态新格局逐步形成，让市民享受到更多的生态福祉，为新时代广州高质量发展提供坚实支撑。这也是广州贯彻落实"绿水青山就是金山银山"理念的生动实践。

在广州治水史上，曾有将自然河道和排洪沟渠人为覆盖并配置截污闸的做法，通过该做法形成的人为覆盖排水设施称为"渠箱"。由于渠箱大多同时容纳雨水和生活污水，一旦下大雨需要开启截污闸释放积水时，往往导致河涌湖泊等水体产生黑臭问题。部分基层水务部门为减少河涌湖泊污染，尽量避免开启截污闸，此举容易导致渠箱关联的社区在暴雨中排水不畅，引发内涝隐患。不少社区居民每年夏天就为遭遇黑臭河涌污水倒灌进入家中而苦恼不已。为减少渠箱致污致涝风险，广州市曾在 2020 年发布第 9 号总河长令，要求在 2023 年年底前完成全市 443 条合流渠箱雨污分流改造工作。在各方努力下，广州终于在 2022 年底完成 350

条合流渠箱清污分流的任务，初步实现"打开截污闸"的目标。

过去以来，由于截污闸水质污浊，无法"开闸"，导致猎德涌附近的几个村居很容易出现内涝。在汛期到来时，经治理可打开截污闸的渠箱，可让关联社区的雨水更容易排走，减少内涝。为容纳因清污分流改造工作而多收集的生活污水，广州不断提升生活污水处理能力。截至2022年底，广州各城镇污水处理厂设计处理规模达每天800.03万吨，位居全国第二。

随着广州河湖水生态持续向好，全市147条黑臭河涌治理成效得到巩固提升，20个国省考断面水质全部达标，劣Ⅴ类断面全部清零。

"厂—网—河"一体化管理实现河涌"长制久清"

2022年1月24日，生态环境部召开2022年首场例行新闻发布会，生态环境部总工程师张波在发布会上对广州排水单元达标建设工作的做法表示认可。他指出，广州把一个城市划分成几万个排水单元，一个小区、一幢楼是一个单元，一个商户门前的雨水箅子也可以划分成一个排水单元，如果雨水箅子里不是雨水，而是污水垃圾，被发现之后要承担

◎ 海珠湿地碧道景色宜人

◎ 从化区流溪河水库风光秀美

相应责任。广州为几万个排水单元，分别设置了达标的工作规范。这是广州治水中的成功经验。

2019年9月，广州市委、市政府决定利用5年时间，在全市开展排水单元达标建设攻坚行动，推进全市2.8万个排水单元达标建设工作，实现"排水用户全接管、污水管网全覆盖、排放污水全进厂"的污水治理体系，从源头实现"雨污分流"。排水单元达标建设是广州水环境治理的重要任务。按照市委、市政府要求：2020年底前，全市排水单元达标比例达到60%，率先完成机关事业单位（含学校）类排水单元达标工作；2022年底前，全市排水单元达标比例达到80%，力争达到85%；2024年底前，基本完成排水单元达标建设任务，建成区雨污分流率达到90%以上。

排水单元建设达标后，还要管理好。首先要推进排水综合管理，实现专业化精细化。一是切实精细推进排水户的摸查和整治工作。二是全面强化排水设施管理。开展排水设施管理养护工作考评，推动中心城区排水设施全覆盖、无死角管理养护。三是实行"厂—网—河"一体化管理，统一接收并管养维护排水设施，让无效管网变有效、低效管网变高效，实现生态效益、社会效益的统一。四是加强供排水上下联动。五是推进排水单元达标创建。

广州以实现"雨污分流、各行其道、污水处理、雨水利用"为目标，结合海绵城市、内涝治理、路网改造、管网升级、片区改造开发等项目配套建设，印发实施《广州市全面攻坚排水单元达标工作方案》《广州市城镇污水处理提质增效三年行动方案（2019—2021）》等文件；部署"排水单元达标"攻坚行动，明确单元红线内部设施的权属人、管理人、养护人、监管人"四人"到位；并以雨污分流原则，整合各部门力量，开展排水单元达标建设。工作组与各镇街在排水单元验收过程中，对排水单元验收流程进行了梳理，对排水单元的验收标准进行了归纳总结。对排水单元的验收是否合格总结了"一票否决"内容：一是排水单元雨水总排口有积水并且水质监测不合格（氨氮试纸指数为5以上）不通过；二是排水单元未经初验不通过；三是发现缺少相关重要资料不通过。在了解过各排水单元的实际情况后，工作组也对排水单元提出新的要求。同时，各镇街对验收合格的排水单元给予表彰，形成各镇街之间、镇街内各排水单元之间的良性竞争，带动排水单元工作进程，形成"比、学、赶、帮、超"的氛围。

2019年以来，广州持续发力，把排水单元达标工作深度融入"科学治水、智慧排水"的规划蓝图中，致力全面实现"排水城区管养一体化、全市排水一张网、排水许可一件事、排水整治一要求"的"四个一"建

◎ 流溪河白云区段风光

◎ 流溪河鸦岗段出现白鹭翻飞的场景

设管理目标，最终实现"污水管道低水位、有浓度、水畅流；雨水管道无积泥、晴天无水流"，为建设地下管网这一"看不见的美丽工程"提供广州经验。为了规范排水单元达标建设工作程序，有效推进排水单元达标攻坚工作，自2020年起，广州市河长办将各区排水单元达标建设工作纳入河长制考核体系，印发了《广州市排水单元达标考核办法》，每月对各区排水单元达标建设工作进展进行通报，并定期将有关情况专题向市委、市政府报告。对落实攻坚任务进展滞后的，适时约谈区级河长或相关责任人；约谈后仍未及时整改的，则按照《中共广州市委办公厅　广州市人民政府办公厅关于印发〈广州市水环境治理责任追究工作意见〉的通知》有关规定进行问责处理。截至2022年初，全市已完成达标认定排水单元1.88万个，面积644平方公里，达标面积占全市总排水单元面积的84.83%。

河涌黑臭，很大程度上跟工业企业排污有关系。很多河涌黑臭，很大原因是河涌两岸存在很多非法偷排的企业，而且排污管网没有进行升级。当然，受疫情影响，不少企业也面临着不少困难。广州市因地制宜，协调解决企业排污难题。黄埔区是广州市内的工业大区，工业企业众多，规模以上工业总值占广州市的41.7%，工商企业类排水单元1520个，共占66.15平方公里，是现阶段排水单元达标建设的重点和难点。因此，黄埔区以服务企业为宗旨，由各街镇牵头，建立了生态环境、住建、水务等部门与企业互动协调机制,及时主动排查企业排水排污情况,为企业排水单元自主整改进行 "把脉问诊"。

黄埔区某企业,从20世纪90年代建厂至今,因场地地基软弱、管道沉降、厂区多期扩建等问题,内部排水管网存在管道脱节等结构性缺陷,雨污混流问题严重。区水务部门、属地街道以及排水公司多次现场指导,为企业答疑解惑,对企业存在问题进行全方位摸查,组织专题会议指导企业开展整改,千方百计帮助企业完善排水管网,实现雨污分流。该公司通过组织人员摸查、委托专业公司勘测评估、规划综合方案、实施项目维修整改,经过一年多的时间,对全厂1000余个管井、8000多米主管网完成逐一排查和整改,清淤疏理600余座管井,最终成功完成了排水许可证申办以及排水单元达标建设验收工作,于2021年12月3日完成排水单元达标挂牌。对企业来说,企业生产环境大幅改善,员工上班心情也更舒畅了。同时,也不用担心因为排放不达标污水而给公司发展 "拖后腿" 了。

这是广州市排水单元达标建设工作见成效的一个缩影。要实现河清湖绿,需要从源头上解决污水问题,而开展排水单元达标建设工作,就是从源头上解决问题的主要措施。排水单元达标建设,涉及排水单元的

◎ 珠江飞白鹭,景色醉游人

权属人、管理人、养护人、监管人，也涉及千家万户，需要全民的支持和配合。借助排水单元达标建设，把治水理念、爱水护水的意识传导到每一家每一户，提高市民保护环境意识，每个人都爱护河涌，保护河涌，治理河涌，才能真正实现河涌长制久清。

重点解决跨界河涌治污"顽疾"

近年来，广州市水环境综合治理水平不断提升，水环境质量持续向好。然而，跨界河涌治理依然是水环境治理工作的一大盲点、难点、堵点。由于存在责任区分难、标准不一致、治理不同步等问题，跨界河涌水质波动风险仍然较大。根据广州市河长办跨界河涌专项小组提供的资料，全市跨界河涌共有 86 条。其中，广佛、广清、广惠、广莞、广中、广韶跨市河涌共占 35 条，市内跨区河涌占 51 条。

2021 年以来，广州市水务部门针对广州、中山两市河道交界区域开展水行政执法工作，严厉打击两市交界区域内非法洗泥、洗砂行为。2022 年 4 月，广州市水务局与中山市水务局签订联合执法协议。根据协议内容，在两市交界区域内，双方水政监察部门任何一方都须对水事违法行为进行调查，若违法地点不属于本市管辖范围内的，则按属地管辖原则移交至另一方依法查处，或者提请省水利厅或省西江流域管理局依法查处。两地形成合力，协同打击交界水域各类水事违法行为，共同维护好河道水事秩序。此外，广州市先后在花都区、荔湾区召开广佛联防联控联治协调会，达成联治共识，还制定了花都、南海、三水区和荔湾、南海区联合治理、联合检查行动方案及问题清单，共同推动跨界河涌治理工作。每年都会开展多次跨界河涌综合整治行动。

其中，花都区覆盖广佛跨界的重点区域包括炭步镇、鲤鱼涌、南海区里水镇象安公涌周边污染源，花都区赤坭镇、三水区涉九曲河和下巴

◎ 番禺区大龙街河涌保洁队进行保洁工作

排洪河周边污染源。同时，花都区白坭河流域共有跨界河涌4条，其中与佛山市三水区交界河涌2条（九曲河、下巴排洪河），与佛山市南海区跨界河涌1条（象安公涌），与清远市清城区跨界河流1条。跨界河涌治理不同步一直是制约花都区水环境治理的难点问题。2022年1月20日，广州市河长办会同佛山市河长办在花都区炭步镇召开广佛跨界河涌水污染联防共治协调会。会议就联防联控联治达成共识。"有了共同的执法标准后，跨界河涌的治理效率大幅提高，也对沿线排污企业形成巨大震慑。"广州市河长办负责人介绍。

根据监测数据，近年荔湾区与南海区接壤的牛肚湾涌、铁路边涌、五眼桥涌、秀水涌问题较多，均属于佛山市南海区接壤广州市河涌段的下游。2022年2月25日，广州市河长办会同佛山市河长办召开第二次广佛跨界河涌水污染联防协调会，对第一次联防共治会议落实情况进行"回头看"，进一步定实联合治理和联合检查方案，确保"目标、问题、任务、进度、责任五清楚"管理要求；市级层面原则上每季召开联防共治协调会，区级层面原则上每月建立会商机制，各相关镇街加强并保持常态性的联合互动；每月10日前将工作开展情况报本市河长办备案。

广州市河长办在进一步提升河涌跨界联合治理能力的同时，也在切实强化各区、各相关部门对水污染防治工作的制约和监督：优化健全河长管理体系。建立"市第一总河长（市总河长）—流域河长—市级河长—区级河长—街（镇）级河长—村居级河长—网格长"的多级河长体系。按照"小切口，大治理"原则，建立以网格为单元的治水体系，把散乱污治理、违建拆除、管网建设、巡查管理等"控源、截污、管理"的治水工作落实到每个网格单元。压实各级河长责任。结合全市"四标四识"划分的网格成果，实现河长巡查工作由"水"向"岸"深化、控源重点由"排口"到"源头"转换。将网格长纳入"河长制信息化平台"，建立问题发现、分类、处理、销号等处置机制，建立"网格长、村居级河长巡查发现问题，镇街级河长处置问题，区级以上河长统筹协调问题"机制，相关工作纳入河长制工作考核。建立网格长履职评估机制。网格长主要行使"发现问题"的职责，包括且不限于：履行"一日一巡"，每日对网格范围全面巡查，主要对"民宅办厂"、农业违法养殖、违法建设、两岸未贯通、河面河岸垃圾、水质黑臭、入河排污口、农污设施未运行、水务设施损坏等问题进行排查，并将发现的问题通过河长App及时上报。同时，将网格长履职评估纳入河长制考核工作内容，市河长办对网格员履职情况开展明察暗访抽查，及时督促其落实工作，并公开抽查结果。对不履职、不尽职的，进行通报批评；对情节严重的，按规定追究相关责任。截至2022年底，广州市跨界河涌已全部实现"不黑不臭"目标。

在2023年8月17日的新闻发布会上，广州市水务局副局长李明介绍了近年广州在深化河湖长制、引导公众参与治水、建立问题预警机制等方面工作的最新进展。他表示，2023年1—7月，广州已完成治理的147条黑臭河涌持续保持不黑不臭；住建部发布的全国38条治水经验中，广州被收录14条，数量全国第一。他表示，为深化河湖长制，广州市水务局制定《广州市河湖长制监督检查办法》，修订《广州市河长制工作有奖举报办法》，印发《关于建立健全城市黑臭水体治理长效机制工作方案》，

◎ 秀美东濠涌

将各级河长履职情况纳入日常监督内容，对工作不力的相关单位和个人严肃追究责任。同时，引导公众参与治水，鼓励群众监督举报违法排水排污行为。组织全市1万多名民间河长巡河护河，建设11个治水志愿者驿站，形成共建共治共享的治水格局。河涌变绿变清，极大提升了广大群众的幸福感。

过去"十年九浸"，如今终于告别"水浸街"

每年5月下旬至6月上旬，广州都进入"龙舟水"时期。每到这时候，往往会造成城市中多处地段出现"水浸街"现象，为市民的生产生活带来了诸多不便，也给市民带来较大的财产损失。每年长达3个月的雨季，广州老城区不少街坊都在提心吊胆中度过，因为一场大雨，他们的房屋就可能出现严重雨水倒灌。汛期内涝，也成为严重影响广州老城区居民幸福指数的"老大难"问题。

曾在水利部珠江水利委员会任职的工程师刘健表示，广州80%以上的排水管道排水能力在两年一遇以下，仍有70%的管道排水能力是一年一遇或低于一年一遇。在刘健看来，广州城区水浸街的根本原因是城市建设速度过快，超出排水管道负荷。

刘健说，广州的建成区面积在 10 年间翻了 3.33 倍，建成区面积比 2000 年时增加了 700 平方公里，这就意味着这 10 年间，广州有 700 平方公里的农田或荒地消失了，变成了石屎森林的钢筋水泥建筑。在 2000 年，广州建成区面积是 297.5 平方公里，2011 年是 990.11 平方公里，2022 年广州市建成区面积为 1380.60 平方公里。从 2000 年到 2011 年，11 年间又新建了两个广州城。随着城市建成面积的井喷，原有的农田被大量钢筋水泥建筑物代替，地面的储水能力和渗透能力大大下降。原始地面基本采用水泥或沥青硬化，城市地表密不透气，天上雨水渗不进去，地下水汽蒸发不出来。高密度硬质化的城市地表使得大部分降水在短时间内迅速汇集，每逢大雨就水浸街。

曾任广东省水利水电勘测设计研究院副总工程师的张国平也表示，广州在过去 20 年间兴起造城运动，大量农田、绿地被开发建设，硬底化，加剧了内涝。"比方说天河体育中心，珠江新城，20 世纪 90 年代时都还是一片水田啊，比方说水田和鱼塘，下一百毫米雨，就蓄在水田里。但是现在变成水泥地、混凝土沥青路面了，一下子就会产生很大的流量，就容易造成灾害。"他表示，城市建设快速扩张，使得广州很多河涌断面缩减，甚至被骑压、填埋，缩减了城市的行洪能力。一个典型的例子是驷马涌。该河涌在流花路以北至白云湖的河段有一公里多被建筑骑压，成为一段暗涌。检测显示，这段暗涌淤积严重，淤泥平均达到 50 多厘米，最深处有一米多，严重影响了片区排涝能力。近年来，大北立交、火车站广场逢暴雨常发生水浸，与驷马涌排涝不畅有很大关系。市排水中心想对其进行清疏，但人和机械都进不去暗涌，束手无策。

与城市快速"硬底化"相比，地下排水管道的建设此前相对滞后。刘健说，2000 年，广州排水管道长度为 1952 公里，排水管道密度为 6.56 公里/平方公里。到 2011 年，广州排水管道长度增加到 9255 公里，排水管道密度增加到 9.35 公里/平方公里。他曾对英国和法国的地下排水管道进行过考察,巴黎的地下排水管道密度达到100公里/平方公里,地下管道有2500公里,约2.6万个下水道盖,6000多个地下蓄水池,1300多名专业维护工。

"他们的地下排水主干管,直径有20米粗,可以跑汽车,现在已经成为一个著名旅游项目。"刘健说,在2000年之前,广州的新增建成区基本上没考虑地下排水管道的建设。以广州的著名内涝黑点龙津路片区为例,除了地势低洼外,该地区的排水管道最多可抵御40毫米/小时的降雨,而广州在雨量丰沛的汛期,最大雨量能达到100毫米/小时,所以,很容易出现内涝。

水利部珠江水利委员会珠江水利科学研究院陈文龙院长指出,从城市内涝的产生情况来看,广州主要有山洪、河水入城,地势低洼处积水以及排水不畅等情况。一方面,广州部分地区的地形先天易积水内涝。另一方面,城市的快速发展改变了原有的山水格局,自然排水、蓄水能力下降。此外,近年来城市 "热岛效应" 和 "雨岛效应" 加剧,导致突发性短历时强降雨更加频繁、强度更大,极端暴雨天气频发,超出城市的应对能力。广州市全年降水集中在汛期。地势北高南低,北靠南岭余脉,南部为感潮河网地带,易受天文大潮、台风雨和风暴潮 "三碰头" 侵袭。尤其是中心城区,既要承泄北部山溪性河流的洪水,又常常遭遇

◎ 市民在绿道悠然休憩

外江高潮顶托，地势低洼的老城区犹如"锅底"，潮位高时内河涌自排能力不足。

过去，广州重地上轻地下，没考虑生态理念、海绵城市建设理念。城市化发展对渗水蓄水排水设施保护不足，加剧了城市的防洪排涝压力。原有的农田、绿地等透水能力强的地面被不透水的"硬底化"水泥地面所取代，导致雨水的下渗量和截流量下降，径流峰值增加，暴雨汇流的速度加快。广州是高度城市化城市，城市化率达86.38%，城市化快速扩张过程中缺乏对原有自然蓝绿空间的预留，高密度的建成区缺乏足够的雨水滞蓄空间，改变了原有的水系格局。过去，老城区还留有大片的透水地面，城市化进程中这些农田、池塘、河道、湖泊等"天然调蓄池"被填平、占用，高密度的建成区缺乏足够的雨水滞蓄空间，加剧了城市的洪涝风险。城市大面积硬底化导致雨水下渗能力降低，河、湖、洼地等调蓄空间逐渐被侵占，暴雨径流和河道洪峰流量增大，城市洪涝隐患加剧。广州人喜欢择水而居，随着城市化发展，早期河涌两岸开发建设经常发生缩窄河道断面的行为，沿河兴建的桥梁、涵洞设施也会影响河道行洪的能力。城市规划建设未充分考虑防洪排涝要求，重要项目方案也缺少洪涝安全论证，防洪排涝控制指标未能落地。这些原因导致广州每次雨季都会遭遇比较严重的内涝。

陈文龙还指出，广州的排水管网设施，相比国际上其他城市，标准还是低了一些。纽约、东京、巴黎等城市，城市排水管网均可防御5年或以上一遇的暴雨。目前广州新城区的排水管网，一般按3年一遇暴雨设计排涝标准；老城区一些建设较久的排水管网，可能难以达到一年一遇暴雨的防涝标准。较低的排涝标准，叠加难以预测的突发暴雨，以及排水管网堵塞等问题，便会出现排水困难的现象，最终形成内涝。

近年来，广州水浸街治理取得了良好成效，经过汛期检验，已实施的排水改造工程提高了所在地段的排水能力，使一些严重内涝点得以缓解。中心城区较严重的内涝点逐年减少。如天河岗顶、暨大片区、中山一立交、市一医院、南岸路青年公园段等地段内涝现象明显缓解。广州市第一人民医院排水系统建于70年代，建设标准低。医院西北侧紧靠人民北路的旧球场周边，其城建标高为7.7米，而西侧的人民北路平均标高为12米，该区域处"锅底"，每逢大雨必水浸，周围群众苦不堪言。通过实施市一医院排水改造工程，按照五年一遇的排涝标准，通过在"锅底"处设置地下式强排泵站，并埋设D600、D800排水管共68米，通过抽排雨水达到缓解内涝的作用。据介绍，地下式泵站井设置两台潜水泵，总流量为每秒0.5立方米，工程完成后，医院地势较高处的雨水经截水沟收集后，自流排入高位排水管，汇入西濠涌渠箱。该工程完工后，困扰该片区群众40多年的水浸街问题终于解决。

天河立交向来是广州市固定的水浸黑点。天河立交地处洼地，大雨时，周围的水荫路、环市路、天河路等约5平方公里区域内的雨水都涌到此处。一旦沙河涌超过警戒线水位，天河立交像个"锅底"，很容易出现严重内涝。同时，以前的排水设施力度不够，雨水漫过来以后，收水口根本来不及排水。2012年开始，水务部门增加桥底收集雨水管道，实行强排，改造泵站进水格栅，将合流管拍门改成泄压闸，以增加泄洪能

◎ 河涌旁鲜花盛开，像是一个大花园

力，天河立交桥底的水浸街黑点改造顺利完成。这个往年的内涝黑点总算告别了"水浸街"。

"智慧排水"项目可以对内涝风险点进行预警

近年来，广州市深入学习贯彻习近平生态文明思想，全力改善城市水环境、水生态、水安全，进一步提升城市品质和城市美誉度，把治水工作与信息技术等先发优势结合起来，创新探索"互联网＋"治水模式，加快开启智慧排水新时代，打造智慧治水大平台，助力解决城市内涝问题，努力形成科学治水、依法治水、全民治水的新态势。从过去的"十年九浸"到现在的老城区逐步告别"水浸街"，广州治水，积累出了哪些经验？广州市水务局总工程师冯明谦在 2020 年 5 月的新闻发布会上介绍，广州正不断完善排水系统建设和管理工作思路，通过实施工程改造、强化排水管理、加强应急抢险三项措施缓解内涝影响。在加快内涝治理工程中，广州正实施提高排水标准的改造工程，进一步完善排水管网系统，把新城区的排水标准提高到五年一遇；旧城区按照统一规划、分步实施的原则，逐渐提高现有排水标准，达到两三年一遇。

排水设施运营管理方面，广州已成立排水公司，构建了现代化排水事业管理模式。广州市排水公司人员近 1800 人，投入运行 11 个养护应急抢险基地，成立了 10 个大型抢险组、48 个重要区域保障组以及 43 个主干道路保障组。外围各区也参照并成立了区排水公司。2020 年以来，排水公司对积水风险点周边排水管网进行汛前加强性清疏，全力保障排水通畅。

广州市水务部门已在 2020 年 8 月启动市"智慧排水"项目建设，根据广州市中心城区重要道路和场所路面积水、城市历史内涝点、高风险积水路段、地势低洼地区等情况，着重对中心城区的内涝风险点进行梳理及分析，开展有针对性的监测监控点布设，并统一接入监测信息。此次 "智慧排水" 项目计划一两年内拟布设 495 个内涝物联监测点。监测信息主要包括路面、相关窨井等水深、水位等信息。广州市水务局将及时共享掌握的内涝监测点数据，统一发布给市应急、公安、交通运输、住建、城管、园林绿化等相关行业管理部门及各属地政府，以便各单位及政府科学制订交通管制、分流、疏导、道路养护、应急抢险布防等应对处置措施。2017 年和 2018 年，广州在 "天鸽" 和 "山竹" 两个台风袭击期间，均出现风暴潮灾害。为防范台风引起的风暴潮，广州从 2018 年起开展珠江堤防达标提升工程，不少地方的临江临海堤防被新建或加固，中心城区不少景观河堤还加装钢化防洪玻璃。完成珠江堤防达标提升建设 182.26 公里，占总建设任务的 99.68%，珠江广州防洪（潮）标准达到 200 年一遇。

针对城区防洪排涝工作短板，深入落实源头治理、系统治理、综合治理的工作思路，广州力争通过 5 年的努力，到 2025 年基本实现全市 "小雨不积水、大雨不内涝，特大暴雨城市运转基本正常，妥善处置超标准降雨引发的城市洪涝灾害" 的城市治理目标。

从 2020 年开始，广州市水务部门已成立专项工作组，统筹负责 "广州市智慧排水项目" "广州市三防指挥信息化建设项目" 及 "广州市水务一体化平台" 3 个信息化项目（简称 "三大项目"）的开发建设工作。市区两级排水、水利防灾减灾部门的行业管理以及与各类监督考核相关的业务将纳入 "三大项目" 建设范围。长期以来，受信息化技术力量和专业设备不足等因素制约，排水设施存在想管但管不好，甚至无人管养的困境，严重影响水污染治理成效。治水既要投入，更要把钱花在实处，见到实效。推行 3 个水务信息化项目的建设，有利于提高水务管理的规范化、精细化、高效化、智能化水平，对于巩固广州治水成效具有十分重要的意义。

为从根本上解决广州市老城区遭遇水浸的"老大难"问题，广州市还持续推进雨污分流改造。广州自 2008 年起在白云、黄埔、花都、番禺、南沙、从化和增城七个涉农地区开展农村生活污水治理工作，2018年底实现全市行政村生活污水治理全覆盖。2019 年起，全市农村生活污水治理从行政村向自然村延伸，2020 年底实现全市 1042 个行政村下设的7231 个自然村生活污水治理全覆盖。通过治理，广州农村地区生活污水得到有效收集处理，村容村貌明显改善，人民群众的生活质量和满意度显著提升。但部分村庄或片区仍存在管网错混接、老旧及设施破损、设施超负荷运行、进出水异常等问题。

2022 年 1 月 14 日，《广州市农村生活污水治理提升工作方案（2021—2025 年）（征求意见稿）》公示，其中提出，"十四五"期间，广州需在自然村全覆盖治理基础上深入开展提升工作，持续完善污水收集与处理，在有条件的农村地区推进雨污分流改造。征求意见稿提出，到 2025 年底，全市基本完成农村生活污水治理提升工作，农村生活污水处理设施有效运行率不低于 90%，村民满意率达到 80% 以上。要推进农村地区的雨污分流改造。对于已纳入城镇污水处理系统的自然村宜结合城镇污水处理厂提质增效工作要求，因地制宜实施管网雨污分流改造，确保雨水或山水尽量不进入污水系统。距离城镇污水管网较近、人口居住集中，且"十四五"期间拟接入城镇污水处理系统的村要同步开展雨污分流改造。同时积极响应"碳达峰""碳减排"要求，完善资源化利用的配套设施建设，探索将高标准农田建设、农田水利等农村建设与农村生活污水治理相结合，统一规划、一体设计。

不过，中山大学水资源与环境系主任陈晓宏教授表示，这些年，广州在应对洪涝灾害，解决老城区内涝问题上成效显著。但广州要完全解决内涝问题，还需要在很多方面进行提升。他建议，政府要进一步加大投入，规划、建设、交通、水务、园林、环境、城管、应急等部门，一

◎ 如今流溪河白云段水质大大提升

起从源头管控、补齐短板、应急保障三方面采取措施，降低城市洪涝风险。第一，要推进海绵城市建设。统筹考虑海绵城市建设工作，利用碧道、绿地、城市公园、运动场等建设"一物多用"的公共空间，旱天用于居民游憩，雨天用于雨水调蓄；利用自然洼地、沟塘渠等营造敞开式雨水调蓄空间，或建设地上或地下雨水调蓄设施；通过竖向设计，利用次要道路、绿地、植草沟等构建雨洪行泄通道。第二，要加强工程建设。通过疏凌整治河道、加固堤防、兴建水闸和泵站等措施提高防洪排涝能力。拆除侵占河道违章建筑，提高河道过水能力，根据河涌规划红线，推进河涌的综合整治；复核河涌行洪断面，改造跨越河涌的阻水跨桥、管线和景观设施，适当加深部分河段；确保河涌达到20年一遇的防洪排涝标准。第三，要精准"预腾空"。结合气象与预报及周边河涌水位情况，加强水库、内河涌、人工湖"预腾空"，充分发挥调蓄能力。如2020年广州市73座库容百万方以上水库在龙舟水期间蓄水2.5亿立方米，防洪排涝作用巨大。第四，要充分挖潜人工湖调蓄能力。对麓湖、荔湾湖、流花湖和东山湖淤泥进行清淤，加深湖深，暴雨前适当降低景观水位，增加调蓄能力，同时对周边片区实施雨污分流、合流渠箱改造，下雨的时候雨水直接排入人工湖，不用担心水质变差。对于广大居民来说，要积极配合创建排水达标单元工作，也就是小区、单位排水管网雨污分流改造工作，让雨水走雨水通道，直接出河涌，避免内涝；在老旧小区改造时，确保原有的调蓄设施不被侵占，同时有效行使改造事项投票权，积极推进排水管网改造；当排水管网出现问题，积极支持使用住房维修基金、物业管理费或用户共同筹资用于管网改造。

2 老有所养
托起幸福"夕阳红"

　　"十三五"时期，广州市作为全国唯一同步开展养老服务业综合改革、中央财政支持居家和社区养老服务改革、长期护理保险制度、医养结合和康复辅助器具租赁服务5项国家试点的大城市，养老服务体系建设取得显著成效，居家社区机构相协调、医养康相结合的"9064"养老服务体系初步建立，全覆盖、多层次、多支撑、多主体的大养老格局基本形成，民政部批复支持广州发挥养老服务改革发展先行示范作用。"十三五"以来，广州多措并举推进"9064"养老服务体系，即90%的老年人在社会化服务协助下通过家庭照顾养老，6%的老年人通过政府购买社区照顾服务养老，4%的老年人入住养老服务机构集中养老，搭建"区综合体—街镇综合体—村居活动站点"三级实体服务平台。作为广州街坊来说，"幸福广州"的密码，就藏在广州老人其乐融融的老年生活中。

具有广州特色的"大城市大养老"模式初见成效

　　广州市作为全国劳动力人口净流入最多的重点城市之一，其常住人口的老龄化程度低于全国水平而户籍人口的老龄化程度则趋近全国水平。

2020 年第七次全国人口普查数据显示，广州市 60 岁及以上常住人口为 213.06 万人，占全市常住人口的 11.41%，其中 65 岁及以上常住人口的比重为 7.82%，分别较 2010 年第六次全国人口普查时提高了 1.67 个百分点和 1.15 个百分点，两项指标的数值与增幅明显低于全国水平。广州市统计局发布的《广州统计信息手册（2021 年）》相关数据则显示，2020 年全市 60 岁及以上户籍人口为 179.94 万，占全市户籍人口的 18.27%，比重接近全国水平。其中，荔湾、越秀、海珠三个中心城区 60 岁及以上户籍人口的比重已超过 20%，而荔湾区更是达到 29.01%，老龄化形势较为严峻。

落实积极应对人口老龄化国家战略，健全多元主体参与的普惠型养老服务体系，是广州市破解"大城市大养老"难题的重要切入点。广州市秉持政府主导、社会主体、市场推动、全民参与的原则，着重建立健全以居家为基础、社区为依托、机构为补充、医养康相结合的"9064"养老服务体系，由此形成了具有广州特色的"大城市大养老"模式。"十三五"期间，广州市成为全国唯一一个以市域为单位开展养老服务业综合改革、中央财政支持居家和社区养老服务改革、长期护理保险制度、医养结合、康复辅助器具社区租赁服务等五项国家试点的特大城市，"大城市大养老"模式初见成效。

一方面表现为全覆盖的养老服务网络初步建立。"十三五"期间，广州市积极推进"区综合体—街镇综合体—村居活动站点"三级养老服务实体平台建设，11 个区均已设立区级居家养老综合服务平台，街道（镇）综合养老服务中心（颐康中心）和社区嵌入式养老机构建设稳步推进，越秀、海珠、荔湾 3 个区试点建设家庭养老床位 948 张，实现了城乡社区养老服务设施全覆盖。市第二老人院项目一期工程、市老年病康复医院项目一期工程等一批重大养老项目建成并投入使用，为全市养老服务提质增效奠定了重要基础。截至 2020 年底，全市拥有养老床位 7.27

万张，其中民办养老床位比重达到75%，每千名老年人床位连续5年达到40张。

另一方面表现为多层次的养老服务内涵不断拓展。"十三五"期间，广州市社区居家养老服务"3＋X"品牌进一步夯实，居家养老服务全方位延伸至助餐配餐、医疗健康、家政服务等领域。在助餐配餐服务方面，全市1036个长者饭堂全部实现刷社保卡就餐并将重度残疾人纳入服务范围。在医养结合服务方面，全市拥有医养结合机构107家，其中内设医疗机构的养老机构91家。在家政服务方面，全市推动建立"护理员＋家政员"养老服务队伍，实现街道（镇）"家政＋养老"服务全覆盖。在多支撑的养老保障方面，广州市在全国率先建立公办养老机构入住评估轮候制度以及购买民办养老机构床位制度，保障困难失能老年人优先轮候入住，同时创新实施独居、空巢、失能等老年人"关爱十条"。全市实现80周岁及以上重度失能人员照护商业保险全覆盖，10万多名老年人免费享受"平安通"智慧养老服务，77万名老年人领取长寿保健金。

近年来，广州聚焦老年人美好生活需要，积极探索具有广州特色的"大城市大养老"模式，基本养老服务体系建设、长者饭堂等多项经验在全国复制推广，养老服务水平明显提升，最近又成功获得2021年国务院督查激励。

一是全覆盖的服务网络初步建立。全市养老服务机构超290家，颐康中心178家，家庭养老床位1.6万张，为1.7万户老年人家庭开展适老化改造，长者饭堂1089个，面向全体老年人提供5大类24项基本养老服务，实现了服务设施、老年人群、养老服务全覆盖。

二是多层次的服务内涵不断拓展。落地56项老年人照顾服务措施，长者配餐、医养康养、"家政＋养老"街镇全覆盖并辐射村居，为44.5万失能、高龄等老年人提供居家和社区基本养老服务。

三是多支撑的服务载体持续强化。多措并举强化场地用地保障。长期护理保险覆盖医保的全体参保人员，为困难群众购买养老服务。实施养老服务人才培养十项优惠措施。上线一体化为老服务综合平台。实施全覆盖、全方位、全过程的综合监管。

四是多主体的服务格局基本形成。政府推动社会力量积极参与养老服务，全市75%的养老床位、98%的居家养老服务综合体、97.5%的长者饭堂、95%的家政养老服务由社会力量提供。

社区居家养老，让老人"老有颐养"

中国人倾向于居家养老，大多数老年人的现实选择也是如此。和普通居家养老相比，"家庭养老床位"在满足家人陪伴心理需求的同时，照护专业性明显提高。"家庭养老床位"不仅是物理上的一张床，还包含对老人的生活空间实施必要的适老化、智能化改造，如配备24小时远程看护体系、安装一键呼叫智能设备等，以专业化管理提升照护质量和水平。"养老不离家""离家不离社区"是大部分老年人的美好愿望。截至2022年，广州各个街道、社区还设有区级居家养老服务示范中心、星光老年之家、长者饭堂等各类社区养老服务设施，全市累计为1.6万名老人建立了家庭养老床位。

做实做细做优街镇综合养老服务中心（颐康中心）是当前打造老年人高品质生活标杆的一大发力点。如今，走进广州各个区，基本上都能见到此类颐康中心。在广州市老年人口最多的越秀区，位于盐运西一巷的北京街综合养老服务中心（颐康中心）是政府主导委托社会力量运营的街（镇）级社区养老服务设施，也是街道提供基本养老服务的主阵地。这一颐康中心共5层，一到二层提供社区居家养老服务，设有助餐配餐区、多功能活动区、康复训练区、日托休息区等多个功能区域，三到四层提供机构养老服务，设有全托养老床位12张。在广州市首批24项基本养老服务项目中，除了传统的助餐配餐、生活照料，老年人还可以在这里享受照护等级评估、养老服务向导、日间托管、康复护理等 18 项基本养老服务项目。

像这样的颐康中心如今已经成为广州市全面推进居家社区机构养老服务协调发展的重要抓手。2020 年，广州市委深改委印发了《广州市街镇综合养老服务中心（颐康中心）建设提升三年行动方案（2021—2023年）》，在社区养老服务设施全覆盖基础上，每个街镇至少建设 1 个具备全托、日托、上门服务、统筹调配资源等综合服务功能的颐康中心，每个村居至少设置 1 个具备日间照料、上门服务、助餐配餐等功能的颐康服务站，形成"1＋N"基本养老服务网络，为失能（失智）等有需要的老年人提供康复护理、生活照料、医疗保健、日间托管、临时托养、辅具租赁、家居改造等覆盖老年人全生命周期的综合养老服务。既能更有效满足老年人多元化、个性化、就近就便养老服务需求，又能找准介入居家和社区养老服务的可持续模式。截至 2021 年 9 月，全市 176 个街镇已建成颐康中心 179 个，实现街镇全覆盖并逐步辐射村居，逐渐在广州

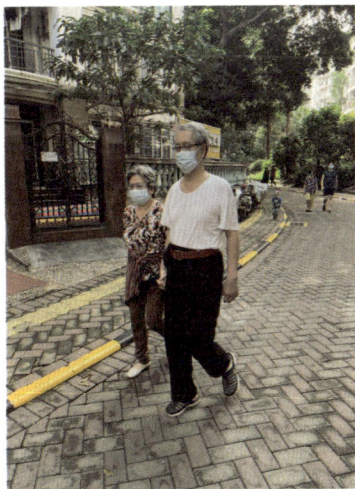

◎ 两位老人幸福地在小区散步

搭建起了一张一站多点的社区居家养老服务网络。

由于身体机能变化，不少长者需要全方位的专业照护服务。然而，是否入住养老院，成为长者及其亲人面临的一个艰难抉择。对部分长者及其家属而言，一方面，他们不知道有哪些养老院可以入住，另一方面则是担心养老院都在偏远郊区。很多老人还对住进养老院有恐惧感。因为有些老人在刷抖音、快手等视频时，经常会看到养老院虐待老人的新闻，这让他们对住进养老院有些担忧。近年来，广州不仅增加养老床位供给总量，自2013年起，还推动了市区两级公办养老机构扩建，大力扶持民办养老机构发展。截至2021年底，广州全市共有养老机构251间，床位7.5万张，其中有1.6万个家庭养老床位。从2016年起，每千名老人床位数持续达到40张，让长者们都有床位。

其中，社区嵌入式养老是解决中心城区"一床难求"难题、探索符合特大型城市特点的养老服务供给模式的创新举措。广州市58.4%的床位分布在中心片区，较好地满足了老年人在中心城区就近养老的愿望。

在广州市白云区康桦长乐养老院，如今93岁高龄的吴梅已经在院里住了十多年时间，从普通床位转到了护理型床位，尽管年龄大了，腿脚不方便，但老人每天在这里生活依旧很舒心。老人刚来的时候还能自己洗脸、洗澡、吃饭，到现在，这些照料服务都需要有护工帮忙。

该养老机构目前已有养老床位700张，超八成是护理型床位，也就是说，逾80%入住长辈有不同程度的失能、失智，需要不同级别的护理。2020年疫情期间，吴梅老人在去楼下晒太阳时，一不小心摔了一跤，由自理级别升级到重度失能护理级别。行动要坐轮椅、大小便需要护理员清理、洗澡需要护理员帮助，这也给她带来了很多的心理负担。后来，护工安慰她，不要紧张。

在这里，院方会根据长辈的身体情况，给予不同的硬件待遇和不同的照护措施，有需要的长辈，还可以提供专业的医疗床。不过，对于行动不便的长辈们来说，硬件不是主要的，照护服务才是他们最看重的。

在失能失智区，护理员们每天的工作从早上开始，一直忙碌到晚上，其间要帮助长辈洗漱、喂饭喂水、清理大小便、定时翻身、床上擦浴，此外还要帮助长者排便、服药、理发、洗衣叠衣并整理进衣柜，每天的房间清洁、消毒，更是必不可少。

平时，由于失智、失能长者大部分都要插胃管、尿管，但是长辈们有时会自己拔管，护理员需要随时盯着；护理员们需要换班，但是有些长辈只认定一位护理员，一旦换人就会闹情绪，甚至不吃饭，护理员需要想方设法把长辈"哄"好，像照顾小孩子那样照顾老人；因重度失能而长期卧床的长辈，喂食前要先摆好体位，喂食要很慢，喂完饭一定时间后才能把床放平，避免长辈出现呛咳等现象，有些长辈肢体僵硬，完成每一个动作都需要护理员费很大的力气。

在这里，年过九旬的吴梅老人每天可以在护理员的帮助下穿着坡跟鞋、坐着轮椅出入，可以让自己的身体保持得干干净净，可以有条不紊地吃饭、喝水，可以感受到许多人的关心和问候。"这里都是一家人，护理员对我很好"。"如果我自己在家，恐怕我的子女都没这个功夫来照顾我。"……当别人问起自己的养老生活，吴梅说，在广州的养老院养老，真是舒心。

截至 2022 年底，广州养老机构护理型床位占比 67%，提前达到并高于国家"十四五"规划纲要设定的 55% 指标，居于全国前列。不管是轻度失能还是重度失能的长辈，抑或是同时失能失智的长辈，都能找到自己的安身之所，这样美好的养老生活，正逐步实现。

让长者在家门口舒坦养老，办居家养老服务机构可获 20 万元补贴

每家每户都有老人，让老人能在家门口吃饱穿暖，感到舒畅，是提

升居民生活幸福感的重要方面。从 2019 年开始，广州鼓励社会力量参与社区居家养老服务，进一步增加优质社区居家养老服务供给，开办社区居家养老机构最高享 20 万经费补贴。2019 年 5 月，广州市民政局印发了《广州市支持社会力量参与社区居家养老服务试行办法》（简称《试行办法》），并于 2019 年 6 月 1 日正式施行。

《试行办法》提出，社会组织和企业参与社区居家养老服务，可获得相应扶持，包括降低准入门槛、场地优惠、税收优惠及财政补贴等。其中，设立社区居家养老服务企业，实行企业名称自主申报和工商登记全程电子化办理，放宽住所（经营场所）条件限制。建筑面积在 300 平方米以下（不含 300 平方米）或者投资 30 万元以下（不含 30 万元）的养老机构、社区养老服务机构、养老设施，不需要办理消防设施、竣工验收备案手续。

此外，社会力量创办的社区居家养老服务机构，在创办、运营、医养结合、人才培养和星级评定等方面可获得补贴支持。符合条件的机构可申请最高 20 万元的创办补贴；提供康复护理、生活照料、临时托养、精神慰藉、临终关怀等服务，每次可得 2 ~ 4 元的运营补贴；提供医养结合服务，最高可享 20 万元的一次性补贴；每年对社区居家养老服务机构进行星级评定，提供 5 万 ~ 20 万元的星级评定补贴。

为鼓励社区居家养老服务机构发展，广州还加大人才队伍建设力度。社区居家养老服务机构养老护理从业人员纳入紧缺职业目录，在积分制入户、子女入学、公租房申请等方面给予政策倾斜，并可以申请岗位补贴。其中，从事生活照料、康复护理等社区居家养老服务一线工作满 5 年但未满 10 年的给予一次性补贴 5000 元，满 10 年的给予一次性补贴 2 万元。每年定期组织开展免费培训，经培训且考核合格的从业人员，纳入养老服务人才队伍管理。

近年来，广州市大力推进养老服务综合改革创新试点工作，深化社

◎ 养老院内，老人在看报纸

区居家养老服务"3＋X"（助餐配餐、医养结合、家政服务3个基础项目＋若干个特色试点项目）改革创新，推动119个居家养老综合服务平台开展医疗服务，选定56家护理站试点向社区老年人提供专业护理服务，长期护理险协议定点机构增至63家。推进"家政＋养老"融合发展，将生活照料纳入政府购买服务目录，80%街镇居家养老综合服务平台开展生活照料服务。印发实施13份社区居家养老服务方面的政策文件，推出56项老年人照顾服务措施。开展规范社区居家养老服务设施管理专项治理工作，为老年人提供综合性居家养老服务。85.5%的居家养老服务综合体、89%的长者饭堂由社会力量提供，250个服务机构承接社区居家养老服务项目，养老服务社会化程度走在全国前列。

群众"用脚投票"，广州养老居家服务满意度达96.65%

做好养老兜底保障、发展普惠型养老服务、完善社区居家养老服务网络，广州为千家万户守护幸福夕阳红。2022年，广州资助40万人次老年人居家养老上门服务，为4600多户特殊困难老年人完成居家适老化改造，在全市超五成村居共建成1475个村居颐康服务站，养老机构护理型床位占比超80%。2022年10月，广州市民政局在回复曾春航等广州市政协委员的提案时表示，广州已建立全市社区居家服务项目年度评估制度。

据悉，广州市将项目评估结果作为政府购买服务、资助补贴、服务机构等级评定的主要依据，并向社会公示。如何保障评估结果的公正性？市养老服务指导单位每年对各区年度评估工作进行业务培训和专项抽查，受理复核申请。

作为深化"放管服"改革的一部分，广州支持社会力量参与居家养老服务，给予创办补贴、运营补贴、星级评定补贴、医养结合补贴、公益创投资助等扶持政策。目前，全市 98% 的居家养老服务综合体、97.5% 的长者饭堂、95% 的家政养老服务由社会力量提供。

广州市民政局介绍，广州设立了市居家养老服务专线电话，以及咨询及投诉管理话务系统，由专人受理跟进市民对社区居家养老服务相关的咨询、投诉、建议。2013 年 1—7 月，累计受理市民 11 例投诉、28 例建议、1.5 万余人次咨询，处理率达 100%。随着广州"居家宝"App 上线运行，全市社区居家养老服务机构在开展居家养老上门服务时，均须在统一平台上进行服务记录，更公开、更高效。

医养结合是居家养老的重要一环。广州所有街道（镇）颐康中心均与基层卫生医疗机构建立医养结合合作关系，通过家庭医生签约、定期巡诊、护理站服务等形式，为社区居家高龄、失能失智及行动不便的老年人提供基本医疗、护理服务。截至去年年底，全市 65 岁及以上常住居民家庭医生签约人数 88.28 万人，占老年人口 68.84%。

2022 年 10 月，广州市对 1700 余名居家养老服务对象进行满意度回访，其中居家上门服务满意度达 96.65%，助餐配餐服务满意度达 95.01%。

广州市民政局表示，广州下一步将通过完善服务考核及激励制度、发挥示范引领作用、加强综合监管和智慧养老服务水平三种手段，打造"老有颐养"民生幸福城市。

首先，优化政府资助方式。将服务奖补与服务绩效、年度评估结果挂钩，按评估等级确定奖补金额；将社区居家养老服务机构星级评定补贴从一次性补贴调整为连续性补贴，鼓励引导服务机构提升服务质量。

同时，推进颐康中心建设提升三年行动，2022 年底实现覆盖 50% 村居的年度目标任务。推动颐康服务站标准化建设，在全市遴选不少于 250 个建设标准较高的村居颐康服务站，由市福利彩票公益金资助 2000 万元予以奖补。

此外，整合现有养老服务信息系统，开发包含养老服务查询、资助申请、服务预约、服务评价等功能在内的养老服务 App，推动系统与"穗好办""粤省事""粤智助"等政务办事入口的对接入驻，提高养老服务的便捷性。

离家 15 分钟以内的长者饭堂吃出幸福感

冬菇马蹄蒸肉饼、虾皮蒸水蛋、五指毛桃炖鸡汤。中午时分，走进位于广州市越秀区洪桥街道长者饭堂，扑鼻的香味让人垂涎。"年满 60 周岁的广州市老年人在洪桥街长者饭堂用餐，每顿可享受 3 元就餐补助，花 10 块钱就能吃上一顿香喷喷的午饭。"广州市越秀区洪桥街道长者饭堂负责人李雪琴表示。

据了解，截至 2023 年 9 月在越秀区，洪桥街道长者饭堂把 100 道"康养粤菜"引入饭堂，让长者享受健康、科学的美味；在白云区，160 个长者饭堂已建成，年满 60 周岁及以上的老年人每天可享受一次 3 元就餐补助；在海珠区，已有长者饭堂探索打造成为面向社区居民的"为民饭堂"，除了长者，打工人群体也可就餐……目前，广州各区大力织密养老服务网络，努力让老年人在家门口就能享受便利生活。

中午 11 点，临近饭点，在广州市越秀区洪桥街道长者饭堂，前来买饭的老人已经陆陆续续排起了队。"我不住在这个街道，每天骑车十几分钟过来买饭。你尝尝就知道，这家菜品很好的。"打包完香菇蒸鸡、木耳肉丝、清炒时蔬，收起饭盒，刚刚退休的张先生告诉记者，这家饭堂在周边以食材新鲜、营养美味闻名，从周一到周五，每一顿他都骑车过来买。

饭在街道吃，钱由谁来出？李雪琴介绍，像张先生打包的这样一份餐食，按照"企业让一点、政府补一点、慈善捐一点、个人掏一点"的办法补贴之后，实付只要 10 元。

2023 年 8 月，在"寻味越秀——越秀区长者饭堂擂台赛"决赛上，六家长者饭堂的厨师们拿出烹饪绝活，最终，洪桥街道长者饭堂获得三等奖。像这样长者饭堂界的"华山论剑"，未来还会有更多。记者了解到，洪桥街道长者饭堂目前的菜式都结合了广州轻工技师学院的"康养粤菜"餐单设计，每日推出四种荤菜，长者可以自选两款，搭配时蔬例汤。

长者饭堂如何推新出彩？文娱阅读、日间托管、医生巡诊……在洪桥街道长者饭堂，除了能吃上一餐热饭，根据不同需求，老人们还有更多选择。用餐区充满欢声笑语，一位独自前来用餐的老人，正在和邻桌展示他的摄影"大作"。"叔叔是我们这里的'忠实粉丝'了。"李雪琴介绍，"在这里，除了吃饭，很多老人也找到了有人陪伴的乐趣。"

"综合考虑老年人居住或活动集中度及步行通达等条件，广州市按照'中心城区 10～15 分钟、外围城区 20～25 分钟'的距离半径合理布局长者饭堂。"广州市民政局养老服务处副处长严福长表示，长者饭堂的选址坚持以社区为单位规划布点，不搞大拆大建。"更多的是整合原来的老年活动中心和老年之家等资源，力求以较小的财政投入，在较快时间里实现服务的全覆盖，让老人家能够就近享受助餐的便捷服务。"据介绍，截至 2023 年 9 月，广州市共有长者饭堂 1154 个，覆盖全市的街、镇、村，已基本形成全覆盖的自助配餐服务网络。

◎ 老人在长者饭堂用餐

　　从 2018 年开始，广州市委、市政府将"实施养老助餐配餐服务提升工程，完善'市中心城区 10～15 分钟、外围城区 20～25 分钟'服务网络，助餐配餐服务知晓率达到 95%，拓展助餐配餐服务内涵，提升助餐配餐服务高质化、个性化、多样化水平"作为民生实事抓紧推进。广东省民政厅也在全省推广广州市社区居家养老大配餐的经验做法，让更多老人享受到在社区长者饭堂就餐的便利和优惠。

　　广州市民政局有关负责人介绍，根据服务对象身体特点和时令变化，长者饭堂要充分考虑老年人的饮食习惯和禁忌，做到荤素搭配、营养均衡、科学合理。培育专业老人助餐配餐公司，鼓励支持品牌餐饮连锁企业等专业社会力量专门开发适合老年人的餐食。支持长者饭堂丰富餐食供应品种，争取每天推出 2 个或以上基本套餐供长者选择，每周更新菜谱。有条件的长者饭堂在提供午餐服务的同时，也提供早、晚餐和周六、日助餐服务，针对高血压、糖尿病、心血管疾病等特殊群体老人定制个性化套餐。

　　助餐配餐设施布局将进一步优化。广州对全市长者饭堂进行全面评估，增加和优化选址布点，优化服务供给与需求匹配。以区、街（镇）为单位统筹规划助餐配餐设施布局，根据老年人分布情况和服务需求半径合理布局长者饭堂，有需求的社区（村）以生活小区为单元划分片区，适当增加服务网点密度，提高助餐配餐的易及性。根据《广州市老年人助餐配餐服务管理办法》规定，各区应当按照"中心城区 10～15 分钟、外围城区 20～25 分钟"的原则，综合考虑本区老年人口状况、用餐服务需求、服务资源、服务半径等因素，合理布局长者饭堂。长者饭堂选址应当临近老年人集中居住或活动区域、步行通达性好、给排水等市政条件好、远离污染源、便于寻找的显著位置，尽量设置在首层，不得设置在户外或办公场地内。设置在其他楼层的应配备电梯、无障碍坡道等无障碍设施。

午餐想吃啥，志愿者上门送到家

民以食为天。吃饭，对老人来说是天大的事。为了让老人在家门口就能吃好，广州市充分整合社区资源，引入品牌餐饮连锁企业参与助餐配餐服务，依托连锁餐饮企业社区门店设置老年助餐专区或参与老人餐配送。在养老机构、大专院校等单位开辟老年助餐窗口，将内部优质餐饮服务向周边社区延伸。

广州"大配餐"的配送网络也将更加完善，建立"中央厨房＋长者饭堂＋入户"三级配送链，增强长者饭堂二次配送功能，建立全职、兼职和志愿者义工队伍相结合的送餐队伍，鼓励党员、大中专学生、低龄健康老人等参与助餐配餐志愿服务，为高龄病残、不便出门等老年人开展送餐上门服务，解决失能、独居老年人就餐难题。

从 2018 年开始，广州逐步统一长者饭堂申请渠道，优化申请流程，简化申请材料，有需要的常住老年人可到居住地街道（镇）社区居家养老服务部、长者饭堂或广州市居家养老网上服务大厅申请服务。尽快实现网上点餐、手机点餐、电话点餐等多种方式点餐。有条件的长者饭堂探索免予提前订餐的方式，随到随吃。

在探索智慧服务方面，完善广州市居家养老综合信息服务平台助餐配餐服务功能，开发居家养老移动服务 App，实现网上申请、工单管理、服务跟踪、质量监督和刷卡结算。优化"平安通"智慧养老服务，拓展网络订餐、送餐上门、定制老年餐等项目。

整合长者饭堂以及家庭综合服务中心、社区居家养老服务机构、社区卫生服务中心等为老服务资源，搭建邻里交流、志愿服务平台，将助餐配餐服务与独居空巢等特殊群体老年人关爱、志愿服务、精神慰藉、老年人探访等居家和社区养老服务有机结合，拓展服务内涵。

从 2019 年开始，广州市制定《广州市助餐配餐服务管理办法》及服务规范，印发实施重度残疾人纳入养老"大配餐"服务体系工作方案、促进"家政＋养老"融合发展实施方案，制订加强农村留守老年人关爱服务工作行动方案，以护理站为切入口拓展医养结合服务，加快推进助餐配餐上门服务 App 等智慧养老城市建设。通过完善内部管理制度、推进穗港澳养老服务合作发展等方式，提升社区居家养老服务专业化精细化水平，探索"大城市大养老"广州模式。

◎ 长者饭堂食谱

截至 2019 年，广州市共有长者饭堂 1011 个，其中 942 个实现"刷卡吃饭"；共 8.9 万名老年人申请居家养老服务，1069 万人次享受社区居家养老服务，5.5 万名老年人接受照顾需求等级评估，"平安通"智慧养老服务用户超过 9.7 万人。"着力推动养老服务业高质量发展"入选国家发展改革委创新政府资源配置方式 10 个典型案例；"广州市建立'长者饭堂'提升社区居家养老服务水平"纳入全省全面深化改革工作会议 10 个改革典型案例，向全省推广。

养老护理员也能入户广州，照护老人更加有积极性

老人在家需要的不仅是吃饭方便、就医方便，必要时也要有人照顾。对很多老人来说，最需要的就是养老护理员。如何吸引人、培育人、留住人？是广州养老事业健康发展的必答题。"目前养老护理工作工资偏低、劳动强度大、福利较少。再加上传统观念的影响，许多人认为养老护理员是伺候人的，社会地位低。这导致养老服务队伍招聘困难、流动性很大，在职时间短暂，队伍极不稳定。"广州市政协委员倪静调研后指出，除了薪资保障，让从业者更有尊严、更自信，也是关键所在。她建议增强激励机制，对参加养老护理培训的获证人员，给予职业技能提升

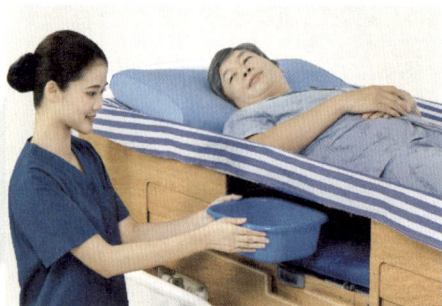

◎ 护理员在用智能护理床照护老人

补贴，并对一线的养老护理员入户、子女入学、保障房租赁等方面加大政策倾斜力度，增强职业吸引力，提升从业人员职业地位和荣誉感。

广州市人社局表示，广州正从生源、认证、激励三方面解决养老事业的人才供应问题。截至 2023 年 12 月，全市 11 所技工院校开设老年服务与管理等 5 个相关专业，毕业生就业率达 98% 以上。广州鼓励养老护理企业与职业院校、培训机构共同培养学徒，取得相应证书的按规定给予 5000 到 8500 元不等补贴。此外，全市 40 家培训机构具有养老护理职业技能培训资质，养老护理员已纳入技能培训补贴范围，2023 年以来全市发放补贴 6491 人次，共 1036.68 万元，11121 人次获得职业工种证书。为吸引更多人才投身养老护理行业就业创业，广州给予高校毕业生每人每年 1 万元（不超过 3 年）的就业补贴，并按规定给予相应的创业补贴。员工制家政企业招用家政服务人员并签订 1 年以上劳动合同、按规定缴纳社会保险费的，发放社会保险补贴和每人 1000 元的吸纳就业补贴。同时，广州鼓励各类评选表彰向优秀养老服务从业人员倾斜，对在世界技能大赛和国家级一类、二类职业技能大赛上获奖者，纳入国家高技能人才评定范围。

在养老服务人才供给方面，广州不断加强人才保障，加大养老护理

◎ 患者在床上进行康复训练

等专业人才培养、引进力度，支持大中专院校、技工院校开设养老服务相关专业，可申请市本级福彩公益金专项资助，支持就读老年服务专业学生奖学金或者生活补贴、课程（教材）研发、实训基地建设等；将老年服务与管理、老年健康管理等专业纳入中等职业教育免学费政策扶持专业目录范围，全日制学生可以享受免学费政策；实施养老服务人才免费培训、就业补贴等十项优待措施，定期组织全市养老服务从业人员开展职业培训和专项技能培训，2018 年以来择优遴选 76 名养老护理员入户广州；设立 288 名养老管理员，负责制订服务方案、链接养老资源、跟踪服务成效，发挥养老顾问和个案管家的作用，实现街道全覆盖。

政府搭台，引社会力量"活水"参与养老事业

养老产业投资大，周期长，需要充分发挥市场机制的作用，才能吸引更多社会力量参与。这事关广州市养老事业能否长期、稳定发展。为坚持市场导向，全面推动社会力量参与养老事业，广州已率先实现经营性民办养老机构与公益性民办养老机构享受同等优惠政策，对本地、外地和境外投资者举办的养老服务项目实行同等待遇，引导支持境内外企业和机构落户广州从事养老服务业；规范养老机构登记备案，申请设立养老服务类社会组织，符合条件的直接依法申请登记，对养老服务企业实行分类登记管理，推进养老服务企业登记规范化和便利化；搭建发展平台，每年举办中国国际老龄产业博览会、广州市养老服务供需对接交流活动和广州博览会老年健康产业展，签署穗法养老服务合作备忘录。

在创新资源配置方式方面，广州更是创新和改进政府直接配置资源方式，推进政事分开、管办分离。在居家和社区服务领域，广州将政府投资建设的居家养老服务设施原则上委托第三方专业机构运营，由街道（镇）向服务机构无偿提供服务设施并依据合同拨付运营经费；在机构服

务领域，则加快公办养老机构社会化改革，积极引入竞争机制，提高配置效率，或进行项目社会化运营，采取服务项目外包、专项合作等方式，面向社会力量购买专业服务，抑或推行公建民营，出台《广州市养老机构公建民营工作指引》，规范养老机构公建民营管理工作，此外还有政府与社会资本合作开设养老院这一方式。

针对养老服务类社会组织的三种类型——民办公益性养老机构、社区养老服务类社会组织和以提供扶老服务为主的公益慈善类社会组织，广州市通过实施分类登记管理、优化发展环境、强化培育支持等制度安排，加快完善其培育支持体系，这成为广州市深化创新"大城市人养老"模式的重要内容。

（一）分类登记管理

养老服务类社会组织的三种类型代表了社会力量组织化参与养老服务的三种主要方式，即创办养老机构、创建社区社会组织、成立公益慈善类社会组织，同时回应了"9064"养老服务体系所倡导的以居家为基础、以社区为依托、以机构为补充的发展目标。其中，民办公益性养老机构是为老年人提供集中居住、照料服务和医疗康复的社会组织，属于机构集中养老范畴；社区养老服务类社会组织和以提供扶老服务为主的公益慈善类社会组织是为老年人提供康复护理、生活照料、助餐配餐、医疗保健、日间托管、精神慰藉、安宁疗护、辅具租赁、家居改造、文化娱乐、紧急援助等服务的社会组织，属于社区居家养老范畴。在我国现行的社会组织管理体制下，这三种社会组织类型适用于不同的登记管理政策，由此形成了养老服务类社会组织分类登记管理制度。

其一是取消养老机构设立许可。与2018年民政部印发的《关于贯彻落实国务院常务会议精神做好取消养老机构设立许可有关衔接工作的通知》和2019年民政部印发的《关于贯彻落实新修改的〈中华人民共和国老年人权益保障法〉的通知》及广东省民政厅等11部门印发的《关于进一步做好养老机构登记备案和监管工作的通知》等政策文件相衔接，广州市于 2019 年印发的《广州市人民政府办公厅关于全面放开养老服务市场提升养老服务质量的通知》明确提出取消养老机构设立许可，转为按规定实施备案管理制度，降低了民办公益性养老机构的准入门槛。

其二是民办公益性养老机构实行双重管理制度。按照《广州市人民政府办公厅关于全面放开养老服务市场提升养老服务质量的通知》《广州市促进和规范养老服务类社会组织发展工作指引》等政策文件的规定，全市民办公益性养老机构依法向区以上社会组织管理部门申请社会服务机构法人登记，其中外资及港澳台资本捐资举办的民办公益性养老机构向市社会组织管理局提出申请。在民办公益性养老机构双重管理制度中，区民政局社会组织登记管理机关履行登记管理职责，区人民政府相关职能部门履行业务主管职责。

其三是社区养老服务类社会组织和以提供扶老服务为主的公益慈善类社会组织实行直接登记管理制度。作为国家重点培育和优先发展的两种社会组织类型（城乡社区服务类社会组织、公益慈善类社会组织），广州市这两类养老服务类社会组织适用于直接登记管理制度，即符合登记条件的直接向区社会组织管理部门申请登记，达不到登记条件的则由街道办事处（镇政府）实施管理。

（二）优化发展环境

围绕建立健全政府主导、社会主体、市场推动、全民参与的多元化养老服务供给机制，广州市着重在服务区域限制、机构用地保障、信息平台搭建、基础设施建设等方面推进改革创新，不断优化社会力量参与养老服务的发展环境。

其一是放开服务地域限制。按照《广州市人民政府办公厅关于全面放开养老服务市场提升养老服务质量的通知》《广州市促进和规范养老服务类社会组织发展工作指引》的相关规定，全市养老服务类社会组织可根据其服务需要，依法在其登记机关管辖范围内设立多个不具备法人资格的养老服务设施网点，同时在承接政府购买养老服务项目时不再适用区域性限制。

其二是落实机构用地保障。《广州市人民政府办公厅关于全面放开养老服务市场提升养老服务质量的通知》提出民办公益性养老机构与政府创办的养老机构享受同等的土地使用政策，同时要求公有房产优先用于养老服务。《广州市养老服务条例》对民办公益性养老机构的用地保障进行了具体规定，规定公益性养老服务设施建设用地可依法使用国有划拨土地或者农民集体所有的土地，支持政府和国有企业事业单位所有的非住宅房产用于养老服务，租赁期限最长可以延长至20年。同时，明确新建城区和新建住宅区应按照每百户不低于25平方米的标准配套建设养老服务设施，并与住宅同步规划、同步建设、同步验收、同步无偿交付使用，旧城区和已建住宅区养老服务设施未达到相关要求的，应按照每百户不低于15平方米的标准进行配置。

其二是搭建服务信息平台。"十三五"期间，广州市建立起市级居家养老和为老服务综合服务信息平台，以信息化手段整合养老服务资源及需求。与此同时，广州市还成功举办中国国际老龄产业博览会、广州博览会老年健康产业展以及广州市养老服务供需对接交流活动，并且积极推动穗港澳养老服务合作发展，搭建起跨区域的养老服务交流合作平台。

其四是健全基础服务设施。围绕"区综合体—街镇综合体—村居活动站点"三级养老服务网络建设，广州市积极推进基层养老服务设施建设。例如，《广州市养老服务条例》明确规定全市按照每百户不低于25平方米的标准建设养老服务设施。《广州市社区居家养老服务管理办法》要求各区设立1个区居家养老综合服务平台，各街道（镇）依托社区星光老年之家、日间托老机构、社工站综合设置或根据服务功能分散设置1个街道（镇）居家养老综合服务平台，城乡社区根据老年人数量和居住

◎ 2022 年中秋节前夕，赵广军生命热线协会志愿者到广州市康桦长乐养老院慰问老人

范围设置社区老年人活动站点、农村五保安居点。

（三）加大培育支持

围绕创新养老服务资源配置和促进专业服务提质增效，广州市通过实施运营经费补助、组织公益创投、推进政府购买服务、建设培育发展基地等多元化举措，促进养老服务类社会组织持续扩大普惠型养老服务的有效供给。

其一是落实运营经费补助政策。一方面，广州市按规定对民办公益性养老机构和在社区提供日间照料、康复护理、助餐助行等养老服务的社区养老服务类社会组织和以提供扶老服务为主的公益慈善类社会组织给予税费减免，对民办公益性养老机构给予新增床位、护理补贴、等级评定、医养结合、机构延伸服务等五项补贴，对社会力量运营居家养老服务设施给予运营经费和服务项目补助，对社会力量直接参与社区居家养老服务给予创办补贴、运营补贴、星级评定补贴、医养结合补贴。另一方面，各区按规定为承接社区居家养老服务设施的养老服务类社会组织提供运营经费补助，其中区居家养老综合服务平台每年不少于 100 万元；直接面向周边社区居民提供生活照料、康复护理等服务的每年不少于 200 万元；街道（镇）居家养老综合服务平台每年不少于 60 万元；社区老年人活动站点、农村五保安居点每年不少于 3 万元，其中设立助餐配餐功能的社区星光老年之家每年不少于 5 万元。

其二是提升公益创投支持力度。从 2014 年到 2023 年，广州市连续举办 10 届社会组织公益创投活动，为老服务项目则是历届全市社会组织公益创投活动的优先资助对象。与此同时，近些年来，各区级社会组织公益创投活动、群团组织公益创投活动也积极规划专项资金，资助社会组织开展养老服务。《广州市促进和规范养老服务类社会组织发展工作指引》明确要求每年安排不少于 50% 的市社会组织公益创投资金资助为老服务类公益项目，重点支持养老服务类社会组织为特殊困难老年人开展助餐、助浴、助急、助医、助行、助洁、临终关怀等帮扶服务。

从第一届到第八届广州市社会组织公益创投活动累计投入资金 1.47 亿元，累计资助公益项目 1059 项。其中，为老服务类公益项目资助金额为 5071.8 万元，占到全部资助总额的 34.60%；获得资助的为老服务类公益项目数量为 336 项，占到全部资助公益项目总数的 31.73%。2014 年至 2021 年的 8 年间，广州市社会组织公益创投活动资助为老服务类公益项目的资金比重从 11.25% 增长至 50%，项目数比重从 13% 增长至 39.20%。

其三是推进政府购买养老服务。一方面表现为广州市鼓励养老服务类社会组织采取独立或与其他市场主体合作的形式，依法参与政府部门以政府采购、直接委托、课题合作等方式开展的养老服务活动。《广州市促进和规范养老服务类社会组织发展工作指引》明确规定政府购买养老服务中新增公共服务支出部分，向养老服务类社会组织购买的比例原则上不低于 30%。另一方面则表现为广州市积极推进政事分开、管办分离，鼓励养老服务类社会组织承接街道（镇）综合养老服务中心（颐康中心）、社区居家养老服务设施、公建民营养老机构的运营。"十三五"期间，全市 75% 的养老床位、98% 的居家养老服务综合体、95.8% 的长者饭堂、95% 的家政养老服务均由社会力量提供。

花大力气啃下失能失智老人照护这块"硬骨头"

截至目前，广州基本形成养老服务政策体系，养老服务综合监管机制不断健全。但如今，依然有一些难啃的"硬骨头"。失能失智老人是如今广州市老年人照护中的一大难题，也是照护力量和配套资源相对薄弱的一个环节。不少失能失智老人的家属表示，因为失能失智老人照顾难度大、照护费用高，不少养老院都不愿意收完全失能老人，即便愿意接收，照护费用动辄在每月1万元以上，这对很多家庭来说是一个沉重的负担，很容易形成"一人失能，全家失衡"的困局。

"319床呼叫！""119床呼叫！"夜晚的寂静被大厅里的呼叫铃声划破，趴在桌子上眯着眼睛的马姐揉了揉酸胀的双眼从值班床上起身，顺便瞟了一眼墙上的时钟，凌晨3点40分，帮老人换完纸尿裤，然后巡房一圈，她再也没了睡意。每次值夜班，马姐都半醒半睡。失能失智老人是养老照护领域的"难中之难"。

深夜巡房马姐来到孙爷爷的床前，一股尿味扑面而来。"不是和你说了小便要去厕所吗？怎么又尿在床上了啊？"一旁的孙爷爷拍着床板气急败坏地大叫："发大水了！发大水了！"

马姐在养老院做护工十多年了，服务过300多位老人，今年90岁的孙爷爷就是她照顾的高龄失能老人之一。她想趁身体还硬朗帮孩子们挣出个后顾无忧。护工基础工资不高，主要靠加班时长和护理人数增加收入。

马姐在养老院每天的工作时间长达16个小时，疫情期间，最长的时间是她连续照顾老人72小时，走路的时候都能睡着。每天上午7时起，她开始给老人喂药、倒水、擦洗、翻身、换衣、穿鞋……琐碎而具体，忙碌而充实。一天下来，她似乎总是有做不完的事，中午12点30分，马姐刚刚坐下来准备吃一口饭，呼叫铃响了，马姐马上停下手上的活，直奔老人的房间而去。原来，18 床的一位失智老人把自己反锁在厕所中，出不来了。

上班期间精神会高度紧张，她的工作台上，呼叫铃声总是不断地响起，她得响应每一次呼叫，照顾好每一位老人。"有的老人，夜里要喂两次水，至少需要查看一次身体状况；有的还要换尿袋，或者更换成人尿片，更别说突发的身体不舒服和其他需求了。护工基本上一刻也不能闲着……"马姐说，"日常护理也要到位，天气热，每位老人每天都要洗澡，通常从晚上 8 点开始，她就要依次给自己照顾的 5 位老人洗澡。因为老人动作迟缓，很多老人每挪动一步都很困难。"

马姐的服务对象基本上全都是失能老人。为失能老人冲凉是一件很麻烦的事，每次至少需要 3 位护工一起帮忙，才能将老人放到专门的洗澡椅上，然后还要有一个人在旁边搀扶着老人，另外一人负责帮老人擦洗身体。

在失能老人的脸上看不到表情，他们甚至很少发出声音，几乎没有了对外界的表达。再精致的餐食也没了品相，因为全被放在料理机里打成糊状，有些特殊情况甚至插着胃管。经常和一群面无表情的老人在一起，马姐也逐渐失去了表达欲。有时，她扯着嗓子和老人说话，但老人还是听不清。到后来，她干脆不想说话了。"总之，你把这些老人当成婴儿对待就对了。人老了，真的会返老还童。"马姐说。

新来的老王是肺癌晚期，由于病痛人变得神经质，在家的时候任性吵闹，气走了保姆。加上之前他又有中风后遗症，半边身体动不了，彻底失去了生活自理能力。儿子小王无奈，把他送进了老人院。最初的两天，老王哭闹不休，以绝食相要挟，要求回家，不送他回家就要撞墙。老王的情况在养老院的晨会上被重点关注，院长要求护工们把一切可能产生安全隐患的东西都拿走，墙上的插座用胶带封严实。因为病痛，养老院破例准许他在床上抽烟，他抽了整整一晚上，在浓烈的烟味中，马姐陪了老王一个晚上。老王在随后的日子里，终于慢慢平静下来，因为马姐每天帮他擦洗身体，照顾他饮食起居，听他牢骚抱怨，教他心平气和与儿子沟通，让他感觉到了被重视。经过两个月后，老王逢人便夸马姐好。

失智老人换了5个保姆都搞不定，养老院成终极去处

更让马姐崩溃的是，一些老人不仅失能，还失智。马姐说，如今养老院愿意收失智老人的并不多，因为一位失智老人过来，就足以把整个养老院闹得一团糟。

"前后换了5个保姆，都被她气走了，没办法，只好把她送到养老院来。这里护工多，照护得更周到一些。"方莉的父亲11年前去世了，从那时起，母亲开始独居。母亲年轻时也是事业心很强的工作狂，所以性格倔强。母亲80岁那年，她就提出给母亲请一个保姆，但倔强的母亲却一直不同意。她让母亲住到自己家中，母亲也不同意。"你觉得我已经老到了不能照顾自己了吗？"母亲反问。母亲选择独居，伴随的是较低的生活质量。方莉经常给母亲买一些鱼饼、虾饼之类容易煮的食物，但每次回家探望母亲，她都发现这些食物都原封不动躺在冰箱里。"我也不知道她是舍不得吃，还是嫌费事。"方莉说，母亲平时吃得最多的就是青菜粥和煮面条。"煮一锅面条可以吃一天。有时我回到家中看到她生活那么简朴，真的很难过。"后来，方莉只好每次自己做好饭菜，带到母亲家中给母亲吃。两年前，母亲经历过一次中风之后，整个人记忆力迅速下降，年轻时的那个精明能干、雷厉风行的母亲不见了，随之而来的是一个做什么都慢半拍，甚至连自己的女儿都认不出来的沧桑老者。"她经常忘记自己有没有吃过早餐，有没有刷过牙。同样的事情经常做两次。最要命的是他经常记不得自己是不是吃过药，所以，经常会重复吃药，家中的

煤气、电都经常忘记关，这很危险。"到医院诊断母亲是不是患上了阿尔茨海默病，医生肯定地点了点头。

更让方莉忧心的是，自从母亲失智后，性格也变化很大。她变得喜怒无常，经常独自一人自言自语，并且更加"霸道"。"有时她说一句话，我反驳一下她，她就发脾气。还像小孩子一样发脾气，不吃饭。我只好哄她、喂她。"

母亲的坏脾气也让方莉吃尽了苦头。她先后为母亲找了5位保姆，但都因为和母亲相处困难而最终离开。

如今，方莉是母亲唯一还勉强认得的人。方莉的两个哥哥，母亲都已经记不清了。母亲住进养老院后，两个哥哥曾去探望，但母亲已经不认得他们。

方莉只好想办法把母亲送到养老院。但没想到，她先后联系了4家养老院，一听说她母亲的这种症状，养老院都拒绝了。最终，方莉和康桦长乐养老院负责人说了很多好话，养老院才选择接受了刘婆婆。因为医院有专业的医护和护工团队，条件比较完备，母亲住进去她也比较放心。

养老院不愿收失能失智老人成难题

住进养老院的刘婆婆却成为护工们的噩梦。睡眠障碍是失智老人发展到一定阶段的常见症状。养老院晚上9点就关灯睡觉，但刘婆婆却经常在半夜两点钟抱着枕头，在院子里走来走去，还喃喃自语，说明天要到外面搞个大工程。"我问她搞个什么工程，她说几千万的工程。"马姐笑着说。

马姐被刘婆婆"折磨"已经两年了。之前其他护工试着照顾刘婆婆时，发现刘婆婆脾气古怪，不好相处。最终，养老院院长还是决定让马姐试试。"真的是吃尽了苦头。"马姐说，刘婆婆精力非常旺盛，到了晚上她经常不睡觉，有时在房间从晚上自己一人说话到天亮。马姐多次劝说她睡觉也无效，只好坐在床头陪老人聊天，看着老人，以免发生意外。到了凌晨两三点钟，马姐经常困得眼睛都睁不开了，刘婆婆却还精神抖擞，马姐只好拉着老人的手，趴在老人的床头眯一下，老人一动，她也醒了。就这样，迷迷糊糊到天亮，等待白天值班护工交接班。

有一天晚上，老人一边自言自语，一边手舞足蹈地挥动着双手，似乎在打一套她也看不懂的拳。到最后，老人家就用双手大力拍打着床铺，发出砰砰的响声。直到最后，老人实在困了，才倒在厕所边睡着了。马姐叫来另外一个护工把她抬到床上。"我这个黑眼圈就是被刘婆婆熬出来的。照看她两年，我都老了5岁。"马姐苦笑着说。

刘婆婆老是喜欢把东西藏起来，找不到了又抱怨阿姨把她的东西弄丢了。疾病发展到这个阶段，刘婆婆的语言、读写、记忆能力进一步丧失，视力、听力等退化，但精力异常旺盛，情绪多变，还伴有一定程度的被害妄想和攻击行为。为了帮助刘婆婆，马姐想尽各种办法。她把外孙女的幼儿美术教学内容学了过来。就像教小朋友那样，她给刘婆婆的手掌涂上各种颜色，在她的手臂上画上一个手表。这一次，老人竟然笑了起来。

失智老人精力非常旺盛，给他们喂饭、穿衣时经常被打伤、掐伤，有时，马姐要喂老人吃饭，老人不吃，一生气甚至会下嘴咬人。马姐身上青一块紫一块的。失智老人吃饭不知饥饱，排便也没有主动性，她只能把手指伸到老人的肛门里摸，如果有大便，才给老人用通便药或者开塞露帮助排便，有些老人因为运动少出现便秘，马姐只好戴上手套，把手指伸进老人的肛门，帮老人把粪便抠出来。"说实话，就算对自己的父母，我也不会这么用心。"马姐说。

给失智老人洗澡也是一件麻烦事，有时你一边洗他一边动，不知是不是故意的；有时正在给他洗澡，他却突然小便，马姐身上全是尿液，气得她浑身发抖。"下次再这样我不给你洗澡了。"马姐生气地说。但一旁的老人却似乎什么也没发生过一样。

"做了这份工，没办法，老人家到了这个岁数，想想也挺可怜的，心里也就不觉得委屈了。"

马姐说，最难受的是有些失能或失智老人口不择言，用很难听的话骂人。"有一次一位失能老人跟她说，你就是我请来的'老妈子'，有什么了不起？"她当时眼泪就流下来了，转身跑到院子里的大树下面放声大哭了一场。"真的难过，我们辛苦付出照料失能长者，却还被他们说是'老妈子'，心里别提多难过了，我们也需要尊重。"

照顾刘婆婆的这两年，凡是她值班，夜里一直是警醒的状态，几乎没睡过完整觉。有一次，听到刘婆婆在闹，她一骨碌爬起来，因为太困，跌在了地上，头都撞出血了。每天深夜两三点是马姐最难受的时候。夜深人静，只有刘婆婆在房里或是不停地拍打着床，或是歇斯底里地吼叫。

刘婆婆的女儿曾在春节短暂照顾过母亲几天，面对老人"一躺下就起床"、到处东走西看的状态，又气又累，坐在床头直哭。她终于明白，护工能在这种疲劳又压抑的环境中坚持两年，还一直笑脸相迎有多难，"要是我，早憋疯了"。

不过，照顾刘婆婆久了，也有让马姐感到温暖的时候。有一次，刘婆婆女儿来探望她，带着几个大苹果。刘婆婆挑选了一个颜色最鲜艳的，拿到马姐面前："小王，来吃苹果。"那一刻，她觉得这是自己这辈子吃过的最甜的苹果。

"我的姓每天都在变，她今天叫我小王，明天叫我小陈。"马姐笑着说。

不认识护工的刘婆婆，会在她给自己洗脚时摸摸她的头，拍拍她的肩膀："你真漂亮，谢谢你照顾我。"

8年下来，马姐已经可以娴熟掌握和失智老人打交道的"演技"，能和他们不露痕迹地对话。"你是做什么工作的啊？我是大学老师，我是教数学的。""我是你的学生，我最喜欢学数学了。我这里刚好有一道题，我们一起做吧。"

很多养老院负责人都表示，失能失智老人的照护是现在养老服务领域的难中之难。广州市康桦长乐养老院院长林炜然表示，一名失能失智老人，就有可能把整层楼都闹得鸡飞狗跳，所以，养老院在收失能失智老人方面非常谨慎。很多养老院宁可不赚这份钱，也不敢贸然收留失能失智程度较高的老人，因为照料风险太大了。

养老院设置失能失智老人专区照护，帮老人唤醒记忆

周兰是马姐介绍过来的，两人如今一起在养老院照顾失能失智老人。刚来的时候，她也曾经被失能老人的无礼举动气得直哭，甚至要走人，后来硬是被马姐劝下来了。"我小儿子在上海工作，现在还没有结婚，我很着急。如果他结婚了，我现在肯定不来做护工这个职业，像我这么大的年龄，就应该待在家里不出门。我这一年只有清明节回了趟家，休息了3天，其余时间都住在养老院里面，干一天就有一天的钱，这里又包吃住没有什么开销，每个月的工资基本上都能攒下来。"周兰说，儿子结婚可能需要20万元彩礼钱，还要为儿子凑够一套房子的首付60万元，这个钱要靠她和丈夫来出。

因为在养老院的工资并不高，每个月不过6000元，一年下来，她大约能攒下5万元。不过，距离凑齐孩子的新房首付，还有很大的距离。

周兰在养老院的生活从早上六点到晚10点，主要围绕着一日三餐来进行，三餐的间隙则主要以"清洁"工作为中心。护工每日的工作都比较固定。每一阶段的工作完成后，剩余的空闲时间较为自由，可自行安

排，但不能外出，需在护理对象周边，随叫随到。夜班从 8 点接班，晚上 8 点开始督促或协助老人洗漱、如厕，准备就寝。晚上 10 点至第二日凌晨 6 点，每 2 小时巡床一次，带老人上厕所，给失能老人翻身、拍背。早上 6 点 30 分要协助老人起床、洗漱，整理房间。之后的两小时，做好就餐准备，失能老人的饭菜要用料理机打成糊状进行喂食，收拾完餐后卫生，还要给正在服药期间的老人发药并监督服用。

6 年来，周兰辗转两家养老院工作，护理过上百位老人。她说，照顾失能失智老人的工作虽然琐碎而艰辛，但自己也在这份工作中获得了成长。

失能老人中很多挂着药瓶，戴着尿袋、造瘘袋，还有的需要鼻饲管喂食。照顾失能失智老人，需要日复一日的精心护理，这两年，自己的耐心、细心都得到磨炼。很多老人和家属有一种心理，他们付了钱，提出什么样的要求都是合理的，都应该得到满足。这样一种心理让周兰苦不堪言。挨骂是常有的事，有时老人甚至会动手打人。养老院院长在和护工们聊天时也要求她们做到"打不还手，骂不还口"。周兰也多次遭受过老人和家属的刁难。遇到这种老人，她从不顶嘴。这样老人闹一两次后会自觉不妥，慢慢就不再刁难她了。"照顾失能失智老人，磨出了我的好脾气，我也找到了自己的价值。"

广州市康桦长乐养老院的护工普遍是年龄 45 岁以上的阿姨，一方面是年轻人很少有人愿意做这份苦活，另一方面就院方而言，阿姨们吃苦耐劳，对工资要求也不高。因为护工招工极难，养老院也非常欢迎熟人介绍护工过来。马姐所在的养老院，几乎所有护工均为熟人介绍，因为养老院院长之前也找中介介绍过护工，介绍成功一个酬劳为 200 元/人，但这种招聘效果较差，护工流失率极高。有人来做两天就走，有一个人做了一个月，能撑过半年的都是极少数。尤其是照顾失能失智老人的护工一旦离职，对养老院的工作影响会很大，很多老人可能好几天都没法洗澡。因为照顾非失能老人的护工根本不愿意做这份苦差事。

养老院的会客室里挂满了锦旗，不少锦旗都写着一句同样的话："不是亲人，胜似亲人。"而这正是让每一位照顾失能老人的护工感到欣慰的地方。

养老院负责人林炜然感慨说："失能失智老人的照护工作量太大了，护工们真的是在用全部心血和爱心在陪伴老人最后的行程。"

他说，在养老院医护团队经过专业的评估，及时筛查长者存在的认知问题，需要临床药物干预的给予用药指导。护理团队也会与家属保持密切沟通，充分了解长辈的生活习惯、兴趣爱好等，制订适合长者且长者能接受的照护计划，最大限度延缓长者身体机能衰退的速度。社工团队还会依据长辈们记忆力、计算力、理解力下降的特点，针对性地开发各种游戏和活动，最大限度让长辈得到相应的锻炼。

"刘婆婆，你看我画的是个啥？"在一张白纸上，马姐用红色彩笔画下一只颜色绚丽的小鸟。即便是这只小鸟，刘婆婆也认不出来。马姐又画了一个苹果，并涂上红色。她耐心引导着刘婆婆，"你每天都吃的"，刘婆婆还是没反应。几番尝试之后，刘婆婆来了一句："这是橘子。"马姐没有反驳她，微笑着告诉刘婆婆，这是一种可以吃的水果。

对于认知症患者，养老院还专门设置了认知症专区。这里经过专业人员的专业设置，从房间颜色到物件的摆设，都有特殊的目的。比如，在房门口的一处柜子里，放置认知症老人平时喜欢的东西，比如说毛绒玩具、汽车模型、信笺、旧物、杂志、麻将等，让老人意识到这是自己的家，并唤醒老人的部分记忆，能够准确找到自己的房间。志愿者还通过心理疗法、音乐疗法、园艺疗法等多种方式对失智长者进行专业照护。

在养老院工作了十多年，先后照顾过几百位老人，尤其是照顾失能失智老人更让马姐对老去看得更开。她开始想象自己的老年光景，准备好好锻炼身体，和老伴回到乡下老家结伴生活。"老了，身边还是要有个伴，长期一个人生活久了，容易变呆、变傻。"马姐说。

为特殊困难老人织密"保护网"

记者了解到，考虑到失能失智老人家庭面临的各种困难，在保障特殊困难老年人的晚年生活方面，广州正织密织牢各级各部门责任网、社会组织网、志愿服务网、家庭成员网、联系帮扶网、科技支撑网"六张网"，强化低保、特困老年人救助帮扶和照料服务；持续提高社会救助标准，低保标准提高到1120元/人/月；低收入困难家庭认定标准提高至1680元/人/月；城镇特困人员基本生活标准提高至1792元/人/月，农村特困人员基本生活标准平均达到1853元/人/月；对困难群众实施消费性减免、发放价格临时补贴，对低保、低收入困难家庭中的老年人实施分类救济；实现残疾人两项补贴提标扩面，困难残疾人生活补贴和重度残疾人护理补贴标准分别提高至181元/人/月、243元/人/月；公办养老机构床位及政府购买民办养老机构床位100%保障特殊困难老年人托养需求。

此外，广州已全面落实特困人员照料护理服务，依托居家养老服务为散居特困人员开展照料护理工作，全自理、半自理、全护理特困人员护理标准分别按照广州市最低工资标准的2%（42元/人/月，择高享受广州市居家养老服务资助标准400元/人/月）、30%（630元/人/月）、60%（1260元/人/月）确定。同时，广州为特困人员、低保低收入对象、计划生育特别扶助人员等八类老人购买居家养老服务，标准为每人每月200~600元；资助本市常住的失能、独居、高龄老年人使用"平安通"智慧养老服务。

而在完善特殊困难老年人关爱服务体系方面，广州实施加强独居、空巢、失能等老年人关爱服务十条措施，建立覆盖全市特殊群体老年人的动态管理数据库和关爱地图；开通"广州社工红棉守护热线""长者心声热线"，组织各街道（镇）、社区（村）和专业社工通过"暖心民政"

微信应用、广州社工红棉守护行动、社会组织关爱服务项目等方式，开展"每日一问候"，为特殊群体老年人提供应急支援、精神慰藉等支持。

如何在市场化和公益性之间保持平衡仍有待探索

除了失能老人照护难题外，广州在探索"大城市大养老"过程中，仍有一些难题和挑战有待突破。比如，最常见的一个问题就是，如何让养老服务机构在市场化和公益性之间保持平衡？

在广州市规划的"9064"大养老体系中，90%的老年人将在社会化服务协助下通过家庭照顾养老，6%的老年人通过政府购买社区照顾服务养老，只有4%的老年人入住养老服务机构集中养老。在政府投资力度有限的前提下，巨大的供应缺口需要社会力量来填补。广州市民政局提供的最新统计数据显示，在各种资助政策引导下，目前广州市75%的养老床位、98%的居家养老服务综合体、97.5%的长者饭堂、95%的家政养老服务是由社会力量提供的。

越秀银幸颐园（晓园北）养护院的投资方是广州本地国企——越秀地产。该公司在2017年成立广州越秀康养产业投资控股有限公司（以下简称"越秀康养"），布局机构养老业务的同时，也在探索社区居家养老服务。

越秀康养总经理张博表示，社区居家养老是一个大市场，要想获得长足的发展需要综合社会性和盈利性，但目前难点在于企业盈利的瓶颈仍未突破。目前，广州鼓励企业独立投资建设辐射社区的颐康中心，但该公司发现，即便政府提供免费物业，企业仍然无法盈利，居家养老服务也一直处于亏损状态。为此，越秀康养选择了以机构养老为原点，延伸发展社区居家养老模式，以机构盈余来支撑社区居家养老服务投入，越秀银幸颐园（晓园北）养护院便是一例。"到目前还没有找到政府、长者、企业之间的盈利平衡点，还要一边摸索一边干。"越秀康养负责人在2021年接受记者采访时说。

广州海珠区凤阳街综合养老服务中心展示的一份价目表显示，这里可为周边长者提供助餐配餐、日间托老、家政＋养老、家庭养老床位、医养结合、辅具租赁等服务，服务对象囊括能力完好，轻度、中度及重度失能长者，服务范围由机构延伸至社区和家庭。"十三五"时期，作为养老服务业综合改革、中央财政支持居家和社区养老服务改革、医养结合、长期护理保险制度、康复辅具社区租赁等养老服务五项全国试点唯一城市，广州摸索出了"大城市大养老"模式，集聚各方力量构建居家社区机构相协调、医养康养相结合的"9064"大养老体系，打造全覆盖、多层次、多支撑、多主体的大养老格局。

截至2021年底，广州市每千名老人拥有养老床位40张，社区养老服务设施覆盖率100%，提供5大类24项基本养老服务，实现服务设施、老年人群、养老服务全覆盖。广州市176个街镇已建成颐康中心179个，实现街镇全覆盖并逐步辐射村居。资助近1.7万个困难老年人家庭适老化改造，累计建成1.6万张家庭养老床位，共有147家养老服务机构参与家庭养老床位建设及服务。

广州市民政局相关负责人曾表示，养老服务是系统工程，不仅是政府的职责，也是全社会及其每个成员的共同责任。政府在养老服务中发挥了主导作用，市场发挥在资源配置上的决定性作用，无论是设施建设、服务提供，还是监督评估，都应强化社会参与，使社会力量成为提供养老服务的主体，让市场机制发挥作用，确保可持续发展。

围绕这一出发点，广州全面放开养老服务市场，出台支持社会力量参与社区居家养老服务专门文件，对社会力量参与养老服务给予税收优惠、财政补贴等全方位支持。如出台养老服务改革发展系列政策，经营性与公益性民办养老服务机构享受同等优惠，境内境外投资项目享受同等待遇。广州支持利用政府和国有企事业单位物业用于养老服务，租期最长 20 年，国有企业物业按市场价或评估价的 75%、政府公有物业按50% 收取租金。同时，加大对社会养老服务机构的资金扶持。民办养老服务机构新增床位补贴每张最高 1.5 万元、护理补贴每人每月最高 500元、医养结合补贴最高一次性 20 万元、星级评定补贴最高一次性 20 万元。家庭养老床位每张补贴 3000 元，一线护理人员就业和岗位补贴每人最高 3 万元。

在多种鼓励政策的引导下，社会力量已然成为广州提供基本养老服务的主体力量。越秀康养便是积极参与广州养老事业的社会力量之一。据张博介绍，在该公司成立前，越秀地产做了 5 年市场调研，考虑到中国国情，拟发展的业务板块当时就包含了社区居家养老服务。他认为，社区居家养老服务作为一个机构养老和传统家庭养老之间的折中方案，既满足社会公众对专业养老服务的需求，又不分离家人之间的物理距离，满足长者和家属在家庭情感交流方面的需要，是目前许多家庭最为认可、需求最高的养老产品之一。这既是市场发展方向也是社会需求现实。公开数据显示，截至 2020 年底，广州市户籍老年人口（60 岁以上）有180.6 万，占户籍人口 18.30%，在穗 60 岁及以上流动人口数量已达37.34 万人，而享受社区居家养老服务的仅有 20.1 万名老年人。这意味着，虽然广州的居家养老服务体系建设已经在不断加速发展，但所登记的长者数量和享受居家养老服务的长者数量严重不匹配。此间存在的供需缺口便是市场机遇所在。

然而，即便市场空间巨大，但张博发现要推进社区居家养老的业务发展并不容易，目前的发展规模也无法与机构养老相比。影响社区居家养老业务发展速度的主要是盈利问题。张博表示，居家养老的前期投入虽然相对机构养老而言较小，但其公益性质会更高于机构养老。费用过高，则无法达到普惠目的，也会使一部分支付能力稍低的家庭放弃选择；

费用过低则难以持续投入、扩大规模效益，经营动力不足。"对于一家康养机构来说，日常维护成本非常高。推进社区居家养老，政府提供的20万元补贴可以说是杯水车薪。"

张博介绍，在发展初期，该公司遇到了不少阻力，一方面是能接受付费服务的老年人不多，另一方面是公司发现就算只覆盖周边步行15分钟范围，又有政府补贴，做居家养老服务也是亏钱。

2020年，广州发布了《广州市街镇综合养老服务中心（颐康中心）建设提升三年行动方案（2021—2023年)》，提出每个街镇至少建设1个具备全托、日托、上门服务、统筹调配资源等综合服务功能的颐康中心。每处建筑面积一般不少于1000平方米，通过无偿提供场地、延长租期、租金优惠、资金补助等方式委托社会运营，运营期限最长15年。同时，符合条件的享受新增床位补贴、护理补贴、医养结合补贴、星级评定补贴等资助政策。

在政策号召下，越秀康养也参与了颐康中心的建设。张博直言："政府是鼓励独立建设颐康中心的，但目前独立建设的话，没有盈利能力，很难持续经营。"因此，该公司最终采用了在养老机构内拿出部分面积建设颐康中心的做法，依托机构的资源反哺周边社区，提高资源使用效率，平衡投入与产出。

在他看来，养老产业具有公益性和商业性双重属性，如果仅仅当成公益事业来做，很难满足市场需求，只有走市场化的道路、把养老当成一个产业来培育，企业才有动力深入参与，政府的负担也才能减轻。

虽然探索社区居家养老的道路崎岖，但政府部门与企业都没有就此止步，而是不断探索更多的可能性。2021年10月29日，广州市民政局与中国银行广州分行签署了养老领域银政战略合作协议，中国银行广州分行将广州市养老产业发展列为重点支持领域，投入不低于人民币50亿元专项信贷支持，惠及养老服务机构及从事社区养老、居家照护、适老化改造、助餐配餐、智慧养老等服务及辅助器械相关企业。"我们希望通过更多项目的实践,能够找到一个平衡点,让社区居家养老既能保持一定的利润率,又能保持公益性,有持续、稳定的资金为老人提供更优质的服务。"张博说。

3 和谐社区
让广州人幸福感"拉满"

社区作为广州市民生活的主要单元，直接决定着居民的生活幸福水平。幸福不幸福，关键在社区。近年来，广州积极探索创新社区管理模式，优化社区管理模式，构建和谐社区，提升人民群众的幸福感，打造幸福广州、和谐社区。2013年以来，广州市民政部门以建设幸福社区为目标，开展了五批次和谐社区（幸福村）建设，共建和谐社区1046个、幸福村168个，解决社区场地设施不足等困难2万多个，进一步提升了群众生活满意度和幸福感。广州幸福社区创建主要从发动居民参与、提高自治能力、整合社区资源、改善社区环境与优化服务等方面推进，并探索总结出和谐社区建设的GPS模式，即多元治理（Govemance）、多元参与（Panicipation）、多元服务（Service）的和谐社区创建模式。

和谐社区建设中的居民幸福体验感

社区是居民生活的基本单元，和谐社区建设，直接关系到群众的幸福体验感。民政部原部长李学举提出和谐社区应当是"居民自治、管理有序、服务完善、治安良好、环境优美、文明祥和"的现代化社区，阐述了和谐社区的六大标准，并进行了解读。

第一，居民自治，就是社区党组织核心领导作用得到发挥，社区各项民主制度健全、规范，居民群众在基层经济、政治、文化和其他事务中切实能够真正当家作主，形成党领导下的充满活力的居民自治机制。社区居民自治是基层民主的重要方面，是和谐社区的重要标志。

第二，管理有序，就是社区各种组织健全，职责明确，体制合理，民主沟通协商机制、社会矛盾纠纷调处机制、共建机制健全，各种家庭、不同人群和谐相处。社区有序的管理是社区正常运行的重要基础，是建设和谐社区的重要保障。

第三，服务完善，就是社区服务设施、服务项目、服务手段齐全，能够为社区居民高度个性化的需要提供满意的服务。服务群众、方便群众、造福服务，是和谐社区建设的根本出发点和落脚点。

第四，治安良好，就是群防群治网络健全，社区安全防范体系完善，社区秩序井然，居民群众安居乐业。社区安定是社会稳定的重要基础。

第五，环境优美，就是社区内建筑、绿化、垃圾分类、污水处理、能源利用等符合环保要求，居民普遍具有较强的公德意识、环保意识，人人养成节约、环保、卫生的良好习惯。整洁的社区环境，良好的社区生态，是人与自然和谐发展的具体体现，也是社区可持续发展的基本要求。

第六，文明祥和，就是居民群众崇尚学习，群众性精神文明创建活动普遍开展，学习型家庭、学习型组织普遍建立，居民遵纪守法，邻里团结和睦，文明风貌，健康、科学文明的生活方式得到倡导和推行。繁荣社区文化，是社会主义精神文明建设的重要内容，也是和谐社区建设的内在需要。

国内各地区和学者也对和谐社区指标进行了一系列的实践和研究，各具特色但目标统一，对广州和谐社区建设有一定指导作用。

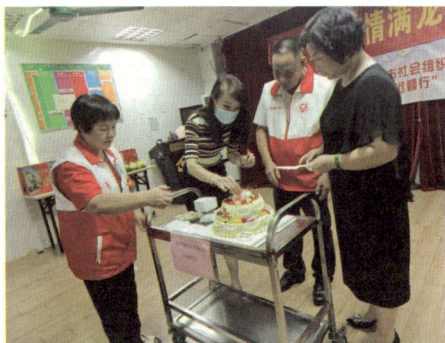

◎ 广州市黄埔区大沙街道横沙社区，
志愿者们为社区高龄老人过生日

通过对国外社区管理经验的梳理不难发现，国外社区管理模式有以下共同特点和经验：

（1）社区管理以自治为主。居民通过各类形式如社区会议、社区听证会或竞选社区专业委员会委员等方式直接参与到社区管理中。居民具有强烈的社区意识，对于社区管理的参与度较高。"政府行政介入、社区组织自治、社区公民参与"三位一体的社区治理体制，体现了当今时代社区治理的一般法则，我国的城市社区管理休制也应该从当前的政府强势主导体制走向行政、自治、社会三方力量相对均衡的共治体制，这兼顾民主与效率的模式反映了社区治理的一般规则和发展趋势。

（2）注重社区服务，充分体现以人为本。西方国家的社区管理不具备太多的行政色彩，而是以服务于社区居民为主，强调根据社会需求提供人性化、细节化、专业化的社区服务，提高各层面居民对所在社区的归属感。

（3）社区管理组织健全。西方国家高度重视社区管理，各社区都设置完备的组织管理机构，例如社区委员会、社区顾问团等。国家出台相应的法律明确这些社区组织机构的组成及权限，为组织机构在社区管理中发挥其应有的作用提供坚实的法律保障。

（4）社会组织在社区发展中具有重要作用。根据国外社区管理经验，

◎ 广州市黄埔区大沙街道横沙安置区，志愿者们陪老人过生日

社区各项服务性工作的实施均由社会组织或社区志愿者组织具体操作实施，社会组织大都为专业机构，能够提供诸如文化、教育、医疗等专业性的服务；社区志愿者组织则热心于社区服务，两者结合不仅能降低社区管理的成本，提供的服务也更加形式多样，灵活方便，成为社区提供多层次服务的重要力量。

（5）广开社区治理资金筹措渠道，创新社区自治经费投入机制。应保障政府加大对社区建设的投入，确保自治活动的基本运行。在此基础上，按照"权随责走、钱随事转"和"大家的事情大家办"等原则，以政府投入为主、民间投资和社会捐助为辅，加大对社区自治组织和非营利组织的支持力度，同时配以政府强有力的监管，促使其在法律规则框架内充分发挥作用。同时，我国可以借鉴美国、日本、新加坡等发达国家社区多途径、多渠道筹措资金的办法，积极探索社区发展资金的新渠道。除了政府拨款、社会捐助外，一些国家的法律允许社区自治组织拥有自己的营利项目，如收取项目服务费，或者直接创收获得利润以弥补自治经费之不足。有了资金的支持，社区的治理和发展才有了保障。

10 年创建和谐社区 1046 个，构建起和谐广州"微生态"

2023 年 2 月，广州市民政部门启动了新一批次 507 个和谐社区（幸福村）建设工作，其中重点创建村居 57 个、特色示范村居 16 个。广州市民政局相关负责人表示，明确创建工作目标定位是全过程陪伴村居成长，"以小切口创社区大幸福"。

为了推动和谐社区创建，广州开展老、中、青、妇儿全龄段村居民分层抽样调查，紧扣群众需求，主动向居民群众问需求、听意见、询建议，累计完成问卷 2.7 万份。208 名高校专家、离退休社区干部、资深实务社会工作者组成专家组，深入村居开展创建指导。专家组走村入户，综合运用需求问卷法、田野实地走访法、村居民访谈法对 57 个重点、特色创建村居开展综合实地调研，抓准村居地域人文特点，理论结合实际，经验加上方法，以问题为导向，用调研结果指引创建方向，助力村居锚定创建"小切口"。507 个村居创建工作方案经专家把脉、过程指导、镇街区市四轮指导三层审核确定，落实为村居年度工作重点。

参与和谐社区幸福村的创建村居，既涵盖几十年"高龄"的老旧社区、城中村社区，又有新楼盘物业社区。例如，在黄埔区夏港街普晖社区，回应超 30 年楼龄老旧工业园区型社区电梯加装的"硬件"迫切需求，普晖社区党委牵头，组织成立居民楼电梯加装"互助共享团"，邀请社区律师、代表委员以及成功加装电梯的业主、社工共同参与楼宇居民议事会，创建策略为"社区的事情社区议""楼栋的事情一起办"有效调动社区居民作为社区主体的参与意识。运用"116 议事协商工作法"有效缓解因房屋出租、邻里缺乏沟通产生的困难。依托创建契机，回应"一老一幼"文体康乐需求，开展公共阵地"盘活"行动，计划打造 4 处社区家门口的口袋公园。

海珠区江南中街道万松园社区以"自己人管自己事"治理模式组织幸福社区创建，培育一批能干、愿干的楼栋长、网格长队伍，实现社区干部"独唱"向居民"共舞"的转变。幸福社区创建工作充分结合疫情实践积累的社区动员体系，楼长、层长在社区党委引导下，自主策划、组织大楼幸福家园创建和守护活动，如第三网格自发组织开展"最美楼道"评选活动，推动居民共同参与到楼栋公共环境的清洁、保洁中。社区党委发挥战斗堡垒引领作用，积极开展能力培训，为楼长、层长、网格长等居民骨干赋能，提升他们的服务意识和能力。通过社区活动促进居民联结，进而凝聚居民群众。服务过程中，万松园社区与辖区的企业单位万国商业广场、苏宁易购商场建立了紧密的合作关系，企业单位积极为社区建设出资出力。

近年来，广州市民政部门制订年度创建方案，构建达标、规范、优质三个梯次的创建指标体系；明确各级专项工作组织架构及推进阶段；制定《广州市和谐社区（幸福村）建设工作指引》，汇编社区治理政策、治理范例等。完成全市507个创建村居集中业务培训，明确创建工作目标定位是全过程陪伴村居成长，"以小切口创社区大幸福"。组织全市11个行政区1302名创建镇街、社区（村）经办干部开展深度培训，对创建工作经验做法、创建思路、创建工作流程，创建案例、创建方案的设计原则与经验技巧等进行深度解读，为村居开展创建工作提供助力。

探索基层治理新模式，奏响和谐社区新乐章

自2018年成立居民民主议事会以来，广州白云金沙街金藤社区居委会通过该平台，协调了社区文化室开放、协助了小区居民成立业委会等事宜，解决了居民关心的道路不平、保洁不到位、不文明养犬等大小民生问题，维护了群众切身利益，调动了群众参与社区建设的积极性，促进了和谐社区建设。此前在金沙街金藤社区闻桂街一居民楼门前有一邮政信报箱，设置在楼道台阶和无障碍通道之间，而无障碍通道和小区主干道相连形成了一段45度的下坡路，附近居民骑自行车、电动车通过无障碍通道时，很容易被邮箱遮挡视线，安全隐患较大。为此，居民曾多

次向居委会和物业管理公司反映问题，但一开始并没有协调出有效的解决方案。金藤社区居委会主任徐敏华了解相关情况后，马上组织邮政工作人员、物业人员和业主代表召开居民民主议事会，一起协商解决方案。经多方人员商讨后，一致认同由邮政部门牵头将邮箱向左平移两米。迁移后的信报箱距离无障碍通道约为两米，居民进出经过时，信报箱不会再遮挡视线。有居民表示，以前大家对这个安全隐患意见很大，开完会后，很快就有工作人员搬移了信报箱。居民李姨说："现在越来越多的邻居关注起这个议事会，因为真的能为我们街坊办实事、办好事。"自2018年成立居民民主议事会以来，金藤社区居委会快速响应，为社区解决民生问题注入了"加速剂"。

徐敏华介绍，居民民主议事会成立后，成为居民征集意见、汇集智慧、共同治理的重要平台，越来越多的热心街坊加入到这一平台中积极发声，为反映的问题来回奔波。街坊们通过议事会集思广益、共同谋划，除了协商上述民生问题，还多次举办少年儿童读书会、急救知识讲座等活动。事实上，不仅是金藤社区，金沙街的丽日社区也积极搭建居民协商议事平台，发挥社区党支部和老党员的作用，召集居民进行面对面交谈，多次进行民主协商，最终推动该社区多栋旧楼成功加装电梯。金沙街负责人表示，社区议事会建立的目的，在于鼓励、引导社区居民积极参与到社区建设中，真正成为社区的一分子，实现自我管理、自我组织、自我服务，从而推进居民自治，形成一个良好的社区环境。更重要的是，让更多居民在日常生活中，关注社区生活、社区事务等。当意见出现不统一时，由社区党支部、居委会搭建的居民协商议事平台及时发挥了作用，通过一次次沟通、不断磨合意见，让"众口"不再"难调"。最终，切实维护群众的切身利益，充分调动群众参与社区建设的积极性，助推和谐社区建设。

广州市荔湾区近年来在和谐社区建设方面也有不少新亮点。在社区

◎ 海珠区江南中街道青凤社区，赵广军生命热线协会志愿者们在春节前上门慰问老人

治理方面，荔湾多个街道社区以居民需求为导向，以城市更新工作为抓手，依托暖心惠民"党旗红"攻坚行动，鼓励指导各街道社区打造独具特色的邻里花园，如逢源街道发动辖内企业单位、党建共建单位、退役军人、志愿者等力量认领绿地、养护花木、手工制作，昌华街道、金花街道、南源街道等采用彩色墙绘、浮雕墙、历史景点原地改造等方式将历史文化底蕴融入"邻里花园"风貌设计，西村街道将"邻里花园"和"便民停车场"有机融合等，巧解老城区绿化景观、配套设施不足等难题，实现"绣花楼中再绣花，老区再现新活力"，增强社区居民获得感、幸福感和安全感。

除此以外，荔湾区以"保留"为核心开展老旧社区微改造，通过修缮传统建筑、完善公建配套、引入传统手工业和文化类产业等方式最大程度留下老城特色，以融合醒狮、龙舟、鸡公榄等岭南特色文化元素和西关人文传说的手绘壁画点缀古墙古建筑，以海纳百川的包容精神融入五湖四海的风土人情，传统与现代碰撞，历史文化沉淀与新型商业经济交融，快生活与慢节奏交织，保护广府历史文脉，激活西关老旧城区，打造特色风景线，让城区留下记忆，让居民记住乡愁，让社区居民从社区活动中感受到社区生活的味道。

一系列改变背后，映射出广州社区治理微变化。变化一：社区专职工作人员队伍建设再加码。近年来，荔湾正着力打造一支政治过硬、本领过硬、作风过硬的社区专职工作人员队伍，分层分类对社区"两委"成员、社区专职工作人员和新入职人员进行脱产培训，分级分类加强专业能力、应急处理、社区治理等专业知识、技能锻炼和先进理念，全面提升社区专职工作人员治理能力。在此基础上，荔湾区引入现代化管理系统，融合OSM现场管理系统工作先进理念，推进社区居委会规范化建设，对社区现场各种资源进行分层分类、合理配置、优化组合、精准定位，梳理规范社区履职事项、岗位职责和业务办理流程，打造"一人在岗、事项通办"的"全岗通"管理模式，实现社区工作"减负增效、提速提质"。结合有序"治理场景"、多元"平台场景"、温馨"家园场景"、精细"社区场景"四重场景建设，充分发挥辖内共建单位、商户商铺、社会工作者、居民专家、党员志愿者等多方力量主观能动性，对标事关群众利益的难点堵点问题，运用"S（Search，查找安全风险）—I（Intervention，建立安全管理干预体系）—T（Training，培育安全大使）—E（Evaluation，定期评估工作成效）"安全闭环理念守好社区安全防线，依托翻新设计上墙西关民俗彩绘塑造最美"网红打卡点"，切实解决事关群众利益的操心事、烦心事、揪心事。荔湾区面向2个街道14个社区开展"社区随约服务网上驿站"平台试点，建立社区网上服务平台"1＋10＋X"模式，即1个随约服务网上驿站、十大板块（党务居务公开、社工服务、志愿者服务、公益慈善、政策与办事指南、养老服务、医疗服务、社区议事厅、社区小广播、企业服务）、X个社工、养老、医疗卫生等服务机构，实现居民"指尖点点"，即可足不出户享受社区服务。

变化二：社区事情社区议，共建美丽社区。美好的社区是由多方共建。荔湾正探索推进社区党员、社会组织、志愿组织、社工机构、小区业委会、物业公司等社区多方力量横向联动，"街党工委负责人—社区党组织书记（居委会主任）—网格党支部负责人（网格员）—楼栋党小组长（楼组长）—居民户代表—全体居民"垂直组织架构纵向层层落实的社区组织动员体系建设，凸显社区党组织引领社区治理、发动多元主体参与的领导核心作用，形成"多位一体、联动机制、一触即发"的工作模式，加强全区131个社区党委、34个社区党总支、26个社区党支部建设，高效高质完成社区居委会换届选举工作，选出新一届社区"两委"成员1487名，实现书记主任"一肩挑"比例达100%，配齐建强社区领导班子，充分发挥社区党员骨干在社区治理工作的"风向标"作用，以"头雁"效应激发"群雁"活力，将组织优势转化为基层治理的效能提升。

在此基础上，荔湾持续完善社区协商议事制度，通过居委会带动、业委会发动、楼组长联动的方式，搭建"社区、网格、楼宇"三级议事平台，汇集民情民意民智，由下而上解决社区居民操心事烦心事忧心事。目前，荔湾区社区居民协商议事机构已实现全覆盖，截至11月形成决议2648件，执行落实决议2528件，执行率达95.47%。设置"街坊客厅"，欢迎社区居民"闲时来喝喝茶、聊聊天"，共商社区各项事宜，以面对面交流代替传统调查方式，以亲民化倾听民意代替冷硬化行政作风，促进社区居委会和社区居民零距离接触。借助"随约服务网上驿站"平台，通过落实"一户一代表"入驻"社区动员网络"（网上家园）措施，引导社区居民通过"网上家园"楼栋群进行沟通、议事、参与社区服务，促进社区协商线上线下联动，社区参与多元、自主、有温度。

社工"吹哨"，困扰居民20年的外墙脱落顽疾解决了

如今，社工组织因为其专业性，在广州市和谐社区建设中发挥着越

来越重要的作用。老旧小区外墙脱落一直是广受广大街坊关注的"老大难"问题。今年70岁的叶洪波，是海珠区紫来大街12号小区的一位业主，说起此前十多年一直困扰小区居民的修缮问题，他连连摇头。20年前开始，小区就陆续出现多处外墙因空鼓问题出现了墙体渗漏、墙体脱落等情况，甚至将路人砸成骨折。由于房屋建筑已过保修期，小区住户意见难统一等因素，难题一直得不到"根治"。2013年4月，社工组织牵头，找到施工方并制订了修缮方案和报价，困扰小区居民20年的外墙翻修难题才跑出"加速度"。

位于海珠区江南中街道紫来大街2号的一栋老旧居民楼外墙，已经打上了很多"补丁"，一块红色的砖墙裸露在外面，看起来触目惊心，还有部分外墙用水泥或白灰进行了粉刷。

叶洪波在小区居住了一辈子，从未离开过小区。2023年初开始，叶伯主动响应社工"吹哨"，积极发动小区住户，组建微信群，并协调住户解决因为外墙脱落问题而产生的分歧。经过半年的时间，终于在2023年7月解决了这　难题。"我对这栋老楼中的每一位住户都有感情，这里就像我的家一样，所以，无论多艰难，我都会坚持把小区的问题解决。"叶伯说。

叶伯说，这座老房子一共7层，每层6户，一共有42户、100多位居民居住在其中。房子大约建于20世纪80年代，楼龄已经有40年了。叶伯的父亲是广外的退休教师，他从小就和父亲在这栋楼居住，这栋旧楼也记载着他难忘的童年时光。"我小时父亲经常带着我在楼下院子里扔沙包，滚铁环。"言谈间，叶伯似乎又回到了童年时光，叶伯现在最担心的就是旧楼的安全问题。

叶伯说，大约20年前开始，小区外墙便开始斑驳脱落。因为小区外墙使用的是一片一片的水泥灰和砖石组合体，每块外墙大约长1.5米，宽约1米，一块大约有300斤重，经常会有大块水泥块从6楼往下掉，非常危险。在十多年前，5 楼的一块外墙脱落，将一位路人的腿部砸骨折。最后，整栋楼的 40 多位住户都要承担赔偿责任，每位住户大约赔偿了 2000 元。"外墙脱落问题始终是一大安全隐患。这一次只是把人砸骨折，下次就有可能出人命。"叶伯记得，当时这起事故发生之后，他就在小区业主中呼吁修缮外墙，但没引起大家的重视。当时，大家请来外面的装修公司将掉落的一块外墙补了上去，并将外墙刷上了白灰。

此后十多年，外墙脱落问题始终困扰着小区住户。"外墙每年一到回南天，就会'掉渣'，就会有粉末状的墙体从上面掉下来。热心的住户就会拿一根绳子，将掉渣的地方围起来，提醒路人。"直到 2023 年 4 月，5 楼 06 房住户的外墙再度出现脱落，险些将路过的一辆小汽车砸坏。当时，热心的居民只好在周围拉上了警戒线，还在容易脱落的墙体外面拉上了防护网，以防止外墙进一步脱落。

社工当"吹哨人"，帮助社区解决外墙脱落难题

"拉警戒线、防护网，并不能从根本上解决小区外墙脱落的问题。不能再这样提心吊胆下去了。"在小区生活了将近 40 年的叶伯对这栋旧楼很有感情，他决定帮助小区居民解决外墙脱落的问题。

"老旧小区维修最难的就是难以找到牵头的人。"最近半年一直在为外墙脱落问题奔波的叶伯感慨地说，为了这事，过去 5 个月他没睡过一个好觉。

活跃在海珠区的启创社工中心资深社工林琳看到叶伯跑前跑后，就想帮帮他。"外墙脱落的问题已经影响到小区居民的安全，再不修缮，会出大问题的。"林琳说。

林琳随后召集小区居民召开了"吐槽大会"。会上，大伙对外墙脱落问题有一肚子苦水。

"去年夏天有一次刮大风的时候，一大块也掉了下来，当时有好几辆汽车被砸坏，万幸的是那天没有人走在外墙下面，才没有造成人员伤亡的严重后果。"

"我们现在最大的希望就是能对所有楼房的外墙砖都彻彻底底地检查，该换的换，该加固的加固，要不然我们从楼下走过都提心吊胆，说不定什么时候会有墙砖从头顶上掉下来。那可是会出人命的。"

为了让修缮方案得到大多数住户的支持，社工们专门找来了专业的建筑装修公司对该小区房屋进行了检查。建筑公司检查发现，该小区最早作为单位自建房，因楼龄较久，外墙空鼓、漏水、脱落风险非常大，必须尽快进行修缮。按照简易维修方案，只对出现脱落的外墙进行维修，工程造价 11.8 万元，每户居民按面积大小需分摊 2100～3100 元；如果对脱落外墙进行深度维修，工程造价 31 万元，每户居民需分摊 5600～8300 元；而如果要对整栋旧楼进行全面维修，工程造价大约 100 万元，每户居民需分摊 2 万～3 万元。

社工的介入让外墙翻修跑出了"加速度"。因为社工们找来的第三方装修公司的方案，很有权威性。当天，叶伯就在群里发起同意该方案接龙，深度维修方案得到了多数居民的赞同。社工还与街道进行沟通，争取资金支持。林琳介绍，为了提高居民生活质量，江南中街 2023 年 4 月启动了社区治理"微创投"专项计划，通过设置项目资助，让居民得到资金支持，带动组织社区居民自己解决身边"微"事项。其中"社区建设类"资助类型最受欢迎。社工接到咨询后，主动邀约叶伯见面，为申报主体提供"一对一服务"。对项目申请流程答疑、链接供应商资源等提供服务。最终，社工为该社区居民争取到 1 万元补助资金。叶伯喜出望外。

5 个月"跑断腿"，"老大难"问题终得解决

对一个没有物业公司、没有物业维修资金、住户基本上是老人的小

区来说，外墙修缮有多难？可能超出很多人的想象。这些年，为了小区外墙脱落问题，热心的叶伯没少被误会，甚至被责骂，有一次，有人甚至说叶伯是"多管闲事"，把叶伯气得直掉眼泪。

这一次，在社工的支持下，叶伯联合小区3位热心住户成立了小区外墙改造项目协调小组。包括问题反映、矛盾调解、方案落地等诸多事项在内，协调小组通过每日上门沟通、每周的协商会议持续推动这一项目的进行。但即便如此，外墙修缮工作也是一波三折。

叶伯说，外墙修缮最难的就是住户意见难统一。"小区住户中外墙面积最大的是01房和06房，02房和05房其次，03和04房外墙面积较小，有些住户的房子几乎不挨着外墙，所以觉得外墙改造和自己无关，在外墙改造中也不愿意出钱。很多住户一听说需要垫付5000多元，就打了退堂鼓。"

林琳找来律师，对小区住户进行了科普。律师告诉大家，《民法典》第1253条规定：建筑物、构筑物或者其他设施及其搁置物、悬挂物发生脱落、坠落造成他人损害，所有人、管理人或者使用人不能证明自己没有过错的，应当承担侵权责任。也就是说，即便自己的房间没有毗邻外墙，只要小区外墙脱落砸伤、砸死人，所有的小区住户都要承担赔偿责任。那些不打算出钱的住户才打消了不出钱的念头。

◎ 2023年春节前夕，海珠区江南中街道青葵社区，志愿者们陪社区残障老人逛花市

"拦路虎"还在后面。在外墙改造中要对部分住户已经封好的阳台玻璃进行拆除，并且对住户的采光也有很大影响。一开始，已经封了阳台的那几户意见很大。不同意改造，外墙修缮方案陷入停滞状态。林琳连续几晚都没睡好，她彻夜思索对策。"我们和施工方协商，在外墙翻修时，能不能离他们的阳台窗户远一点，隔开10厘米的距离，这样就不需要他们拆除玻璃。"

叶伯随后陪同社工以及几位热心居民上门协商。晚上9点，趁着所有住户都下班了，叶伯爬楼梯挨家挨户和街坊们协商。也正是这股较真的劲儿和严谨细致的沟通，让不少住户的态度发生了转变，"钉子户"们同意启动外墙修缮。

该小区住户中还有一户在国外。社工和叶伯还同这户人家的家属一起联系上了在国外的业主，将改造方案告知对方，获得对方理解。整整5个月，社工和小区住户围绕施工中存在的难点、痛点开展各类专题性的"小区议事"，从各种"不可能"中找出一条可行的解决之道。

街道牵头 + 社工助推 + 居民协商自治共建和谐社区

林琳说，不止是在海珠区，在广州老城区，像叶伯所在的旧楼这样的没有物业管理方，由居民自管的旧楼，一旦需要改造或者修建便民设施，往往面临巨大的困难，一个小小的外墙脱落问题，通常可能拖上十多二十年都无法解决。难题主要有以下几个：第一，没有物业管理公司，没有业主委员会，没人牵头。"一栋楼的住户互不认识，所以即便是维修外墙这样的小问题，因为没人牵头，所以很难把居民发动起来。"第二，缺乏资金。不少老旧小区在当时建设时没有物业维修资金，而街道和居委会也没有这方面的专项资金供小区居民进行外墙修缮。第三，缺乏有公信力的机构提供修缮方案和资金筹集方案。"如果是某个社区居民提供的修缮方案，即便是找到外面的建筑公司和装修公司，全体住户对这个修缮方案还是存在疑虑，会觉得方案缺乏公信力。如果有政法部门或者社工组织作为独立的第三方提供方案，效果就不一样了。"林琳说。

"叶伯所在小区的外墙维修成功启动，具有很强的代表性和现实意义。"林琳说，广州市老旧小区遇到的共性问题越来越多，紫来大街2号楼修缮启动为广州更多老旧小区微改造提供了借鉴。为此，海珠区民政局联合广州启创社工开启"海珠区社区专干社区治理能力提升计划"，培育社区居委书记学会运用议事协商的方式，鼓励居民自主解决老旧楼的管理、维护难题。

社工们先从海珠区江南中街道起步，陆续向社区居民们征集关于小区外墙脱落需要修缮方面的线索，居民反响非常热烈。"过去这1个月，我们已经接到了20多例这样的外墙脱落翻修难的求助线索，很多社区居民都找到我们，希望我能给他们提供指引，协调解决老小区外墙脱落的问题。这说明此类问题非常具有普遍性。"

林琳说，社工组织近期牵头对海珠区外墙脱落类安全隐患问题进行筛查、摸排，将收集到的线索进行汇集整理，牵头有关部门，发动社区居民，运用议事协商的方式，对长期存在的老旧楼"顽疾"逐步推动解决。

◎ 广州市黄埔区，志愿者们为社区老人进行义剪

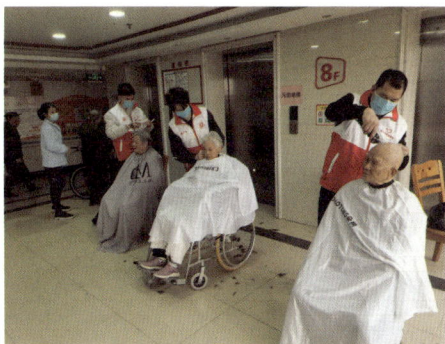

◎ 志愿者们深入社区开展
"关爱银发族"暖心行动

广州市海珠区江南中街道相关负责人昨天向记者介绍,通过街道牵头＋社工助推＋居民协商自治的方式解决类似小区外墙脱落、排污管堵塞等"微难题"是街道的一大创新。为激活群众参与协商共治的热情,引导培育群众自我管理、自我服务的能力,建立群众自治机制,江南中街道党工委、办事处拟启动"党建引领,善治微光"江南中社区治理微创投专项计划,带动组织社区居民解决群众身边"微"事项。街道希望通过该专项计划培育一批热心公益、有号召力、凝聚力和服务能力的群众骨干力量;培育居民自治机制,引导楼宇建立自管小组,推选楼长,完善居民事务协商共治的机制;同时,解决社区"微难题",通过党委引领,政府支持,社工助推,社区群众协商参与的模式,解决一批社区"微难题",激发老社区新活力,也创建了和谐社区。让居民生活的家园从"能住"到"好住"、从"住有所居"到"住有宜居"。

其中在社区建设类项目中,社区居民申报格外踊跃,内容包括:改善无物业小区楼宇公共设施环境,围绕公共空间改造,提升居民居住环境、路面平整、下水管道沟井修复、绿化改造、老化墙体翻新维修、消防设施增设、楼梯维修等。该类别街道资助项目数量不超过25个,每个项目最高不超过1万元,申报主体须自筹部分经费,项目资助金额不超过实际项目总额的30%。

"街道提供的资金支持相当于启动资金，可以作为杠杆，激发居民参与解决小区'微难题'的积极性。"该负责人表示，2023 年以来，通过"街道牵头"＋社工助推＋居民协商自治的方式，江南中街道相继解决了一大批类似小区外墙脱落、小区排污管堵塞、小区天台漏水等长期困扰社区群众的"老大难"问题，群众反响非常热烈。"目前，我们正在总结解决小区'微难题'的经验，我们希望将来这些经验可以在全市更多地区进行推广。"

繁荣社区文化让社区居民有了"家园感"

和谐社区建设，除了动员各方力量切实解除民忧、化解纠纷外，还离不开独特的社区文化建设。

社区文化是社区综合素质的重要表征，无论从社区宜居性还是美誉度看，都需要社区文化的支撑。但由于长期对社区文化重要性缺乏足够的认识，社区文化功能也普遍薄弱，与人际关系疏离、认同感与凝聚力不强等问题形成相互强化的效果，致使作为生活共同体的理想型社区难

◎ 2023 年中秋，黄埔区"泉叔工作室"的义工们慰问社区长者

以形成。其实，社区文化建设就是在社区中进行"改造人"与"营造人"的活动，是重构邻里关系、培育信任与网络，达到增强社会资本的具体方式，也是以居民文化权利的实现和公平正义价值观的落实等作为主要内容的活动，对现代生活的塑造具有不可替代的意义，当然也是形成人文精神与共同体意识、找回城市化与现代化冲击下的失落家园，并营造出城市"新故乡"与获得新"家园感"的重要途径。

现代社区文化的重要特点是，具有自身独特的结构及运行逻辑，这实际也是建构具有相对独立性之社区文化体制机制的主要依据，因为与社区文化相关的基础设施、组织制度与资源关系等，都具有特定的形态或要求，其运行需超越行政化的制约才可能按自身逻辑发展。而多年来，我国政府在行政体制机制的改革中，一直在向下包括向社区转移诸如文化方面的社区职能，社区也恰恰在此过程中成为承接越来越多公共管理与服务的基层单元。目前社区文化职能的凸显就是该变迁趋势的体现。

举两个新型社区组织助力打造社区文化品牌的案例。广九社区是以老铁路职工及其家属为主体、具有历史沉淀的社区，不少居民有深厚的"广九文化情结"。社区位于1909年兴建的广州最早的火车站广九站原址，老火车站在20世纪80年代易址搬迁，原址成为老站遗址。1997年，原址上建起了三栋高层铁路职工宿舍和一栋省交通厅办公楼，旁边空地

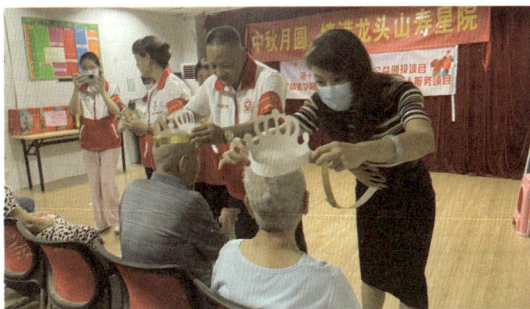

◎ 志愿者们为社区老人过生日

则建起广九火车站纪念公园，广九文化成为居民很具情感依恋的社区记忆。为留住传统记忆，近年进驻社区开展家综服务的社工组织"北斗星"专门筹划了"广九情怀"文化活动，并把其作为社区品牌进行打造。"北斗星"通过编著口述史文集、升级广九公园、组织相关文艺表演与文化展示活动等，在发掘社区文化资源与满足居民的文化需求时，也有效促进了居民的社区认同。"北斗星"在社区文化建设中的积极介入与担当，为推动去行政化的社区文化建设提供了新样本。

现代社区文化体制机制的建构，是现代社区文化得以形成与发展的基础。因为社区文化涉及人财物资源的配置、活动的开展与评价等，如果把其纳入规范化的体制机制中，才有可能持续发展。为此，与其相关的社区行政化体制机制的改革推进至关重要。一是破除社区行政化的制约，建立新型的政府与社区关系，为社区文化提供更大的发展空间。我国政府习惯大包大揽的施政方式，过度行政化社区的形成，实际就是这一施政方式的结果。而现代理想社区是自治型的，政府主要通过制度供给等间接途径介入，并不直接操纵社区事务。把社区的归还社区应是社区文化建设的主要关注。二是在建立或健全社区文化体制机制的过程中，还需关注多样化社区文化组织的培育与壮大。社区文化组织是社区文化的载体，只有兴旺发达的社区文化组织，社区文化发展才有依托，才能克服行政依赖的约束，社区文化的服务性、公益性与公共性才有实现的基础。

社区文化建设就需要政府在宏观指导或制度安排上起重要作用。一是由现代社区文化运行的主要特点所决定社区文化建设必须关注政府的社区功能。现代社区是包含诸多"超社区"因素的社会单元，即社区与大社会系统紧密相连，任何脱离大社会的社区文化建设都难以取得成功。而能把各种资源吸纳过来，包括开拓多元经费渠道，实现各方在社区文化中的共建与共享，是社区文化体制机制应有的能力，但这种能力的获得恰恰离不开政府的助力。二是现代网络平台越来越成为居民互动与获得资源的工具，而网络平台的制度化既是社区文化建设的新内容，也是政府应有的担当。三是现代社区文化作为独特的亚文化类型，需与主流文化相协调，这更离不开政府的合理引领。社区文化具有复合性与综合性功能，社区文化建设有助于促进社区居民的整合，如社区休闲娱乐文化就能促进居民的心理认同、人际协调、价值引领与文化传承等功能的发挥。其中，政府主流文化价值的引导很重要，否则，社区亚文化就可能给居民生活带来负面影响。

社区文化与幸福、和谐社区共荣共生。珠村南社区位于乞巧文化中心区，属乞巧文化保护遗产的就有潘家祠堂、北帝庙、潘文治将军故居、三间铺头与大榕树等，另还有以本土居民为主的乞巧艺人队。乞巧文化有 800 多年历史，近年来，社区所在的天河区把其当非物质文化遗产进行保护。2011 年，以珠村为代表的"天河乞巧习俗"入选第三批国家级非物质文化遗产名录。每年七夕，作为广州大型民俗活动的乞巧文化节均在社区内举行，至 2017 年共举办过 13 届。此外，社区以乞巧手工为载体，推动新广州人的社区融入。社区居委提供场地，并邀请艺人骨干传授乞巧工艺，以吸引新广州人参加。这些社区文化活动，有效促进了社区的和谐发展。

一支龙舟队让整个社区有了"魂"

社区文化建设实际是通过传统地方文化的再造，而给居民带来文化满足的同时，还增加了文化多样性的选择。从现实看，社区居民有动力和能力提升社区文化水平。洛湖社区主要由四个商品房小区组成，居民大多是中产阶层，素质较高，自发组织的文体活动多，社区内洛浦公园常年都活跃着各种文体团队，如欢乐腰鼓队、公园激情合唱团、金兰歌舞队、科彩人生歌友会、公园太极队、夕阳红舞蹈队、黄梅戏团、爱心艺术团等十多支文体团队，参与者在唱歌跳舞与打太极中既锻炼了身体，也增进了邻里感情。其中，有文艺积极分子不满足自娱自乐，而希望通过整合资源组建洛湖社区艺术团，并参加更正式的文艺表演活动。在创建幸福社区活动的推动下，社区艺术团成功在民政局注册，文艺爱好者有了更正式的展示平台。2014年与2016年，社区均在洛浦公园举行大型演出，总导演、主持与演员全由居民担任，吸引社区500多居民观看，极大提升了社区文化的层次，也极大提升了社区居民的幸福感。

而传统文化创新也能强化社区凝聚力，提升社区居民的"文化幸福感"。在村改居的鸦岗南社区，划龙舟是本土居民很热衷的传统活动，主要由集体经济组织的鸦岗经济联社承办。联社除承办龙舟活动外，还创办了女子龙舟队，一反女子不上船的传统风俗。联社在每年端午节日还组织老人"千人宴"活动，所体现的集体主义精神成为社区凝聚的主要纽带。

每年四月初八，广州荔湾区第十三届"荔枝湾·新西关"民俗文化活动——"五月五·龙船鼓"之起龙仪式在荔湾湖公园举行。当天，泮塘村民齐聚，泮塘村举行"起龙""洗龙"等仪式。其中，泮塘首二三约有着400多年历史的"老龙"仁威一号船再次和街坊们见面，泮塘首二三约的女子龙舟队也在当天下船试水。荔湾湖上碧波荡漾，鼓声响，泮塘首二三约和四约的龙船威风前行，吸引市民在湖岸观看。在泮塘首二三约，男丁下水前，必须由村中长老为男丁洒由柚子叶和黄皮叶浸泡的水，祈愿顺顺利利、身体健康。伴随着鼓声、鞭炮声，男丁们逐一下水，齐心协力将埋藏在湖中深处的龙船挖出来，掏船舱泥沙、摇船底泥浆，经过初步"洗龙"后，将写有"仁威"两字的龙船牌分别插在船头和船尾。"老龙"仁威一号船建造于明朝嘉靖年间，是传统男子长龙，全长38.3米，宽约1.2米，重近3.5吨，由坤甸树的木材制作而成，龙船满员共计 90 至 108 人。浓浓的龙舟文化也极大增强了社区的文化归属感，也极大促进了和谐社区建设。"一支龙舟队，让整个社区都有了'魂'，社区的精气神和精神面貌从此大不相同。这就是社区文化对和谐社区建设的促进，正是因为有了划龙舟这种正能量的活动，我们社区才保持了良好的风尚。"泮塘村委会相关负责人介绍。如今这种通过社区文化活动增强社区居民的归属感和获得感的案例越来越多。

广州创建和谐社区的经验

作为改革开放的前沿地，广州在社会治理方面向来走在全国前列。广州经过多年的社区管理创新模式探索，积极追求和谐社区建设，做出了很多尝试，取得了不少有益的经验。

（一）社区自治：创新组织机制，理顺内外关系

广州从 2002 年起开始实行议行分设工作机制，即"一会一站，居站分设"。"议"是社区居委会参与决策社区事务、讨论，代表社区居民意见和利益，监督社区行政工作；"行"是社区事务工作站执行居委会的决议，执行街道交办的政府行政工作。社区党支部是社区各种组织和各项工作的领导核心，承担社区党的建设、组织建设、民主政治建设、文明建设等方面的重要任务。社区党支部负责统领、协调居委会和工作站，是平衡完成政府事务性工作和争取居民自治两者之间的杠杆。社区居委会是议事层，成员由居民依法选举产生，是民主选举、民主决策、民主管理、民主监督的社区居民自治组织。作为社区工作的主体，是社区居民的代言人，对社区事务行使议事、决议、监督职能，并代表居民对政府、社会中介组织的行为进行监督。社区工作站负责社区行政性事务的具体执行，落实政府下达的各项任务及社区日常事务管理，主要承办政府职能部门在社区开展的治安、卫生、人口、计生、文化、法律、环境、

科教、低保、就业、维稳综治和离退休人员管理等工作。同时执行居委会提出的意见、建议以及交办的各项工作，接受居委会协调、监督和评议，配合、支持和帮助社区居委会依法开展自治，服务居民，办理社区公共事务和公益事业。这种以社区党支部为领导核心、社区居委会为议事监督机构、社区工作站为执行机构的议行分设新型社区管理模式，既相互独立，又相互监督。依据议行分设原则来设置社区组织，由社区党组织来掌舵，坚持党建引领。议决权和执行权分开，社区居委会是居民的代言人，社区工作站是居民服务的直接提供者。这既增加了居民参与和利益表达的渠道，又提供了居民对社区自治组织监督的一种制度安排，让居民充分参与社区管理。

在社区层面，及时搭建街道、社区、楼栋间的议事协商平台，通过党员、群众的议题共商、社区共治、资源共享，定时召开关于社区服务、卫生、环境、设施等涉及居民切身利益的公共事务协商会议，推进多元主体积极参与社区治理。

（二）社区管理：物业管理当"吹哨人"，推进网格化管理

广州实施街区住宅物管较早，运作得比较成功，无论是覆盖面、行业规模，还是市场化程度，均走在全国前列。以物业为核心的专业化管理与服务中心，在治安保卫、消防管理、停车场管理以及相关的家居生活等方面，为社区居民提供服务。把物业管理与社区管理结合起来，通过制定物业管理服务标准，明确规定了社区卫生保洁服务的各项硬性指标，如卫生清扫率、垃圾清运率等，将卫生保洁服务的质量作为物业服务分级收费的主要依据，还结合考评激励物业管理公司做好环卫绿化工作，维护小区规划和楼房外貌，统一种植和管养花木，向住户提供多层次服务。物业管理方作为网格员和"吹哨人"，还要履行部分社区公共服务职能，为社区居民提供和解决日常生活需求。

广州行政街积极推进网格化城市管理，以信息技术为核心，以社区

网格为单元，通过社区"块"的协调和部门"条"的管理相结合，建立指挥、监督两大系统，及时发现，快速处理，有效解决城市管理问题。市区基本形成全面覆盖、全天候监控网络。部分街道也借鉴或采用网格化管理的方式，如分片包干、责任到人、守点与巡查相结合，联合执勤、重点整治等，提高了城市社区管理水平。通过网格化管理，将群防共治力量纳入网格化管理，由镇（街）分管领导担任一级指挥长，驻村干部、村（居）书记、村（居）网格长担任二级指挥长，各综合网格专职网格员担任三级指挥长，负责安排巡防任务。日常工作中，在社区民警的带领下，结合辖区警情，团队成员相互配合，各负其责，常态化开展基础信息采集等工作，加强警情突出区域、时间段的巡逻防控，切实将为民触角延伸至群众身边。

（三）社区服务：项目管理，政府购买服务

在公共服务理念下，广州主要通过项目管理和政府购买服务的方式，构建了以政府为主，社区居委会、社区民间组织等承办机构协作提供服务的多中心社区公共服务体系。

社区服务项目管理"权随责走、费随事转"。比如广州社区"星光老年之家"，先由社区根据居民需要（包括社区成员单位）列出服务项目，然后政府及政府部门按照社区服务项目管理的有关规定和程序审批，拨付资金，交给社区承办，或交给社会组织承办，同时加强指导和监督。政府购买服务，是指政府通过资金支付或政策优惠，通过招标、委托等形式，同企事业单位、非赢利性机构（中介机构）或自然人签订合同，使之提供给社区居民的公共服务。主要有两种形式，一是关怀老人的政府购买服务，二是社会化退休人员管理的政府购买服务。

（四）社区治安：三位一体社区安全模式

推行社区警务，在大型社区设立警务室，公布社区警务人员 24 小时联系方式，着力解决社区治安问题，提供贴心安全服务；创新工作机制，及时化解社区矛盾；健全社区突发事件应急体系，预防社区风险。广州规定，所有社区民警兼任社区党支部副书记或居委会主任助理，负责组织开展社区治安防范工作。社区 100% 建立警务室，基本实现一区一警。

同时，近年来广州公安部门经常制作一些宣传海报，对于社区安全隐患进行预警，这是个创新举措。近年来，广州坚持和发展新时代"枫桥经验"，扎实推进"综治中心 + 综合网格 + 最小应急单元 + 智能化"建设。截至 2023 年 9 月，广州全市 176 个镇街和 2817 个村居综治中心全面提档升级，建成矛盾纠纷一站式受理、一体化调处、一揽子解决的一站式基层社会治理实体平台。如今，漫步广州街头，随处可见的是"最小应急单元"的标志，医院学校、商场超市、车站码头等随处可见的是臂戴红袖章、身穿红马甲的最小应急单元队员，生动展示了"人民城市人民建，人民城市为人民"的理念。"我们实行'综合网格 + 专业警格'支撑联动，高效发动最小应急单元参与社会面治安巡防值守，强化社会面震慑、发现和制止突发案事件，全力开展先期处置，确保第一时间发现隐患苗头、第一时间控制风险扩大、第一时间处置常规可控事件。"广州公安机关介绍。

如何确保各最小应急单元始终处于应急处置最优状态？按照"1 分钟自救、3 分钟互救、5 分钟增援到位"目标，广州公安依据风险等级，结合单位特征及处突要求制定最小应急单元多样化的快反处置预案，针对性开展应急处置技能培训，2023 年以来发布线上学习视频 84 个，近 11 万人点击学习，开展线下集中学习 600 多场，全覆盖 2.3 万个最小应急单元。

广州公安因地制宜打造特色运行模式，突出创新经验亮点，凸显社会治理作用，高质量推进最小应急单元建设，在全市择优选树 19 个市级联建点、102 个区级示范点及 106 个街镇级示范点，织密了城市安全防护网络，在实战中取得显著成效。建设工作被推荐为全国市域社会治理现代化创新经验品牌，该品牌在 2023 年 8 月已通过了广东省委政法委实地验收。

（五）社区环境：共建绿色社区

广州发动和利用社区资源，包括社区管理者、居民、志愿者、专家、学生和驻区单位员工等，开展创建园林式、花园式小区达标活动，提高环境绿化覆盖率，共建共享"绿色社区"。绿色社区蕴涵社区环境净化、绿化、美化，生态良好，居民环保意识提高，公共场所整洁，市政设施良好，道路交通畅通，排水设施完备，垃圾清运及时，无严重噪音污染等。广州越秀区洪桥街三眼井社区的环境特色，可用"绿"字概之，这得益于所在街道确立的绿色家园的环境建设目标，尝试政府购买和与驻区单位共建的新型社区环境模式，以及通过"科学划绿、人本添绿、拆违复绿、拆危建绿、见缝插绿、立体布绿、文化润绿、携手播绿、精心护绿"等绿化手段，力求社区的外在环境达到硬化（指路面）、净化、亮化、绿化、美化和文化（指文化内涵），梳理空间、修复生态、整顿秩序和激发活力，为大城市旧城区的改造重塑提供了经验。自2021年以来，广州市住房和城乡建设局在全市域推进开展绿色社区创建活动，截至2022年底，广州共创建1155个绿色社区，达到全市社区总数的72.46%，绿色社区高覆盖进一步促进生态文明理念深入人心。

（六）社区风尚：友爱在邻里，奉献在社区

随着城市化发展，城市商住楼大量出现，中国传统的亲情友邻文化渐渐被厚厚的防盗门隔开，邻里之间的关爱也被上了锁。同上一座电梯，同入一个菜市场，朝夕相见，却似陌路人。广州荔湾区逢源街社区开展"邻里援助站"系列活动，制订"邻里互助公约"，开通邻里服务热线。根据居民提供的专长、姓名和电话给予登记，并以楼道为单元，按服务类别，分类造册，装订成册，向居民派发"邻里互助卡"。居民可通过邻里互助卡热线电话找到合适的街坊来帮忙。居民街坊之间在互助的同时，加深了相互之间的了解，邻里得到帮助，孤老得到关心，特困居民得到资助，失学儿童得到认养，增强了街坊在社区中的安全感、认同感、归属感和幸福感，使社区群体睦邻友好，和谐相处。以广州市花都区为例，从2020年开始，花都区着眼辖区农村地域广阔、老年人居住分散的实际，积极探索切合农村养老文化、符合老年人习惯的"邻里互助"居家养老服务方式——运用所在地的人力、物力等资源，发挥社区自助、互助作用，邀请热心的邻里为老人提供居家养老或配餐服务，让长者在熟悉的社区享受老年生活。通过建立政府购买服务、专业机构承接服务、养老互助员按协议服务、养老对象享受服务、第三方机构评估服务的"五方"邻里互助养老服务机制，为老年人提供生活照料、精神关爱、健康促进等6大类15小项服务项目，实现服务供需科学匹配和精准对接。截至2020年底，全区592名老年人享受邻里互助服务。养老互助员领取市区民政部门给失能兜底老人每人每餐12元助餐配餐补贴，为长者提供两荤一素的午餐；经评估长者不同的失能程度，政府给予兜底长者每人每月400~600元居家养老服务补贴，由助老员提供上门助洁、精神慰藉等居家养老服务。

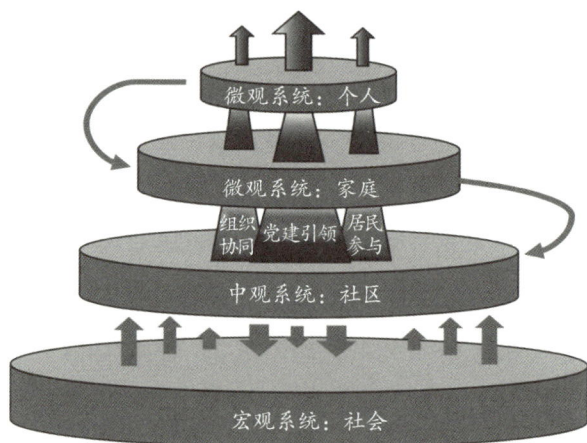

"城乡幸福同心圆"体系

资料来源：芦恒、胡真一：《幸福同心圆：城市"幸福社区"建设路径新探》，武汉科技大学学报（社会科学版），2022年第1期

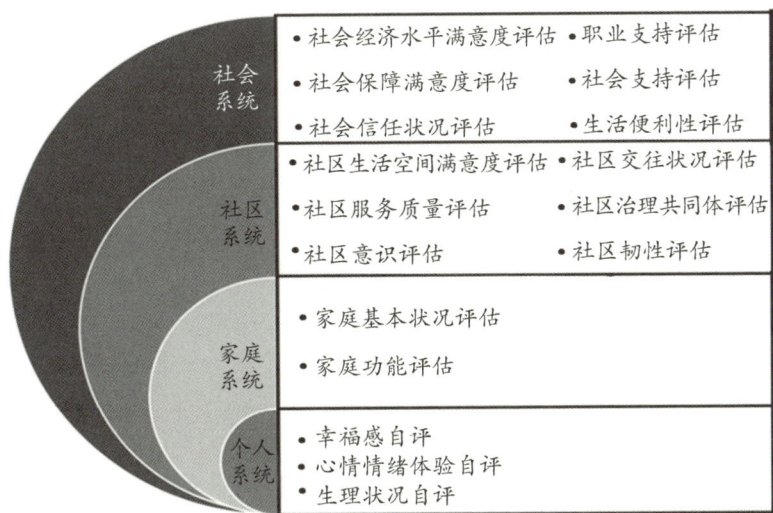

城乡幸福社区指标体系评估内容

资料来源：芦恒、胡真一：《幸福同心圆：城市"幸福社区"建设路径新探》，武汉科技大学学报（社会科学版），2022年第1期

广州和谐社区建设如何持续提升？

经过多年探索，广州在和谐社区建设上取得了制度创新的明显成效，同时也存在着一些问题需要解决，进一步提升社区治理水平。

（一）社区协商自治管理水平仍有待提高

目前，广州城市社区管理的大部门职能和具体任务都是以街道办事处和居委会为主来承担的。街道办事处是兼有行政管理、社区管理和社区服务等为一体的综合性机构，既要承担行政管理的职能，又成为社会事务的主体，负担非常重。居民遇到问题找社区居委会，但居委会往往因为"无钱无权"，很多问题难以得到解决。社区写生自治管理的推广还有很长的路要走。

随着和谐社区建没的深入推进，理顺政府与社区的关系显得至关重要。政府在社区发展上应当承担主导责任，并要把工作重点转移到社会公共服务的领域，规范、监督、组织社区发展公共服务事业，不断满足多层次的社会需求。从这个意义上说，引导社区居委会摸索在新形势下做好群众工作的特点和规律，政府必须做到依法行政，社区也必须做到依法自治。但从当前的现实情况来看，基层政府特别在社区管理中还存在着"缺位"和"错位"等问题，基层政府在社区管理中的角色还没有准确的定位，"政社分开""政企分开"还流于形式。因此，政府需要实行三个转变：一是从领导到指导的转变。政府要通过制定政策法规，规范社的自治行为。二是从包办到重心下移的转变。政府要把技术性、服务性、社会性的事务剥离给社区自治组织和其他服务机构。三是从管理到服务的转变。政府指导社区依法制定自治章程，履行自治职能。只有这样，才能适应新形势的发展需要，满足大社区居民的需要，拓宽社区发展空间。

建设幸福广州关键是促进人与人、人与社会之间的关系和谐。加强和创新街道、社区服务管理，强化社区自治和服务功能，努力让市民群众的各种需求和问题在街道、社区得到接纳、回应和解决，群众在家门口就能感受到幸福，实现需求满足在社区、矛盾化解在社区、关系融洽在社区，构建和谐社会、建设幸福广州就有了基础载体和基层平台。

（二）社区居民参与社区建设的积极性有待提高

行政化的社区管理方式使得社区居民委员会的工作与人民群众对美好生活的需求之间还存在较大差距，使得社区居民委员会这个群众性自治组织日益与社区居民脱离，成为代表政府管理社会的力量，正在逐渐失去其自治性。由于历史原因，当前居民的参与意识薄弱，社区自治组织严重缺乏，相应的社会团体和中介性服务组织参与不够，社区建设仍然依托于政府机构的力量，社区自我管理、自我服务的局面仍然没有打开，而公益性民间组织还没有充分发展起来。为此，广州市 2010 年公布了《广州市扶持发展社会工作类社会组织实施办法（试行）》，2012 年，广东省委、省政府印发《关于进一步培育发展和规范管理社会组织的方案》，广州社会组织也随之迎来规范化、快速发展。

居民社区意识淡化的主要原因在于对社区观念意识培养、宣传、强化力度不够。社区建设本身是社会化、大众化行为。需要社区居委会和广大新闻媒体经常有目的地宣传社区建设，通过广泛动员和宣传，营造出社区建设靠大家的大氛围，使社区建设深入人心，这是社区建设的一个必要过程。社区建设是一项艰巨而复杂的系统工程，除了要靠党和政府的领导，还要靠社会力量和全体公众的积极参与建设美好家园、创造幸福生活、实现社会和谐的社区建设。

社区是社会的重要基层组织，和谐社会的实现是以无数的和谐社区的构建为前提，而和谐社区的构建最有效的办法就是让公民积极参与到社区管理事务中来。居民都居住在社区，是社区的主体，居民的幸福感和社区紧密相连，居民的参与热情自然会直接投向社区，因此政府要积极鼓励和提高居民民主参与社区管理的意识，增强社区共建、贡献、协商、自治的氛围。

（三）社区管理缺乏专业人员

随着城市不断发展，社区公共事务不断增多，群众的服务需求也日趋多元化。而社区专职工作人员是城市基层治理的主力军，是党和政府联系群众、服务群众的骨干力量。社区工作者总量不平衡、聘用人员管理不规范、待遇保障不到位、缺乏职业上升空间等问题成了制约从化城市基层服务能力提升的瓶颈之一。据统计，截至 2019 年上半年，广州市七区 110 多个街道，按街道社区专职人员配置比例进行核算，预估全市社区专职人员 670 名左右，社区专职人员人均税前月收入约 5000 元，较低的薪酬水平难以让专职人员安心工作，没有一个安定的生活环境，必定会影响专职人员的工作状态和工作成绩。给专职人员的稳定性带来一定隐患，容易造成人员流失。同时，这样的薪酬水平也很难吸引到更优秀的人才加入社区的专职队伍。

广州专业社工存在总体数量不足、分布不平衡的特点。自 2008 年，广州市便开始在社会服务领域探索推行政府购买服务，2011 年开始，着力推进家庭综合服务中心的建设，已建成 132 个家庭综合服务中心，仅就街道的家庭综合服务中心而言，广州市至少需要 1400 名社工。2011 年广州市持证社工只有 2511 人，缺口为 4000~5000 人，更缺既有专业知识又有服务技能和工作经验的优秀社工，巨大的社工缺口，让众多社区服务组织陷入"社工荒"的困境。广州市一直积极推行学习借鉴香港先进经验推进社会管理改革。截至 2020 年，香港社会工作者局总注册的社工人数为 11892 人。其中，女性占 72.1%；40 岁以下占 65.6%；政府部门占 15.8%，非政府部门占 62%；取得社会工作学位的 6539 人，占 55%。香港社区建设的重大成就，与有一支专业的社会工作者团队是有很大关系的。

（四）缺乏对城乡结合边缘和谐社区建设关注

根据广州社区分布和主要特征划分有地缘型、单元型、单位型和混合型四种类型，经济发展不平衡，社区居民来源于全国各地，流动人口巨大，管理难度大，给和谐社区建设带来很大挑战，需要高度重视，这方面广州还有很大的提升空间。同时，广州和谐社区建设目前还主要集中在老城区，滞后于城市扩张速度。近年来，很多城中村和城乡结合的村镇变成了城市社区，村民转变为居民，社区建设未能列入城市规划范畴，影响了社区作为一种地域空间的各种设施和服务的布局与效能。纳入大量流动人口，搞好城乡结合边缘社区建设，采取不同方法有针对性地解决城乡结合边缘社区的协商管理，加强社区警务建设，加大对流动人口精准化管理水平，是构建整个广州和谐社区的必经之路。

（五）高水平社区文化构建仍有待提高

营造居民为本的社区文化，是社区公共性培育的重要内容。社区文化属民间文化范畴，回应与满足居民需求是社区文化建设的根本，建构以居民为本的社区文化，是社区文化建设的出发点与落脚点。由于社区居民的文化需求是多样化的，需多样化途径给予满足。如居民可通过自我创作或表演等方式，满足生命体念的文化需求；可通过开展各种文化活动，如建设楼栋文化、广场文化、家庭文化、邻里文化等，以满足居民各种文化需求；还可通过健身、唱歌、跳舞、比赛、展览、联欢、讲座、培训、茶话会、读书会、邻里节、文艺晚会、艺术节等活动的开展，让居民各有所乐。在活跃日常文化生活的同时，更可通过居民的广泛参与，促进社区公共性的培育和成长，进而为社区共同体的形成与维系起作用。伴随老龄化社会的到来，适老文化或新型养老文化会成为社区文化建设的主题。在快速发展的现代社区中，老年人虽然群体较大，但老年人存在知识陈旧与心理固化等问题，文化认知上处于不利地位，创建幸福社区，很大程度上老年人正是重点"攻关"对象。如果针对于此而开展老年教育，如筹办社区老年大学、老年学堂等，可不同程度地消减老年人的社区融合问题。由于养老文化建设较集中，体现出传统文化与现代人文关怀的结合，这种文化创新相对容易获得传统文化的支持，如果政府能提供制度政策及必要的资源，社会组织完全可通过链接资源与依托相关项目进行运营，相关的养老文化则可借此成为社区文化的新传统，进而提升社区老年居民的幸福感。

社区文化是社区居民群众共同的行为准则和价值观念，是建设和谐社区的内在要求，是凝聚党员、凝聚群众、凝聚社会的灵魂。社区党组织要注重社区党建与先进文化的融合，着力提高党建工作的影响力和凝聚力，为建设和谐社区提供有力的精神支撑。

以社区文化教育人，引导形成健康的道德风尚。社区党组织要切实承担起精神文明建设的职责，深入开展爱国主义、集体主义教育，大力弘扬和培育民族精神，在社区形成与社会主义市场经济相适应、与和谐社会相吻合的道德风尚。要积极开展文明单位、文明小区、文明街道、文明窗口以及"五好家庭"的创建活动，倡导科学、文明、健康的生活方式，树立良好的社会道德，为建设和谐社区营造良好的氛围。

4 老社区"蝶变"
"微改造"中的"大幸福"

　　一面是 CBD 高楼大厦，繁花似锦、高端大气；另一面是成片旧区，墙面斑驳、线网密布。这是国家中心城市广州面临的现实：老城区如何跟上时代发展？推进城镇老旧小区改造是实施城市更新行动的重要内容，也是重要的民生工程和民心工程。党的二十大报告指出，"加快转变超大特大城市发展方式，实施城市更新行动，加强城市基础设施建设，打造宜居、韧性、智慧城市"。近年来，广州市大力实施城市更新行动。据统计，截至 2022 年底，全市累计完成改造老旧小区 810 个，累计改造老旧建筑 4670.4 万平方米，惠及 64.1 万户家庭、205.2 万居民。2023 年，全市计划再推进 100 个以上老旧小区改造。在实施老旧小区改造过程中，广州深入贯彻以人民为中心的发展思想，统筹好"四对关系"，为加快实现老城市新活力、"四个出新出彩"添砖加瓦，也为超特大城市实施老旧小区改造和推动城市建设高质量发展提供可复制可推广的"广州经验"。"人民城市人民建，人民城市为人民"。广州微改造，内里大功夫。这座超大型城市正走出一条全新的自我发展之路，它让居民都能分享发展的成果，让城市留下记忆，让人们记住乡愁。作为国家中心城市、粤港澳大湾区核心引擎，广州正在城脉、文脉、商脉创新发展中，焕发新生、谱写新篇。

老城区微改造，记忆中的"老广州"回来了

2023 年国庆假期，在广州永庆坊钟巷 6 号一家名为"通巷六号"的川菜馆前，总能看到长长的排队用餐的人。这是一个两层带天台的独栋建筑，外立面保留了西关式样，室内则是浓厚的中式山水风。这家被米其林推荐的餐厅开业 3 个月便成为网红店，其火爆程度远远超过了老板黄先生的预期。黄先生说，餐厅营造了宽敞舒适的环境，让客人用餐时有一种回到西关大屋的感觉。

"通巷六号"是永庆坊二期的 50 多个品牌商家之一，与钟书阁、喜茶、茶理宜世、瞻云精选酒店等新业态镶嵌在充满骑楼、麻石巷、满洲窗、趟栊门、雕花彩塑和玻璃幕墙的西关风情里，形成了新旧业态相融的老城区新风貌。

"未识广州，先闻西关"。西关永庆坊地处广州西南，历史上曾经是广州最繁华的核心城区。随着城市中心东移，永庆坊建筑年久失修。永庆坊改造既是城市更新，更是民生所需。该片区改造很早就被提上日程，但方案一直未能通过。直到 2009 年广州亚运前，华南理工大学教授王世福带领的团队对恩宁路方案进行重新设计，开始转变思路，以保护历史文化为前提，不再大拆大建。2011 年，该规划通过了广州市城市规划主管部门的审批，作为后续永庆坊及恩宁路街区各项改造更新工作的依据。

2015 年，广州成立城市更新局，并先后出台多个城市更新文件。"大拆大建"不是城市更新的唯一策略，2015 年出台的《广州市城市更新办法》明确了城市更新改造过程中对于土地与建筑的利用和处置方式。城市更新和改造包括全面改造和微改造两种。2015 年，广州通过 BOT（建设—经营—转让）的方式，引入社会资本参与微改造，并最终选择建筑整体风貌保留完整、原住民较少的永庆坊作为试点，由企业负责改造、建设和运营，15 年运营期满后交回给政府。2016 年，政府对永庆坊一期

工程提出微改造理念，就是不搞大拆大建，下"绣花"功夫对老旧建筑进行修复活化。永庆坊所在的恩宁路建于 1931 年，与龙津西路、第十甫路、上下九步行街共同组成广州最长、最美的骑楼街，汇聚了骑楼、西关大屋、粤剧武打行銮舆堂、粤剧行会组织八和会馆、李小龙祖居、詹天佑故居、趟栊门、镬耳屋、麻石板铺等老广州符号。2016 年起，广州万科以"绣花"功夫对永庆坊进行微改造，在不改变建筑外轮廓的前提下进行立面更新，逐步恢复昔日风采。2018 年 10 月 24 日，习近平总书记在广州考察永庆坊时强调，城市规划和建设要高度重视历史文化保护，不急功近利，不大拆大建。要突出地方特色，注重人居环境改善，更多采用"微改造"这种"绣花"功夫，注重文明传承、文化延续。遵照习近平总书记的嘱托，永庆坊的"微改造"删掉的是破败和落后，留下的是记忆和乡愁。骑楼修缮过程中，木框琉璃窗都尽量保留原汁原味，重新刷上油漆；牌楼上的雕花彩塑均保留原来的样子，"微改造"时重新上色。

永庆坊微改造不仅要"修旧如旧"，更要实现新旧共融。永庆坊一期自 2016 年 10 月开业以来，先后有近 60 家文化创意、精品民宿、创意轻食、文化传媒等商户和企业入驻，日平均吸引游客约 3000 人次，周末更

◎ 永庆坊夜景

◎ 改造后的永庆坊

是高达 5000 人次。

2020 年，永庆坊二期改造工程根据区域和业态分批次开放：2020 年 8 月 22 日，永庆坊挂牌成为国家 4A 级旅游景区，广州首个非遗街区在此开街，集结 10 多位非遗大师的工作室和广彩、广绣、珐琅多个非遗项目；2020 年 12 月 25 日，以湾畔粤味水畔为主题、以连锁餐饮和精品酒店为主要内容的永庆坊滨河段开放；2022 年国庆黄金周，永庆坊二期骑楼段、示范段开放，喜茶西关文化店等潮流品牌、创意餐饮批量进驻。

随着永庆坊微改造的逐步推进，恩宁路上有着 80 多年历史的老骑楼焕发新活力。"通巷六号"餐厅老板黄先生是广州人，在他的印象里，永庆坊一度变得衰败、破旧。他说，永庆坊经过微改造后，记忆中的老广州又回来了。附近的街坊也表示，现在的恩宁路不再是过去那个死气沉沉的老街区了。

"永庆坊是广州旧城'微改造'的成功典范。我们在保持原来建筑风

◎ 改造后的永庆坊

貌、外观轮廓和空间肌理不变的前提下,进行提质更新和空间打造,让旧与新充分地有机结合。"广州市城市更新土地整备保障中心办公室副主任闵丽对此深有体会。在一期微改造中,他们把文创、科技研发企业等新元素注入旧街巷;二期则重点对粤剧博物馆等岭南地区建筑进行重建和改造,打造传统的岭南园林。

修复、活化、培育、升级。如今,目之所及,传统与时尚相交织的气息扑面而来,永庆坊里形状各异的建筑如同历史进程的万花筒,一砖一瓦都凝结着岁月的痕迹。这里有 20 世纪二三十年代留下的西关大屋,四五十年代中西合璧的洋楼别墅,八九十年代改革开放之初的时代建筑……更新中的永庆坊,老城新景随处可见。昔日污水垃圾遍地、危楼旧房林立的骑楼古巷,如今已焕然一新,不仅特色依旧,新融入的"潮"味还更足更酷。从活化历史到触摸未来,广州"最美老街"的称号,在新时代延续了下去。

老社区改造留得住乡愁,也展现新活力

改造后的永庆坊不仅要留得住乡愁,还要吸引住年轻人,展现出新活力。为此,永庆坊二期重点引入活力商业、文化创意、精品旅居三类业态。这里不仅有老字号集合店"荔枝食集",将陈添记、银记肠粉、开

记甜品、鸳鸯王奶茶、恩宁刘福记、阿婆牛杂、八珍煎饺7个老字号美食品牌"一网打尽",更吸引点都德饼铺、莲香楼等品牌进驻,还引入了喜小茶、啡约、急急脚花式冰饮厅、Helens海伦司小酒馆等人气餐饮、酒吧,让年轻、潮牌成为新名片。入驻永庆坊的商家注重保护老屋原貌和西关风貌,在装修设计上融入满洲窗、趟栊门、玻璃幕墙等岭南传统建筑特色,凸显西关元素。如喜茶、茶理宜世分别打造了复古风的喜茶西关主题门店、茶理宜世"梁祝"主题门店,肯德基开设了肯德基西关主题门店、蒂芙尼蓝风格的肯德基甜品站。

除了各式各样的新业态入驻外,永庆坊还先后举办了"朝叹晚蒲——生活艺术节""朝叹晚蒲拥抱新年"主题活动,相继引入了广州美术学院2020年毕业设计展、"万科筋厂"广州首展、"春光"主题装置展,实现传统骑楼老街与潮流文化的跨界碰撞。如今,逛永庆坊的人越来越多,人们在永庆坊停留的时间越来越长,游逛模式由之前的"朝叹"延伸为"朝叹晚蒲"。截至2021年底,永庆坊二期改造完工,永庆坊全部开业后,每年销售额2亿元,贡献税收超1000万元,年度客流预计达到500万人次。

永庆坊只是广州老城区微改造项目之一。在2019年,广州重点打造恩宁路、沙面、白云山等十大片区,共50个老旧小区项目,尤其是涉及历史街区、历史风貌区、历史建筑的老旧小区,要做好文脉与肌理的保护。

就在2019年10月,广州市六榕街旧南海县社区经过了半年的微改造后重换新颜。旧南海县社区位于广州市历史文化街区核心保护范围内。在石板路、红砖墙、大榕树之间,72处民国时期的传统风貌建筑栖身在这座繁华都市中。这里是广州保存最完好的民国初期建筑群。由于年岁久远,以前这里变成了老街巷、老房屋、老居民俱全的"三老"社区,不仅空间杂乱,设施陈旧,公共空间单一,历史风貌也湮没在杂乱的电线之中。

随着改造工作结束，昔日的旧南海县社区已变了模样：漫天飞舞的管线消失了，破损的路面新换了地砖。路旁增加了复古风格的路灯，与街上的咖啡厅、民宿一起，给这个街区注入了时尚感。社区里的《大公报》办公旧址旁，一个全新的口袋公园吸引了不少游客前来打卡。2019年国庆前夕，以天地为背景、以建筑为巨幕，越秀区海珠广场华丽变身，围绕广州解放纪念雕像的大型建筑外立面，入夜变身璀璨的时代画卷，惊艳了广州街坊和游客。除了海珠广场外，周边的历史街区也在这次传统中轴线升级改造中迎来全新面貌，起义路、泰康路、大新路、长堤大马路传统骑楼风貌街区实现"修旧如旧"，整饰建筑立面2.8万平方米，5处历史文物建筑获得修复，洁净的路面、精致的口袋公园等，让老城变成网红打卡点；全国首批改造提升试点步行街——北京路步行街也迎来改造契机，这条千年古道上的步行街，更新后正以千年商都"第一街"的姿态走向国际，成为外地游客读懂广州的又一个窗口。

当下，城市的更新主要依靠"三旧改造"。但相比于旧厂、旧村，旧城老小区改造是最难的。永庆坊改造建设方代表、广州万科公司副总经

◎ 改造后的老旧小区面貌焕然一新

◎ 改造后的老旧小区看起来很洋气

理喻敏锋说，因为永庆坊本身条件还可以，有一定的规划，同时利益群体更加分散。对于改造，商家更关心场地的品牌性和空间，以及是否有稳定的客流量。消费者则希望在同质化的商业项目中找到不一样的体验。在千差万别的需求中找到平衡点，考验企业的运营能力。老旧小区改造中，改善居民生活环境属于刚性支出，且很难盈利。进行商业开发是达成经济平衡的重要手段，但这恰恰是老城区的弱项。永庆坊改造一期只有约 8000 平方米，涉及的住户较少，因此成为商业化运作的理想试验区。如今，这里有 30 多家特色商业体，日均人流量过万，商铺出租率超过 95%。

微改造不只是物质环境的更新，更重要的是社区文化的更新、发展方式的更新。为整合社会资源和力量，形成发展共识，荔湾区政府在永庆坊二期更新改造中成立共同缔造委员会，实现政府治理和社会调节、居民自治良性互动。同时，两期改造均坚持文化引领，以产业重构的方式导入新锐文化产业，聚合一批老字号、沉浸式文化体验区、滨水休闲餐饮区等，建成广州第一个非遗街区，有效破解了老城区空心化困局。

经过几年的探索，广州的老旧小区微改造正以试点带动全面——按照从小区到片区，从整治到活化，从管理到治理的思路，规划连片改造，以惠及大民生。但当地住建部门也意识到，完成改造仅仅是城市更新的第一步。比如，过去许多小区都没有专门的物业进行管理，改造后相关设施的维护和管养等，都是问题。目前，广州市住建部门也在积极探索，希望引入企业等社会力量参与老旧小区微改造。"城市更新不仅是一项民生工程，更是巨大的市场。只有市场上的各方都能发挥作用，才能达到最大效果。"广州市住房和城乡建设局环境建设管理处处长赖永娴说。

具有800多年历史的岭南文化古镇沙湾古镇，在改造后重点扶持粤曲、醒狮、鳌鱼舞、飘色等传统民间艺术，并将鱼灯、龙狮、砖雕、灰塑等传统技艺融入旅游开发，焕发出新活力。而芭醍珠江啤酒厂区的改造不仅保留酒的基因，园区内各色风情酒吧、特色餐厅等让其成为岭南文化、时尚潮流的体验地，成为广州夜间经济的一个聚集区。在用绣花般功夫进行城市更新中，广州探索出以存量与增量联动、产业与空间结合、文化与活力并重为特征的"有机更新"。

社会资本介入让老城区"微改造"跑出"加速度"

广州老城区微改造这些年推广得较为顺畅，一个重要原因就是引入了社会资本。通过运营权市场化让各方在发展经济与保护文化之间找到了平衡点，有效降低了财政负担，从而让老城区改造有了资金"活水"。

在传统的观念看来，把整个老区和城中村推倒重建，从而获得大量土地资源来发展房地产项目的改造模式，对企业回报最为丰厚。相比之下，"绣花式"改造费时费力回报低，甚至可能吃力不讨好。由于存在规划调整难、审批门槛高、土地征拆难等诸多难点堵点问题，各类旧改项目一直被称作"难啃的硬骨头"。而在一些企业看来，没有大量土地资源作为交换的微改造项目，是"硬骨头中的硬骨头"。

喻敏锋说，微改造隐藏着巨大的工作量。在街区整体风貌提升方面，企业要遵循"修旧如旧，建新如故，新旧融合"的原则来对所有历史建筑设施进行修复改造，必须在保持原有的空间肌理和岭南建筑风格不变的情况下，才能对建筑进行立面修复和整饰，并对建筑物进行翻新排危。对遍布整个片区的麻石路面，不仅要重新规整铺砌，而且要增加两处街头绿地、广场，让街区整体空间环境和风貌得到提升。此外还包括房屋结构加固、消防安全提升、三线下地规整和提高居民生活便利等。为了保证建筑物的使用安全，永庆项目通过加固工程，将抗震设防烈度升级到了7度，这意味着老建筑的结构强度与新建现代建筑没什么两样了。以往，老旧小区及街巷上空各类线网杂乱无章，缺乏统一规整，部分居民还将衣物挂于线网进行晾晒，存在极大的安全隐患。为了改变这种情况，永庆坊对一二期范围内的线网进行了集中规整，并增建配电房，对市政管网重新进行了铺设，实现电力、通信、有线电视三线下地，以美化园区环境，提升游览及居住体验。如果没有规模化的土地资源置换，企业在微改造项目的盈利空间自然大打折扣。

老旧社区微改造，考验的是一座城市规划建设的精细化程度。负责永庆坊改造方案设计的华南理工大学教授王世福认为，企业接手这样的项目，即使在人才、时间和金钱上没问题，也可能在其他方面遭遇许多障碍。首先，现有法律法规和政策对历史建筑保护和修复潜在的障碍非常多，政府、企业和专家都认为好的操作方式，往往法律、规范和政策不允许这样做；其次，改造不仅意味着要改变现有的空间环境和生活方式，而且很可能要重组现有的资源和利益格局，对项目必然会出现支持、反对和观望三种不同态度的人群，这些人群背后都有着不同的利益诉求，如何找到一种科学合理并为大家所认同的利益协调方式，非常困难。最后，在实施过程中，企业除了要面对立项报批、拆迁安置、规划调整、施工许可等难题，还可能遇到其他一些矛盾和问题。永庆坊项目的成功实施，也让不同的利益主体看到了一种新的可能。随着一期项目的改造完成和正式开放，部分原来持怀疑观望或反对态度的原住民或业主，开始与企业讨论合作，项目二期改造就顺畅多了。

2017年12月，广州入选住房和城乡建设部老旧小区改造试点城市，是15个入选城市中唯一的一线城市。按照"因地制宜、各具特色"的原则，分别以党建引领、产业导入、电梯加装、环境改善、历史文化保护为侧重点，广州选取天河区德欣小区，荔湾区泮塘五约小区，越秀区梅花路小区、五羊小区，旧南海县小区5个小区作为改造试点项目。随后，一大批老城区微改造项目如雨后春笋般启动。2021年4月13日，伴随着隆隆的机器声，位于越秀区黄华路的南洋电器厂拆建工作正式启动，这意味着广州市首宗旧城混合改造项目——南洋电器厂及周边更新改造项目正式动工。这是一次全新的探索。该项目分两期改造：一期是旧厂片区改造，主要安置南洋电器厂地块住宅、商业及办公，并布置预留住宅；二期是旧城片区改造，功能为安置其余住宅，让老城区昔日的辉煌重现，并让其焕发出新时代的新活力，成为老城区更新改造的核心思路。

这样的老城区通过微改造焕发新活力的案例，如今在广州越来越多。水荫路34号大院是一个典型的老旧小区，多数是20世纪90年代的7~9层无电梯楼，不少老街坊困扰已久。"截至2023年8月，小区42个梯口

◎ 加建电梯后，社区面貌焕然一新

已全部顺利完成加梯并投入使用。"广州市越秀区黄花岗街道办事处副主任刘洁介绍，该大院在广州率先推行"统一规划、集中审查、批量施工、长效管理"的成片连片加装电梯模式，开辟了加装设计、报建、审批、备案便捷化、集约化的"绿色通道"。

"截至 2023 年 8 月，一方面，前期报建时间由 3～4 个月（单梯）缩减为 1 个月左右，让居民少跑腿、少操心；另一方面，以每台电梯低于市场价的'批发价'实行批量施工，人员物资可以现场灵活调配，缩短工期之余，加装一部电梯还至少节省 5 万元，是实实在在的便利。"刘洁说。

为民办实事，得下足"绣花"功夫。除了给流程"做减法"，街道还考虑到后续管理问题。因此，大院首推电梯"连片托管"，引入专业物业管理公司实行服务"全包"，负责电梯安全管理人员配备、应急救援值守、日常巡查维护、年度定期检验等事项，减少居民后顾之忧。广州市规划和自然资源局相关负责人表示，加装电梯规划设计方案，要真正变成群众看得见、摸得着、用得上的"幸福梯"。截至 2023 年 11 月，广州市累计加装电梯规划审批超 1.5 万台，累计建成投入使用超 1.3 万台，审批和建成数均居全国各大城市首位。

广州老旧小区改造的"广州经验"

经过几年的探索，广州的老旧小区微改造正由试点带动全面。按照从小区到片区、从整治到活化、从管理到治理的思路规划连片改造，逐渐摸索出老旧小区微改造的"广州经验"。截至 2022 年 12 月，全市累计完成改造 810 个老旧小区，累计改造老旧建筑 4670.4 万平方米，累计新增社区绿地和公共空间 676 个，共惠及 64.1 万户家庭、205.2 万居民，为高质量发展打开了新空间、积蓄了新能量。截至 2023 年 8 月，广州全市纳入改造计划的老旧小区共 1048 个，累计完成老旧小区改造 899 个，累计改造老旧建筑 4826 万平方米；累计批复城中村改造项目 82 个，面积约 38 平方公里，规划新配建公建配套设施 621 万平方米；累计完成批复旧厂改造项目 433 个，面积约 23 平方公里，促进 228 家企业升级改造，有力地促进了城市产业升级改造。

老城区微改造也满足了市民群众美好生活需要，加快实现老城市新活力，极大提升了市民的幸福感。2023 年 1 月广州社情民意研究中心调查显示，对城市微改造工作的整体评价中，合计达 92% 的受访市民给予认可。具体评价中，超八成市民希望继续推进街区微改造，中心城区居民期盼更高。在 2023 年年初，广州提出 2023 年全市城市更新年度固定资产投资目标将达 2000 亿元，同比增长超过 60%。其中，对于计划推进的 127 个城中村改造项目，广州今年预计完成固定资产投资 983 亿元，占上述全市城市更新固定资产投资目标的 49%。由此可见，城中村改造是今年广州城市更新工作的重头戏。2023 年 2 月 6 日，《广州市城市更新专项规划（2021—2035 年）》（公开征求意见稿）发布。根据该规划，至 2025 年，广州累计推进城市更新约 100 平方公里；至 2030 年累计推进城

◎ 新建在居民区的立体停车楼

市更新约 200 平方公里；至 2035 年累计推进城市更新约 300 平方公里。其中，至 2035 年，广州拟推进旧村庄旧城镇全面改造与混合改造项目 297 个，旧城混合改造项目 16 个，综合运用各项政策以"留改拆"混合改造方式推进，鼓励推进老旧城区微改造项目、外围地区乡村整治提升项目。

为促进项目加快开工建设，释放有效投资，2023 年 6 月 16 日，广州市住房和城乡建设局发布的《优化城中村全面改造项目审批流程的通知》，广州市住房和城乡建设局提出加快启动城市更新前期计划、优化方案审批流程、支持分片分期实施、优化规划建设许可手续、加大金融支持力度等五个方面共 12 条改革措施，加快推动城中村改造项目落地实施。

为加快吸引社会资本介入老城区和城中村微改造，2023 年 1 月发布的《广州市旧村改造合作企业引入及退出指引》，针对企业反馈产业导入门槛太高，不利于社会资金进入旧改市场的问题，该文件将产业导入中对于企业的行业地位和数量要求由准入条件转为择优条件，并不再分圈层设置企业的行业地位和数量要求。

广东工业大学马克思主义学院讲师洪伟介绍，要总结探索广州老旧小区改造的"广州经验"。广州老旧小区改造并不只简单地对小区物理空间进行升级，更重要的是在尊重原有风貌的基础上，针对不同情况分类施策，更好延续城市的城脉、商脉和文脉。基于此，广州统筹推进城市更新改造和历史文化保护，在老旧小区改造中积极探索实践，打出一系列"组合拳"，并将探索成果固化为相应的规章制度：第一，发布《广州市城市更新专项规划（2021—2035 年）》（公开征求意见稿），明确更新项目正负面清单，对不符合"三区三线"、历史文化保护以及城市环境总体规划等情况的城市更新项目，原则上不列入全面改造范围。第二，出台《广州市老旧小区既有建筑活化利用实施办法》，立足老旧小区现有资源禀赋和居民实际需求，探索活化利用老旧小区改造项目的既有建筑，避免大拆大建，保护好各类历史文化遗存。第三，落实《广州市老旧小区改造联动工作机制》，通过打破部门和区域壁垒，让各类专项工程和老旧小区改造项目同步实施，尽量减少施工改造给社区地形地貌和群众生活带来的影响。第四，编制《广州市以"绣花"功夫打造老旧小区成片连片改造示范区工作实施方案》，探索推进老旧小区成片连片改造提升的新模式，实现由单个小区改造向成片连片纵深推进、由小区物理空间改造向街区社会治理转变。此举大大提升改造效果，也解决了因文物跨区域而带来的沟通不畅、协作不力等问题，促进历史文化遗存保护和活化利用。在他看来，老旧小区改造也成为广州提升城市功能品质、推进高质量发展的重要抓手。今后，广州仍需坚持以人民为中心的发展思想，本着"成熟一个、改造一个，成熟一片、改造一片"的原则，在优化人居环境、改善居住品质的同时避免出现商业化过度、容积率过高等新的问题，把老旧小区改造这项民生工程落地落实，成为真正的民心工程，切实增强市民的幸福感。

历史文化街区保护与活化利用关乎民生福祉，不论是改善城市空间还是传承城市历史文化，都是提升城市幸福感与获得感的重要途径。历史街区的活化利用有利于巩固和提升一个城市的地位，塑造一个城市的地域文化特色。微改造是广州城市更新的一种重要方式，也是历史文化街区活化利用的重要途径，并且极大改善了广大市民的居住环境。广州市民的幸福，也体现在城市颜值的蝶变中。近年，广州科学有序实施城市更新行动，率先出台《关于在城乡建设中加强历史文化保护传承的实施意见》，114 个城市更新项目、121 个老旧小区"绣花"功夫微改造，让城市"颜值"更有品质。在过去几年的探索中，广州究竟经历了怎样的探索，积累出了哪些经验，相关部门负责人也进行了盘点。

以保障民生为主，让社区居民成为社区改造的主体

这些年，广州市在老城区微改造中积累出哪些经验？广州市住房和

城乡建设局副局长黄成军介绍，广州市专门制订了老旧小区微改造内容及标准清单60项，分基础完善类和优化提升类，其中基础完善类49项主要是改造水、电、气、路、化粪池等"保基本"项目，同时解决"三线三管"、环境卫生、绿化照明等突出问题，由政府出资实施改造；优化提升类11项主要是结合小区居民意愿，居民集资开展电梯加装、建筑节能改造等，主要以居民出资为主，区政府补助为辅。同时，为做好老旧小区微改造工作，广州市住房和城乡建设局针对60个改造内容，专门制订了设计导则和工程设计指引，明晰改造标准。

小区纳入改造计划，分两种途径，既有自下而上，又有自上而下。一是自下而上，广州市住建局定期会组织各区政府对辖区内的小区进行摸查，以2000年之前建成的，存在功能配套不全、建设标准不高、基础设施老化、人居环境较差等问题的老旧小区为主。属地街道办事处按标准结合日常管理中小区存在基础设施较突出的问题，如水浸街、水电压不足、小区出行不便等问题。提交改造意向报区政府审定申报项目计划，市住建局汇总各区政府项目计划后，根据各项目具体情况，将项目计划列入项目储备库，按"实施一批、储备一批、谋划一批"的原则，按轻重缓急，分批列入计划实施改造。二是自上而下，市住建局根据城市更新专项规划，结合重点片区，如26片历史文化保护街区核心区、越秀区旧中轴线沿线、荔湾区恩宁路沿线、海珠区南华路骑楼街沿线等，按照成片连片的思路推进片区人居环境的改善，会自上而下的组织区政府实施项目。

黄成军介绍，推动老旧小区微改造工作的思路：以保障民生为主，补齐社区基础设施短板。按以下四个原则推进：一是坚持民生为先，基础配套设施优先改造。优先实施社区等"保基本"项目，重点解决公共区域三线三管、环境卫生等基础设施方面的突出问题。二是坚持品质提升，社区人居环境有力改善。坚持"先民生后提升"，以"三改造一落实"(即改造公共设施、老旧房屋、人居环境，落实物业管理）为主线，重点解决"脏、乱、差"问题，完善照明景观设施，大力推进城市架空线路整理及"三线"下地，增设居民休闲广场、社区"口袋公园"，打造开敞透亮公共空间。三是坚持功能完善，居民生活品质全面提升。在抓好基础配套设施建设的基础上，甄选重点连线连片打造。四是坚持历史传承，岭南特色文化延续彰显。突出历史文化街区活化利用，在历史文化街区活化利用和具备产业开发条件的改造项目中，引入企业同步投入资金改造完善周边配套设施、产业导入业态提升和后续维护管养。

为此，广州市探索出一套老旧小区微改造的机制。一是常态化推进老旧小区微改造工作，聚焦中心城区，与规划相结合，与环境改善相结合，通过老旧小区改造带动和辐射周边环境的提升，整体提升片区人居环境，推动片区环境、品质、文化、旅游、商业等综合发展。二是建立集聚发力的联动工作机制。研究制订联动工作方案，强化市区联动，加强职能部门间、职能部门与企业间的联动，做到计划同步，形成同时期同小区聚力拆违、加装电梯、雨污分流、二次供水、三线下地、绿化美化等多部门多项目统一高效、运转协调的工作机制，更有力地推进老旧

◎ 海珠区保利红棉花园，老小区经过微改造后面貌一新

小区项目实施。强化党建引领、社区服务，完善后续管养体系，做到改造后有人管、政务服务在社区，打通最后一公里，健全社会治理基层单元。三是创新投融资机制，积极引入优质社会资源参与老旧小区微改造，对适合活化利用的项目引入企业投入资金改造完善周边配套设施、产业导入业态提升和后续维护管养。同时，积极争取中央、省对老旧小区改造的专项补助资金。

改造方案确定前充分征求居民意见，改造过程中邀请社区退休党员、志愿者参与项目监督，改造后街道会根据小区基础条件、居民消费水平、交费意识等具体情况，引导居民分类实施规范型、基础型、托底型管养模式，完善小区后续管养工作。

老旧小区改造前是结合居民诉求进行评估，改造内容需充分征求居民意见，结合绝大多数居民意见制订改造方案。具体程序如下：项目开展前期工作时，街道居委会引导居民成立"建设管理委员会"或"居民议事会"，项目设计单位会征求小区居民意见，如发放调查表、召开居民代表会议收集小区居民改造需求，再根据《广州市老旧小区微改造内容及标准》60项内容（49项基础完善类、11项优化提升类），结合社区公共基础设施缺失情况（如水浸街、水电压不足、小区出行不便、消防设备缺失、无障碍设施缺乏等），制订小区初步改造方案，并在小区公示。接下来，街道居委会组织小区建管委（或居民议事委员会）代表召开座谈会，对小区改造方案进行讨论，提出修改意见，设计单位根据居民代表意见修改完善方案。

建立起老旧小区微改造的标准体系

广州市城市更新规划设计研究院有限公司党总支书记、董事长骆建云介绍，广州市基于自身城市面临的问题和发展要求，借助开展城市更新工作契机，率先在全国系统性规模化展开老旧小区微改造，成为住建部的先行试点城市，通过多年的实践探索，不断总结形成了具有广州特色并有普遍指导意义的政策体系、工作机制和实施路径，也取得了令人瞩目的工作成效。其中，通过制度创新、完善机制，既是反思过往城市建设的经验和教训，也是为城市更新行动提供顶层制度规则保障，为城市高质量发展注入持续动力，这样的工作方式奠定了广州城市更新的基调，这从全国范围看是独具特色的。

首先明确的目标就是践行以人民为中心的发展思想，必须以解决群众的需求为前提，改造过程中要梳理清楚每个社区的发展脉络，尤其是不能只关注建筑表面的美观效果，必须要本着解决社区与城市的根本问题的角度出发。通过改造要让居民重新发现社区价值，重获身份归属感、情感依托和文化认同，让城市留下记忆，让人们记住乡愁，老旧小区改造最终实现的目的是从单纯的物理空间改造转向社会空间治理，从建设行为提升到社区共同体构建工作。

为此，广州市城市更新规划设计研究院协助政府相关部门研究总结形成了一套包括政策指引、项目生成、项目实施、资金管理、实施监管、共同缔造以及运营管养等在内的全过程联动、比较完整和全面的工作机制，构建起广州老旧小区微改造的 "1＋N" 政策体系，为全面完成广州老旧小区微改造任务打下坚实基础。主要体现在：

一是强调全过程的工作联动，全市 "一盘棋" 部署推进。为更好加强统筹协调，广州市建立起老旧小区微改造联动工作机制，成立了城市更新工作领导小组，组织市发改、工信、财政、规划、建设等部门和各区政府，一起统筹改造的计划、方案、资金，通过计划联动、资源联动、技术联动、实施联动，打破部门壁垒，整合资源。建立起老旧小区改造方案评审制度和年度综合评估工作，重点从安全、质量、进度、效果四个方面加强市区两级部门的协同。

◎ 改造后的小巷别有一番风味

二是建立起老旧小区改造的标准体系，明确老旧小区微改造的对象范围、底数状况、制定改造技术标准。

广州市城市更新规划设计研究院充分发挥专业优势，积极协助参与广州市老旧小区底数摸查和项目库的建立，为科学编制城镇老旧小区微改造规划和年度计划，形成广州市老旧小区"一张图"底数，奠定了基础，并参与了广州市老旧小区微改造设计导则、工程设计指引、场地设计指引、老旧小区改造内容及标准指引、连片实施改造手册等技术规则的编制工作，助力广州不断完善老旧小区改造的技术标准体系。

三是创新资金管理模式，探索多渠道筹集改造资金。一方面在以财政投入为主的基础上，优化资金使用效能，建立奖补机制，调动实施的积极性、主动性和创造性。另一方面，探索市场力量参与老旧小区改造的途径，出台文件鼓励社会资本通过长周期物业运营收益来激发参与老旧小区改造的动力，打通其中的政策难点和堵点，探索在存量空间资源、税收、金融方面给予保障支持。

四是强调改造过程中的社会参与，通过共同缔造推动共建共治共享。老旧小区改不改，改什么，怎么改，事关居民切身利益，要听取民意、汇集民智。为进一步调动居民参与老旧小区微改造积极性，凝聚社区共识，广州积极践行"共同缔造"理念并形成相关工作机制，组建由居民代表、居委会、政府部门、专家学者、技术单位、社区设计师和社会公众组成的社区咨询委员会或者建设管理委员会，搭建起沟通交流平台，鼓励引导居民参与方案设计和实施过程的监督，推动从"要我改"向"我要改"转变，逐步形成老旧小区微改造全过程决策共谋、发展共建、建设共管、效果共评、成果共享的新格局。

2018年10月24日，习近平总书记在广州考察永庆坊时强调，城市规划和建设要高度重视历史文化保护，不急功近利，不大拆大建。要突出地方特色，注重人居环境改善，更多采用微改造这种"绣花"功夫，注重文明传承、文化延续。骆建云说，这既为城市更新、历史文化保护指明了方向，也是对广州微改造工作的勉励。

微改造不同于传统工程设计，2016年广州市政府出台《广州市城市更新办法》，率先在全国提出城市修补式的微改造，其定义是在维持现状建设格局基本不变的前提下，通过建筑局部拆建、建筑物功能置换、保留修缮，以及整治改善、保护、活化、完善基础设施等办法实施的更新方式。通过微改造保留了具有特色的传统建筑风貌，活化其用途，实现功能置换，改善区域内人居环境。微改造所涉及的工作内容更加多元、细致，更具有人文情怀，需要从以人为本的角度出发，改善那些真正能为居民生活带来变化提升的内容，因此要求改造实施者必须细心、耐心、巧心，以"绣花"功夫式的工匠精神，通过渐进式的、小规模的、精细化的更新方式来激发新的活力和动能，"绣花"功夫体现出来的是思想、方法、行动上的转变，更是城市发展方式转变的重要手段。

举例来讲，从技术标准方面，把老旧小区涉及的改造内容细分到60

项，涵盖建筑本体改造和公共空间改造，并分类分层级划定为基础类、提升类和完善类，这在全国是首创，并将其转化成菜单选菜的方式深入社区、居民家中征集改造意愿，再汇集成设计方案，然后将方案分解成清单式设计成果向居民展示，把改造内容落到一个楼梯踏步、一个无障碍坡道。

"绣花"功夫还体现在精细化的社区治理上。广州构建了 1 + N 的老旧小区微改造政策体系及配套指引，从规划建设、房屋管理、资金筹措、工作机制不同层面给整体工作提供明确的政策支持，使改造工作更高效、有序地开展。通过坚持党建引领，推进共同缔造机制，鼓励居民参与社区共建共治。智慧社区的建设，大大提升了社区治理的科学化、精细化，使民生的改善更聚焦、更有效。"绣花精神"于细微之处彰显人文关怀，打造富有温度的人民城市，正是老旧小区改造的意义所在。

5 住有所居
筑牢"幸福广州"底座

　　大城市住房供应问题是长期以来国内民生话题焦点之一。直接关系到城市居民的幸福指数。2023 年全国两会提出"加强住房保障体系建设，支持刚性和改善性住房需求，解决好新市民、青年人等住房问题"，住房问题一直是国家和地方政府的工作重点。作为一座拥有两千多年历史和2000 多万人口的超大城市，广州城市规模不断扩张，在城市化进程快速推进的过程中，"大城市病"也给广州的发展带来挑战。广州作为商品房市场改革及保障房发展起步较早的城市，其住房问题已经从总量短缺转变为结构性供给不足，具体表现为：空间方面，人口增量区域与住房供给存在空间错配，呈现"需求在内、供给在外"特征。住房产品供应方面，就业中心周边户型供给单一，难以满足多元化需求。品质上，老旧小区、城中村承载了大量人口，与人民群众住房宜居性需求产生矛盾。按照广东"十四五"规划，广州要实现老城市新活力，在综合城市功能等四方面出新出彩，发挥核心引擎作用，辐射带动广州都市圈城市发展。对于迈入存量时代的广州来说，城市更新是解决"大城市病"的契机。对于广大广州市民来说，不仅要住得好，还要住得舒适。过去几年，广州以城市更新为契机，以保障性住房建设为抓手，在保障居民住有所居方面创新探索，居民居住条件取得突破性改善。"十四五"期间，广州将大力发展保障性租赁住房、积极发展共有产权住房、加强老旧小区改造等，新建60万套保障性租赁住房，在国内一线城市中排名第一。通过积极推进"产城融合，职住平衡"，到2025年，40%以上居民可享受低成本住房。

较低住房成本让更多青年人选择"投奔"广州

购房对于青年有着非凡的意义，这往往是他们迄今为止最重大的一笔消费，一旦做出选择，也意味着在一座城市真正扎根，这也直接关系到他们在这座城市生活的幸福感。青年人购房行为所衡量的，是一座城市最硬核的吸引力与友好度。而长期以来，广州一直以较低的住房成本成为最受广大青年欢迎的城市，在过去十年间，广州净流入人口达到600万人。这也是广州对青年人吸引力的直接体现。

2020年1月8日，DT财经联合链家发布《2020中国青年居住消费趋势报告》，该报告基于链家平台数据和CBNData消费大数据，以18～35岁青年为主要研究对象，围绕"家"这一生活最基础的单位展开研究，总结了青年人购房、租房和居家消费的趋势。

◎ 广州塔夜景

报告显示，广州是居住成本最低的一线城市，不管是青年人安心购房所要求的家庭收入门槛，还是房租收入比，相比其他城市对青年人都更加友好。

从安心购房家庭收入门槛来看，想要在北上深安心购房，对家庭年收入的要求远高于其他城市。该报告显示，以在上海购买一居室作为在上述三个大城市置业的门槛，购房安全家庭年收入至少应达到34.4万元；在北京购买一居室的安全家庭年收入达到了48.6万元。而当青年家庭年收入达到这个水平，可以在除北京、上海和深圳以外的其他所有城市安心购买三居室，差不多可以在上海安心购买二居室。

可能是因为整租与合租之间存在较大的成本差，在城市中靠租房解决居住问题的青年人，绝大部分会选择合租。而不管在几线城市，整租都是一种奢侈的居住方式，居住成本是合租的3倍。所以，在租房的青年人中，有八成选择了合租。数据显示，北京、深圳和上海的整租一居室租房自由月收入要求最高，分别为1.77万元、1.46万元和1.34万元；杭州的整租自由收入超过了广州，同样需要月入过万，而广州仅需要8767元。

比较各个城市的实际房租收入比，这更能体现青年人的租房幸福感。北京和深圳遥遥领先于其他城市，差不多是最低的苏州和武汉的两倍；

◎ 广州珠江新城夜景

杭州在房租收入比一项上达到一线城市水准；而广州凭借相对较低的租房成本和较高的收入水平，带给其间的青年人超过其他一线城市的租房幸福感。如果选择合租，在北京能够"自由"合租单间的收入为 8990 元/月，仅为整租一居室的一半，深圳、上海和广州合租单间的收入门槛分别为 8530 元、6824 元以及 5696 元。可以说，月入 5700 元就能跨入一线城市合租自由的门槛。所以，总体上来看，广州在国内一线城市中，居住成本是相对最低的。从购房与租房的数据来看，广州是居住成本最低的一线城市，不管是青年人安心购房所要求的家庭收入门槛，还是房租收入比，相对于青年人来说更加友好。而青年人正在用行动为城市的居住幸福感投票。所以，广州连续多年入选幸福指数最高的城市，与较低的居住成本是有直接关系的。此外，广州、南京、重庆、武汉这些让青年住起来更容易的城市中，青年消费者在生活升级类消费上的提升也最快。

广州住房"高性价比"提升群众幸福感

如果将广州 11 个行政区分为内圈层、中圈层、外圈层，其中内圈层主要指主城四区，包括越秀区、荔湾区、海珠区、天河区；中圈层主要指近郊四区，包括白云区、番禺区、黄埔区、花都区；外圈层主要指远郊三区，包括增城区、南沙区、从化区。从居住用地供应总量看，广州新增居住用地相对充足，但主要支持商品住房发展。整理各城市用地供应计划，广州近五年（2018—2022 年）年均计划供应居住用地 632 公顷，其中商品住房用地 461 公顷、保障性住房用地 171 公顷。商品住房用地供应占建设用地供应比重 20.8%，高于上海（19.9%）、北京（15.9%）、杭州（14.0%）、深圳（13.9%），但保障性住房用地供应占建设用地比例较低，仅 7.7%，低于上海（22.3%）、深圳（15.1%）、北京

（12.6%）、杭州（9.8%）。

根据居住用地公开出让数据统计，发现近十年（2013—2022年）居住用地供应"粮仓"集中在外围区域，成交面积排名前三为增城区、南沙区、黄埔区，分别占比26.0%、17.6%、11.1%。而内圈层居住用地供应紧缺，合计占比仅13.6%，尤其是越秀区仅成交2宗地块。在居住用地供不应求的情况下，内圈层土地市场热度相对较高，近十年流拍撤牌率仅10.4%，远低于中圈层、外圈层。居住用地成交均价及面积呈现双双上升趋势，近十年（2013—2022年）居住用地成交建筑面积合计9300.5万平方米，年均930万平方米，平均楼面地价11643元/平方米。从变化趋势看，十年间成交楼面地价从5237元/平方米上涨至14905元/平方米，涨幅约185%；成交规模波动上升，2020、2021年持续两年成交保持在1500万平方米左右，创近十年新高。

从商品住房供应总量看，根据克而瑞中国房地产数据库，广州近五年（2018—2022年）保持稳定供给，年均供应超10万套，供应面积达1068万平方米，在一线城市中位居第一，为深圳2.1倍、北京1.5倍、上海1.3倍，有效支持了刚性和改善性住房需求。但近两年受大环境下行影响，全市商品住房库存积压现象初显，截至2022年12月，全市商品住房库存达11.8万套，1332.9万方，创近十年历史新高。按近12个月

◎ 住有所居，极大提升
广州居民的幸福感

的去化速度计算，库存去化周期需要 20.8 个月，超过行业标准健康警戒线 18 个月。同时，各区商品住房市场分化明显，中心城区供应紧缺与外围区域库存积压并存，住房供应矛盾从总量短缺转为结构性供给不足。内圈层由于新增住房供应稀缺，四区新房库存合计仅 1.4 万套，率先进入存量发展阶段，商品住房成交以二手房为主。外围增城区、南沙区供应量较大，市场稳定性不足，近两年在大环境下行的背景下，成交趋缓，库存压力开始凸显，去化周期达到 21.2 个月、33.2 个月，其中南沙区为全市去化周期最长区域。相比之下，黄埔区、番禺区供应量虽然也较大，但由于产业基础较优，有庞大的内生刚需客群支撑市场需求，在市场消化能力较强的情况下，整体库存去化压力较小，去化周期 13.9 个月、19.5 个月，低于全市平均水平。

全市商品住房价格在一线城市中偏低，可满足大量新青年、新市民购房需求。近三年（2020—2022 年）广州商品住房成交单价主要集中在 5 万/平方米以下，合计占比 86.8%，显著高于深圳（41.6%）、北京（57.1%）、上海（57.1%），略低于杭州（94.1%），其中 2 万/平方米以下的低价房源占比约 1/4，高于深圳、北京、上海、杭州。结合收入水平来看，广州房价收入比为 38.2%，房价的可负担性为国内一线城市最高，被誉为"性价比"之城。租房方面，得益于充足的住房存量及城中村等低成本居住空间，广州租房成本相对较低，房租收入比 19%，低于国际警戒线 30%。已有大量研究证实，随着房价收入比、房租收入比上升，会对城市流动人口的留城意愿产生显著负影响，广州住房"高性价比"优势有助于提升城市吸引力，尤其是对青年人才的吸引力。

保障性住房方面，广州市保障性住房财政投入比例不算太高。以 2021 年为例，据各地一般公共预算收支执行情况统计，广州保障性安居工程支出 18 亿元，占全市公共预算 0.6%，均低于北京（80 亿元，占比 1.2%）、上海（102 亿元，占比 1.2%）、深圳（34 亿元，占比 0.7%）、杭州（25亿元，占比1.0%）。但在有限的财力投入下，广州市对困难家庭的基础性保障相对较好，充分发挥了保障性住房的解困作用。根据各地住建局公布数据，广州每万人城镇常住人口拥有政府投资公租房71套/万人，略低于北京（97套/万人），但高于上海（24套/万人）、深圳（58套/万人）。相比之下，广州市对青年人、高技能人才等群体的保障相对不足，与其他城市差距较大。全市2010—2020年专业技术人才、高技能人才接近翻一番，从153.6万人上升至287.4万人，未来需大力筹措保障性租赁住房、共有产权住房等保障性住房，多梯度加强对青年群体、人才群体的住房保障，进一步加强保障性安居工程引人聚才、促进城市发展的作用。

推进"产城融合，职住平衡"，5年后40%以上居民可享受低成本住房

2021年4月27日，广州市规划和自然资源局副局长邓堪强在城市更新产城融合职住平衡专题新闻发布会上指出，过去以市场为主导、过度房地产化的城市更新，未能解决产业空间供给不足，低成本住房配建短缺等问题，无法满足城市高质量发展的要求。为此，广州提出到2030年，50%以上适龄就业人口实现30分钟通勤，40%以上居民享受低成本住房。

在2021年4月27日广州市规划和自然资源局发布的广州市"产城融合职住平衡指标体系"，明确构造"50%以上适龄就业人口30分钟通勤、40%以上居民享受低成本住房"的城市新格局。该指标体系涵盖市域、行政区、商圈就业中心30分钟通勤圈三个层级，每层级5项，共计15项指标，发挥宏观监测、中观管理、微观管控的作用。特别在微观层面的交通供需指数、轨道可达指数、公服配套指数、职住平衡指数、低成本

住房指数 5 项指标，体现服务均等化，考虑不同阶层、不同年龄市民需求，尤其是更加关注低收入人群，营造和谐家园。根据规划，广州市 3 年内推进 83 条、5 年推进 183 条城中村改造，以及开展旧城品质提升，通过连片规划、完善配套，产城融合、提质增效，职住平衡、协同互进等措施，探索特色化城市更新路径、提升城市治理现代化水平。

计划至 2030 年，广州市城市更新 5 年计划项目全部完成后，广州市轨道覆盖率提升至 55%、产居比提高至 25%，超过新加坡、东京现状水平（23%、24%）。

这意味着广州城市更新改造完成后，职住平衡指数平均达到 0.41，即典型商圈平均可满足 30 分钟通勤圈内 41% 适龄就业人口的就业需求；50% 以上的适龄就业人口可保障 30 分钟通勤。低成本住房指数平均达到 0.40，即城市更新中 40% 以上的居民可享受低成本住房，满足新市民、产业人才、低收入人群等的多层次住房需求，实现住房供给均等化。城市更新提供的住房面积总量中 40% 为低成本住房。

邓堪强表示，本轮城市更新是优化调整产城融合、职住平衡以及全方位提供均等化服务的关键阶段和历史机遇。研究结果表明，城市更新 5 年计划完成后，广州交通及公服设施服务水平将显著提升，职住平衡和低成本住房供应均得到明显改善。

有关监测报告显示，2020 年，广州平均通勤距离约 8.7 公里、平均通勤时间约 38 分钟，按目前增长态势，预计 2035 年广州市平均出行耗时将达到 56 分钟；另一方面，随着广州市人口持续净流入，商品住房价格上涨较快，也亟须深化住房制度改革，加大住房供应，扩大保障范围，提升城市对人才的吸引力和居民的归属感，而"职住平衡"指标体系建立为广州破解所面临的"大城市病"等系列问题提供科学依据。通过产业和居住合理搭配，不仅能增强城市发展动力，还有助于提高居民生活幸福指数。

◎ 广州番禺某小区

广东工业大学建筑与城市规划学院院长蔡云楠也表示，经过理论和数据模型测算，在城市更新 5 年计划项目全部实施完成、交通设施按规划建设实施后，广州可形成"5040"职住平衡新格局——五成以上适龄就业人口 30 分钟通勤、四成以上居民享受低成本住房，实现产城融合水平不断提升等设定目标。

实际上，为通过城市更新调整产城融合，推进职住平衡，广州一直在积极进行探索。2021 年初，为解决产业空间不足、分布不均的问题，广州在市内画了"三个圈"。根据《广州市城中村改造合作企业引入及退出指引的通知》（简称《指引》），广州打破以往行政区域界限，将土地划分为三个圈层，并对每个圈层的产业布局提出更细致的要求。第一圈层以广州环城高速为界，"老三区"越秀、荔湾、海珠和天河区被包括在内，但只有越秀区被完全纳入；第二圈层包括白云区、番禺区，以及前述四区未被纳入"一环"的部分区域；剩余区域被归为第三圈层。《指引》明确规定，不同圈层城市更新中的产业建设量最低占比，如第一圈层的不低于 60%，第二圈层不低于 40%，第三圈层的除已纳入重点功能区规划控制，其他区域可按自身发展规划自行制定。

广州打破以往行政区域界限，将土地划分为三个圈层。荔湾区属于第一圈层。按照《指引》，这里将引进新一代信息技术、数字新基建、生物医药等战略性新兴产业和现代服务业企业，引入世界 500 强投资的企业不少于 1 家，全球 2000 强、央企或中国 500 强、控股上市公司不少于 2 家等。老城区要产业再造，首先是要盘活土地资源，才能为高质量产业集聚腾出发展空间。荔湾区白鹅潭商业区就是第一圈层腾挪的重点。根据《白鹅潭地区发展规划（2020—2035 年）》，白鹅潭商业区的聚龙湾片区将结合周边约 49 公顷旧厂、18 公顷旧城、35 公顷旧村，开展连片更新改造工作。建设完成后，产业建筑量占比将达 95.35%，形成双创办公及孵化中心、白鹅潭展示中心、科创总部湾等多样化功能建筑，满足不同时期的企业需求。

2025 年前新建 60 万套保障性住房，确保新市民"住有所居"

广州市是一个人口净流入大市，根据第七次人口普查，常住人口达 1868 万人，近十年共增加 598 万人，增长 47.05%。发展保障性租赁住房解决广州新市民、青年人住房困难问题，既是坚决贯彻落实党中央、国务院决策部署的实际行动，也是实现广州高质量发展的必然要求。广州市明确将大力发展保障性租赁住房作为"十四五"期间住房和城乡建设工作的重点任务和主要目标，将发展保障性租赁住房作为解决好新市民、青年人住房困难问题的着力点和主路径。

从 2021 年开始，广州市由市住房和城乡建设局牵头，联合市公安局、人社局、来穗人员服务管理局、交通局、城管局等单位在全市 11 个辖区范围开展保障性住房的现状及需求专项调查，全面摸查"十四五"期间各类人群对保障性住房，特别是保障性租赁住房的需求情况。《广州市人口发展及社会领域公共服务体系建设"十四五"规划》提出，到 2025 年，广州全市户籍人口约 1120 万人，年均增长率为 2.6%；常住人口约 2100 万人，年均增长率为 2.4%；常住人口城镇化率达到 87%。"十四五"期间，广州将大力发展保障性租赁住房、积极发展共有产权住房、加强老旧小区改造等。到 2025 年，广州全市累计筹建政策性住房 66 万套，其中公共租赁住房 3 万套、保障性租赁住房（含人才公寓）60 万套、共有产权住房 3 万套。

在此基础上，广州市结合人口增长趋势和租赁市场房源底数，制定印发了《广州市住房发展"十四五"规划》，"十四五"期间计划新增筹建各类住房 131 万套，包括商品住房 65 万套、保障性住房 66 万套，保障性住房与商品住房总量达 1∶1。其中，保障性租赁住房 60 万套（间），约占"十四五"期间全部住房供应总量 131 万套的 46%。

根据发展实际，广州市逐步探索形成七种保障性租赁住房筹集方式。一是"工改租、商改租"方式，出台了相关审批和消防验收政策指引，落实民用水电收费标准等措施；二是企事业单位自有存量土地新建方式，明确土地按协议出让方式供应、不增收土地出让金等支持措施；三是产业园区配建方式，明确产业园区配套行政办公及生活服务用房的用地面积占比上限从 7% 提高到 15%，相应提高建筑面积占比上限，引导集中规划建设；四是集体经营性建设用地新建方式，通过试点探索支持村级经济发展用地等集体土地建设保障性租赁住房；五是土地公开出让新建方式，明确住宅用地招拍挂"两个不低于 20%"的原则（即新增租赁住房占住房供应总量的比例不低于 20%，轨道交通沿线土地出让配建租赁住房比例不低于 20%），采取"竞配建、竞自持、竞政府性房源"等方式建设保障性租赁住房；六是存量房源整租运营方式，推广"政企银"三方合作模式，通过解决企业融资难问题，支持专业化租赁企业整租"城中村"住房改造为保障性租赁住房；七是城中村改造配置方式，出台相关政策指引，明确复建安置房集中规划建设不少于总建筑面积 25%、70 平方米以下的小户型住房，并引导村集体与专业化住房租赁企业联合成立专门运营机构，按保障性租赁住房运营管理。

2021 年 8 月，广州市印发实施《关于进一步加强住房保障工作的意见》，从加强规划计划管理，优化市区责任分工，加大存量土地房屋盘活力度、推动多渠道供应土地，加大政策落实力度、推动多主体参与筹建，提升运营管理水平、保障租住居民合法权益等方面，提出了 22 项工作措施。为确保各项工作措施落地，广州市按部门职能进行了细化和分解，住房和城乡建设、规划和财税等部门同步研究制定系列配套落实文件，包括：出台《广州市既有建筑改造利用消防设计审查验收试点工作方案》，采取联合会审、告知承诺制、商业火灾保险等措施，破解"工改租、商改租"消防验收难题；制定《广州市保障性租赁住房项目认定办法》，明确面积标准、租金定价、申报认定流程、退出管理等核心事项，并制定了通过联席会议审批、核发项目认定书、凭认定书享受各项优惠支持政策等举措；制定《关于支持专业化规模化住房租赁企业提升"城中村"租赁住房品质的指导意见》，支持村集体非居住存量房屋改造为保障性租赁住房；制定《广州市纳税人享受住房租赁有关税收优惠政策的业务指引》，明确税收优惠办理程序和流程等。

推进广州市住房租赁监管服务平台改造与功能扩展工作，建成安全开放的住房租赁信息服务与监管平台，基于租赁住房标准地址一张图，建设租赁大数据库，集成包含租赁备案、新增房源登记与发布、租赁机构管理，租金参考价等模块，具备实名验证、房源查验、租赁信息发布、自主备案等功能，实现租赁交易全过程线上办理。平台由市、区、街、社区共同运营管理，与不动产登记、公安、民政、税务等部门实现信息共享和业务协同，为市民办理居住证、子女入学、公积金提取等提供信息服务支撑，积极推进对保障性租赁住房实现人员准入退出、项目审批、建设管理、出租和运营管理等"一网通""一站式"办理。切实解决好新市民、青年人，以及从事城市基本公共服务等群体的住房困难问题，努力实现"住有所居、住有宜居"。

鼓励在城中村规模化建设保障性租赁住房

2022年10月，广州发布了《广州市住房和城乡建设局关于支持专业化规模化住房租赁企业提升"城中村"租赁住房品质的指导意见》（简称《指导意见》），引导专业化规模化住房租赁企业整租运营城中村房源，作为保障性租赁住房，推进城中村环境更新，人居环境改善。尽管广州50%以上的租赁住房供应都集中在城中村，但多年来都未对机构房东进入城中村整租运营有一个明确的政策支持，违建问题、税收问题等都使得很多规模化的机构房东对进入"城中村"存有疑虑。但这一次，被纳入保障性租赁住房体系，对于"城中村"房源来说是有利的，这也为广州保障性租赁住房的重要来源"城中村"住房租赁走上专业化、规模化道路提供了契机。据《指导意见》，被认定为保障性租赁住房的项目，享受中央预算内投资、中央财政城镇保障性安居工程专项资金等中央、省资金支持，金融机构提供长期低息贷款。

此外，取得非居住存量房屋改造租赁住房项目认定书、保障性租赁住房项目认定书的，用水、用电、用气价格按照居民标准执行。

品质化提升项目依规享受住房租赁增值税、房产税等税收优惠政策，属保障性租赁住房的，依规免征城市基础设施配套费。一家在广州有一百多栋"城中村"房的品牌长租公寓运营商介绍，如果政府对保障性租赁住房的资金支持真能落地，那么机构房东所承担的经济压力能得到极大程度的缓解。从过去几年的实践来看，各家机构房东在城中村运营的财务表现都很难达到预期，一方面通过分散化的包租，在装修方面难以形成规模效应，同时还承担了极重的整村品质提升压力；另一方面，公司投资大量资金所打造的品质公寓难以形成有效溢价。

难以形成溢价的原因首先在于，品牌长租公寓能够改善的主要是出租房源内的品质，但整村的环境是参差不齐；其次，广州城中村房源供

◎ 广州番禺某小区壮观的居民楼

给量很大，很多零散的中小二房东并不像品牌长租公寓那样合法交税，同时不需要承担高额的运营成本，在综合成本上比品牌长租公寓更有竞争优势。也导致长租公寓对青年人的吸引力打了折扣。

目前城中村的住房租赁大致有四种形式，第一种是个人房东，也就是村民将自家的房子直接租给租客，这种形式目前在城中村中占比最大；第二种是几个人合伙承包一栋或几栋农民房，进行简单装修配置后出租；第三种是一些中小企业承包下一栋或几栋农民房，打造一个有品牌的公寓；第四种就是开发商等机构运营的集中式公寓，不过所占比例非常小。广州城中村个人的房子有很多都存在违建的情况，如果正规公司包租下来后改造对外出租，很容易因违规出问题，所以很多公司不敢冒风险。

为支持专业化规模化住房租赁企业参与城中村房源整租运营，此次《指导意见》提出了三条参考方式。一是村集体经济组织、村民自主成立专业化规模化住房租赁企业运营租赁房源；二是村集体经济组织、村民以入股的形式与专业化规模化住房租赁企业合作运营租赁房源；三是引导村集体经济组织、村民将租赁房源委托专业化规模化住房租赁企业运营。这也意味着，广州城中村这一轮的专业化、规模化的住房租赁改造正式启动，广州的城中村也将为广州保障性租赁住房建设，提供主要房屋来源。

2023 年 8 月 12 日,广州市住房和城乡建设局在对政协委员的回复中也表示,鼓励在城中村规模化建设保障性租赁住房。该局在回复中表示,城市更新为广州经济发展提供新的增长极,将成为建筑业高质量发展的引擎力量与产业转型升级的历史机遇。广州城中村数量庞大,今年全市至少推进 127 个城中村改造项目,是有史以来最大规模的年度任务。接下来,广州将继续更新政策体系,创新连片改造实践,鼓励在城中村规模化建设保障性租赁住房,探索 MIC 建造新技术等,"拆、治、兴"并举,攻克城中村"老大难"问题,实现产业形态优化、居住功能提升、城市文明跃升,推动广州高质量发展。

2023 年 2 月广州市发布的《关于支持市场主体高质量发展促进经济运行率先整体好转的若干措施》(简称《措施》),从服务市场主体、扩大有效需求、推动产业提质增效等三个维度,推出 9 方面 38 项具体政策措施,全力推动经济运行率先整体好转,努力开创高质量发展新局面。《措施》明确,坚持"房住不炒",支持刚性和改善性住房需求,优化统筹全年土地储备出让,全年筹集保障性租赁住房不少于 7.5 万套,推进老旧小区改造不少于 100 个。力争全年完成 2000 亿元城市更新固定资产投资。

成立安居集团,广州城中村改造"提速"

2023 年 9 月 1 日,广州市城中村改造工作推进会举行,会上,广州安居集团有限公司挂牌成立。作为一座人口持续净流入的超大城市,近十年来,广州人口增加 600 万,留住人口红利、人才红利才能稳住城市的核心竞争力。"十四五"期间,广州提出将新增保障性住房 66 万套(间),在一线城市中供应量位居第一。面对庞大的供应量,广州多渠道筹集建设保障性住房，匹配安居需求稳定住房新增节奏。

广州安居集团是专门负责从事保障性住房投融资、建设和运营管理的市属功能性国有公司。接下来，该公司将探索构建公共租赁住房、保障性租赁住房、共有产权住房三大主营业务同步发展的住房保障运作体系，搭建住房租赁基金、智慧宜居平台等助推引擎，形成市场化、专业化、规模化的运作模式。

此前，广州市保障性住房筹集、建设主要由市住房保障办公室统筹落实，2017 年，广州加强保障性住房项目管理，搭建全市保障性住房租赁管理平台。同年，广州城投住房租赁发展投资有限公司、广州珠江住房租赁发展投资有限公司成立，按区分片统筹保障性住房筹集、建设、运营等工作。过去，广州城投住房、广州珠江住房等类似于广州安居集团的专职保障性住房机构的职能较为分散，且主要负责存量房源管理。在广州安居集团成立前，广州保障性住房的筹集建设主要靠存量房源认定，缺口较大，依靠过去的模式很难增加新的供应，因此必须成立专责从事保障性住房投资、融资、建设和运营管理的市属功能性公司。

而广州安居集团的身份则更为宽泛，该公司将拓宽保障性住房筹建渠道，通过城中村改造转化、存量房源整租运营、"工改租"、"商改租"、产业园区配建、集体土地新建租赁住房、土地公开出让建设等多渠道筹建房源。

此外，安居集团还将积极参与保障性住房项目投融资，依靠发行公募基金、发行专项债、金融贷款，或使用政策性金融工具等，按照企业化管理、市场化运作、可持续发展原则，对标国内领先的全链条一体化大型安居产业集团。也就是说，对标上文平台公司的"管家"角色，广州安居集团可以拥有"业主""管家"多重身份，全链条负责保障性住房工作，真正将该项工作作为复杂的系统性工程运作。

截至 2023 年 9 月，广州市初步形成了保障性租赁住房多种筹集方式，

"工改租"、"商改租"、产业园区配建、企事业单位自有存量用地、集体经营性建设用地、城中村改造配建等方式。特别是对于中心城区大量存在城中村的广州而言，以全市上下大力推动城中村改造为契机，打通保障房多元筹集渠道，在产业园区、城市核心功能区配建产城融合的保障房体系，将为城市留住人才创造更多便利。

2023年，国务院出台《关于在超大特大城市积极稳步推进城中村改造的指导意见》，提出将城中村改造与保障性住房建设相结合，除安置房外的住宅用地及其建筑规模原则上应当按一定比例建设保障性住房。接下来，广州将积极贯彻落实该指导意见精神，结合此前发布的《关于支持专业化规模化住房租赁企业提升"城中村"租赁住房品质的指导意见》，进一步改善城中村居住环境，积极引入规模化、专业化企业提供高品质租赁住房产品。

"十三五"期间，广州住房保障体系不断完善，覆盖面扩大至新就业无房职工、来穗务工人员等新市民群体，累计筹集保障性安居工程（含租赁补贴）8.89万套，超过原定目标任务的54.61%。广州全市完成房地产开发投资1.43万亿元，一手住房年均供应量和成交量均在10万套左右，供应和成交规模总体保持均衡。

广州市住建局党组书记、局长王宏伟2023年9月在主题讲座上公开表示，广州现在每年能够新开发的用地已捉襟见肘，更多的还是要从存量里面挖掘。对比国内其他一线城市，广州在中心城区仍有许多城中村。这既是广州的痛点所在，也是重大战略资源。广州城中村数量多、面积广，规模大、人口多。数据显示，目前广州有272条城中村，位于中心城区的有137条，超过一半。

从2023年初以来，广州积极探索城中村改造新思路，启动"依法征收，净地出让"新模式，并在广州新中轴线（海珠）片区、广州火车站、罗冲围片区、环五山创新策源区等4个重点片区开展"统筹做地"（即政

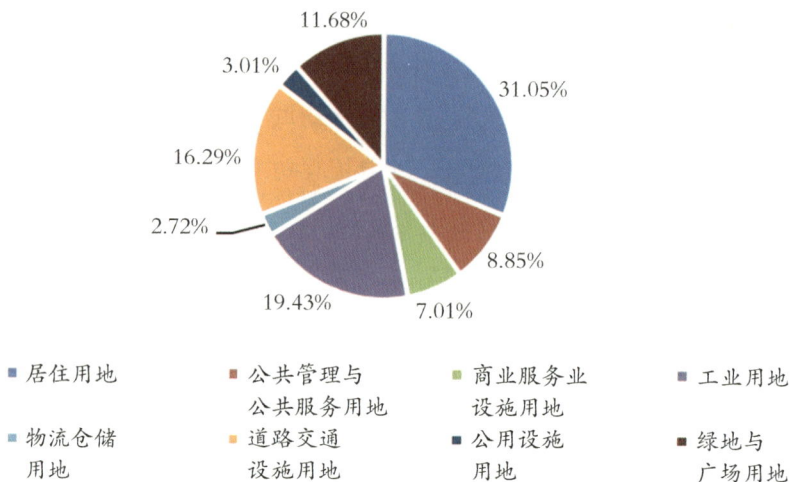

2019 年全国城市建设用地面积占比图

数据来源：住建部《2019 年城市建设统计年鉴》

府引入企业，将有待拆迁、七通一平的"生地"做成可以出让的"熟地"试点工作。同时，结合城中村改造系统谋划保障性住房建设，明确除安置用房外的住宅用地按一定比例建设保障性住房，复建安置区除满足村民自住外，可集中建设以中小户型为主的保障性租赁住房，鼓励专业住房租赁机构整租运营。上述四大重点片区的启动区占地面积 987 公顷，建筑面积 1469 万平方米，涉及城中村 11 个，占地 746 公顷，建筑面积 1385 万平方米。除城中村外，涉及需改造旧厂房 8 个，占地 83 公顷，建筑面积 52.7 万平方米。

广州市住建局发布的广州 2023 年保障性安居工程年度项目建设计划任务量完成情况统计表显示，截至 2023 年 7 月底，新开工（筹集）项目合计 1683 套，均为公共租赁住房；基本建成项目合计 2232 套，其中公共租赁住房 605 套，共有产权住房 1627 套。截至今年 8 月，广州累计批复城中村改造项目 82 个，面积约 38 平方公里，规划新配建公建配套设施 621 万平方米，新建村民复建安置房 31 万套。

广州解决"住有所居"难题的途径

"六普"到"七普"十年间广州常住人口增长率达47.0%。从空间分布来看，常住人口增量主要集中在中圈层，达354.4万人，占全市比重59.3%，远高于内圈层（21.6%）、外圈层（19.1%）。从人口结构变化来看，广州呈现家庭小型化和老龄化两大趋势，"六普"到"七普"家庭户平均规模从2.73人降低至2.22人，其中一人户和二人户占比从49.8%上升至66.7%，三人户以上家庭占比明显下降。与此同时，65岁及以上老年人口呈现持续增长态势，2020年老年人口占常住人口比重7.82%，已达到联合国轻度老龄化社会标准。相比于常住人口，流动人口占比提速，并呈现以40岁以下青年人为主的特征。广州流动人口总量937.88万人，占常住人口约50%，相较于"六普"增长了97%，增速远高于常住人口。从流动人口内部结构来看，来穗人口年龄结构较为年轻，其中40岁以下的中青年占比达67.5%。在全国人口增长速度放缓的背景下，广州近年来常住人口增速也呈现逐步下降趋势，未来人口竞争力关注点将从人口总量优势转为人才吸引优势。作为住房可负担性最高的一线城市，广州住房总量供给充足，房价收入比、房租收入比处于同一梯度城市中低位，但目前广州仍处于人才输出阶段，在校大学生数量全国第一，但大学生留存比例低。未来住房问题将从"有没有"转向"好不好"，应结合人口变化趋势，破解广州住房供应存在的一些难题。

从空间分布看，新增商品住房供应主要集中在外围区域，呈现"需求在内，供给在外"特征。根据2011—2020年新增住房供应数据，全市新增供应呈现圈层式向外递减趋势，内圈层住房供应稀缺，占比仅11.7%，中圈层新增住房供应占比44.0%，两者新增供应占比均小于常住人口增量占比，住房处于供不应求状态。相比之下，外圈层新增住房供应量较大，其中增城、南沙是主要供应粮仓，新增供应占比分别达

24.7%、13.7%，均超过常住人口增量占比。住房空间供给与人口增量不匹配，将加剧城市职住不平衡，全市居民平均通勤时间由 27.4 分钟增加到 34.4 分钟。

从户型产品看，新增住房产品多元化程度不足。近十年建筑面积 80 平方米以上产品供应占比 87.5%，其中 80～120 平方米供应占比 63.2%；而 80 平方米以下小面积产品供应不足。同时，房型结构以三房及以上改善型产品为主，占比 76.2%，一房及二房刚需户型占比较低，难以满足家庭小型化趋势下，首次置业客户对小户型产品的需求。

进一步聚焦到就业中心，广州主要就业中心周边户型供给以改善产品为主，如珠江新城、琶洲、东圃、天河智慧城、北京路、客村、江南西等，三房及以上占比 91.3%、90m² 以上占比 80.9%。由于就业中心周边住房供应稀缺，加上产品以大中户型为主，导致住房问题突出。以天河智慧城为例，约 44% 就业人口居住在沐陂、岑村、背坪等区位条件较好的临近城中村中，居住品质较低。另外，约 32% 的就业人口外溢居住在车陂、东圃、石牌桥、黄埔东等区域，以时间换空间，通勤时间超过 45 分钟，职住分离现象明显。

从住房品质看，"七普"数据显示，租房是广州居民解决住房问题最重要的方式，占比高达 51.1%，其中城中村以低廉租金吸纳了大量流动人口。广州人才住房政策主要保障"塔尖"高层次人才，对新引进大学毕业生保障力度不足。大量城市新青年安居需求未纳入保障，因此不得不居住在以"城中村"为代表的低品质空间。此外，广州还存在老旧小区偏多、加装电梯比例低的问题，近四成住宅小区楼龄超过 20 年，全市加装电梯比例不足三成，住房条件和品质难以满足广大居民尤其是老年人居住需求。

为此，要多措并举，推动有效市场和有为政府更好地结合，解决城市中等收入居民"住房难"的问题。

一是增强居住用地供给与就业中心、人口增长区域的联系。广州新增居住用地和住房呈现"供给在外、需求在内"的结构性矛盾，未来应以"地随业走""人地挂钩"为原则，针对就业人口集聚、常住人口增量高、住房稀缺的核心区域，加快疏解腾退及统筹利用，释放存量低效的土地资源，实现居住用地供应增存并举。同时，加强产居用地结合，在产业园附近预留充足居住用地，优化园区用地功能结构。二是结合人口结构变化，构建阶梯式、多样性住房产品体系。一方面，在主要就业中心周边应扩大针对来穗人口、青年人口的住房保障覆盖面，提供小面积保障性住房和人才住房，发挥政策兜底作用。三是关注存量住房品质问题，盘活老旧小区、城中村等居住空间。近年来广州住房市场交易已从一手住房为主转向一二手住房增存并举，住房发展进入存量发展时代，盘活存量低品质住房的重要性和紧迫性与日俱增。例如，支持品牌开发商等机构统一运营城中村租赁住房，改造为高标准的集中式公寓。

未来要重点解决保障性住房的宜居问题

近年来，广州加大了保障性住房建设。在保障性住房领域，广州还需要在配套建设、人居环境等多方面进行提升，逐步提升群众在居住领域的满意度。

从全市看，广州市已建成和正在建设的保障性住区分散布局在广州中心城区的外围地区；但从小尺度来看，保障性住区在大塘、同德围、花地大道、棠下等局部地区又呈"集聚"的态势。实际上，随着广州市建成区快速扩张蔓延，广州新建保障房住区的空间分布也随之向外围蔓延，特别是2007年后的保障房住区主要在更加远离中心城区的外围布局。据与相关负责部门的访谈，保障住房区逐步外移的态势主要受现状

"土地财政"制度的影响，即政府通常将中心城区地价较高的地块拍卖出让，以获取巨大的土地收益，而将大多数的保障性住房项目布局于地价便宜的外围地带。较为偏远的区位致使交通和生活不便一直是广州保障性住房的居民所面临的最大"瓶颈"。由于广州市现有和正在建设的保障房社区主要位于中心城区的外围，周边严重缺乏公共服务设施，居民必须返回中心城区去享受城市的公共服务。尽管近年来广州市在保障房住区的硬件配套设施方面不断完善和提高，但仍未能很好地满足日常需求。据调查发现，中小学、幼儿园、医院、体育健身等基本的公共服务设施较为匮乏。以广氮花园为例，截至 2013 年调研时，存在社区内缺乏幼儿园等教育设施，周边地区缺乏社区卫生医疗中心、500m 范围内休闲健身设施匮乏、1000m 范围内只有一处肉菜市场可购物等问题。如居住在金沙洲新社区的居民，由于周边缺乏医疗、教育等公共服务设施，80% 的经济适用房用户将户籍留在原住址，以便回城享受高质量的医疗、教育服务。"上学难、就医难、休闲设施少"成了保障房住区的典型特点。保障性住房的宜居程度必须进一步提升。

同时，保障性住房建设还面临缺乏稳定的土地供应支撑的困难。由于保障性住房的建设所需的土地都由政府无偿或低价供应。为贯彻落实国家相关政策，加快保障房的建设进度，广州市于 2009 年颁布了《广州市保障性住房土地储备办法》，在国内建立了首个"双轨制"土地储备机制，明确保障性住房用地由市住保办独立储备，建立了"市区联动、以区为主"的住房保障土地储备制度，这些举措虽从一定程度上缓解了保障房用地的供应不足，但由于上述土地储备办法出台较晚，加上广州市的空间模式发展已从重视"增量"发展向注重"存量"规划转变，中心城区范围内已基本没有能用于保障房建设的闲置用地，只能在城市外围地区储备用地。

华南理工大学土木与交通学院工程管理系讲师吴凡建议，对广州保

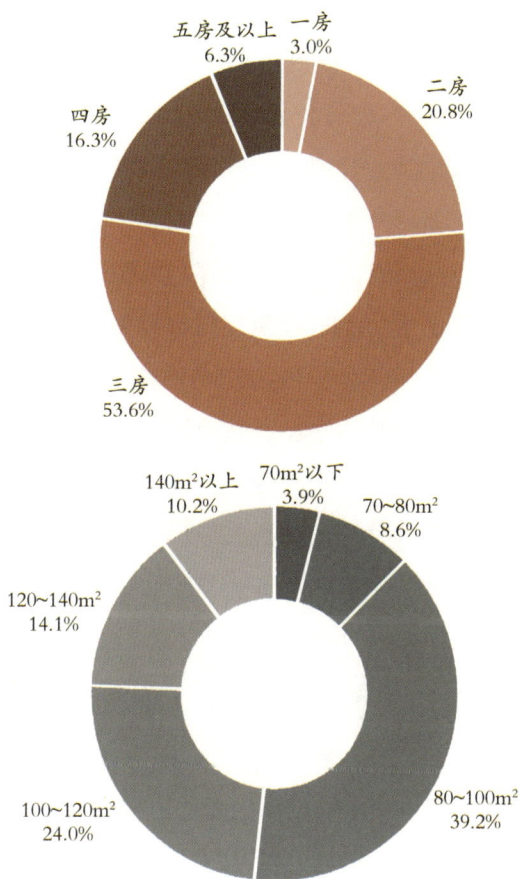

2013—2022 年广州商品住房户型供应结构

资料来源：广州市城市规划勘测设计研究院

障性住房应从以下方面加强改进。第一，完善保障房建设全周期的监管与规范。保障房在设计、施工及运营阶段的相应规范尚不完善，容易出现户型设计不合理、房屋质量较差、物业管理不到位等问题。保障房建设需要加大政府在设计、施工、运营管理阶段的监管工作，制定与完善现有的保障房建造规范，使建成保障房质量得到保证。第二，优先关注保障房住区环境提升与改造。住区环境对保障房居民人居环境评价影响最大，应加强对住区环境的改善。其中，要保证基本物业服务和住区安保，保证居民安全感，同时做好住区绿化与活动场地的配置与管理。可通过在"十分钟生活圈"内配备公共活动场地、增设健身器材来改善活动场所配置不足的现状。第三，保障房建设前期加强政府监管与图纸审核工作。由于居住面积是影响保障房居民对人居环境住房内部环境层面评价的重要指标，应该在前期加强审核与监管，平衡开发商盈利需求、政府社会保障建设需求及居民居住需求等多方利益相关者的需求，着重改善住房隔音效果。第四，重视保障房住区周边交通建设和配套基础设施建设，缓解不利区位因素导致的职住不平衡。重视区位因素的重要影响，保障房选址需慎重决策。对于区位较为不利的住区，可通过增加公交站点，方便居民出行。通过加强保障房住区周边配套建设，增加城市住区多样性与就业机会，一定程度上缓解职住不平衡问题，促进社会和谐发展。

6 端稳饭碗
多措并举稳住"就业底盘"

就业是最大的民生工程、民心工程、根基工程。自2022年1月广州市首家"就业驿站"在从化区凤二村挂牌以来,"就业驿站"的建设如火如荼。为践行将就业服务延伸至社区(村)基层一线的创新工作模式,至今全市已建成154家"就业驿站"。"就业驿站"选定在人员较多的村居,邻近企业集聚地、交通便利地,同时充分利用党群服务中心、羊城家政基层服务站、创业孵化基地、公共人力资源市场及经营性人力资源市场等现有场所,确保满足"15分钟"就业服务圈要求。从2023年开始,广州市人社局将鼓励各区结合零工市场建设、灵活就业、人社公共服务等工作,在全市村居、社区全面铺开"就业驿站"建设。据统计,截至2023年11月底,全市共建设"家门口"就业创业服务驿站275个,建设高校就业创业e站66个。"百企千人"港澳大学生实习计划推动313家企事业单位提供1848个岗位,市一级服务367名港澳学生完成实习。通过持续推进全市"就业驿站"建设,打造走在全国前列、具有广州特色的"就业驿站"品牌,逐步实现零就业家庭动态清零,稳住"就业底盘"。

"稳就业",托起民生幸福梦

就业是民生之本。2023 年 7 月 12 日,广州市政府新闻办举行"高质量发展·看民生"新闻发布会,展示全市民生工作高质量发展情况。一组组亮眼的数据展示了 2023 年广州在保就业、保民生方面优异的"成绩单"。2023 年 1—6 月,广州全市城镇新增就业人数 15.18 万人,完成全市年度任务的 66%;处置劳资纠纷 2.47 万件,为 4.21 万名劳动者追回欠薪及补偿金约 2.98 亿元。2023 年以来,广州实施更加积极的就业政策,努力推动更高质量充分就业。2023 年 1—6 月全市城镇新增就业人数 15.18 万人,全省排名第一,完成全市年度任务的 66%。截至 2023 年上半年,广州已推动建设深入村居、社区、校园的 154 家就业服务驿站和 50 家高校就业创业 e 站,提供就地就近就业服务。52 个港澳青年创新创业基地累计孵化项目数量 7417 个,其中港澳项目数量 2099 个;累计带动就业人数 7.77 万人,其中港澳居民人数 2704 人。聚焦高校毕业生就业,人社部门举办各类"阳光就业"招聘活动 468 场,累计提供就业岗位 65.13 万个;对失业人员分级分类帮扶,帮助 5.34 万名城镇登记失业人员实现再就业,帮扶 2.17 万名就业困难人员再就业。此外,对接 21 条产业链上下游企业以及为"专精特新"等重点企业提供服务。截至 6 月 30 日,共 258 名就业服务专员与 4586 家重点企业"结对子",提供 24 小时不打烊服务,为重点企业调度用工 1.45 万人次。广州率先在全国制定"五星级"劳动关系和谐单位分级评审制度;率先在全国组建"广州市新业态用工保障联盟",有效维护新就业形态从业者劳动保障权益;劳动关系事务托管小微企业达 2124 家,覆盖劳动者累计达 3.3 万人,做法获人社部宣传推广。深入推进荔湾区创建"零欠薪城市"试点,全面启动"广州市欠薪线索反映平台"系统。1—6 月,处置劳资纠纷 2.47 万件,为 4.21 万名劳动者追回欠薪及补偿金约 2.98 亿元。

近年来，随着数字经济的繁荣发展，依托互联网平台的新就业形态不断成长壮大。在广州，这些新就业形态就业容量大、进出门槛低、灵活性和兼职性强，成为吸纳就业的重要渠道。特别是在疫情防控期间，网约配送员、在线医生等新就业形态从业人员迅速"补位"，助力保障人们的日常生活和工作，促进经济社会秩序全面恢复。

新就业形态活力蓬勃，有望成为保居民就业的重要引擎。相比传统的灵活就业，新就业形态更有组织性、更加规范，提升了劳动者的就业质量。更重要的是，在这场就业变革中，无数普通劳动者的创新精神被充分激发，有利于中国经济更好地发挥人力资本优势。2023 年 8 月 10 日下午，广州市社会科学院与社会科学文献出版社联合发布了《广州蓝皮书：广州社会发展报告（2023）》（下称"蓝皮书"）。蓝皮书指出，数字经济不断发展壮大，催生出一大批网约车司机、外卖骑手、网文作者、网络主播、自媒体从业者等互联网新岗位，成为就业市场新生力量。根据广州目前就业人口行业分布情况，互联网、信息技术等产业就业人口快速增长，服务业成为吸纳就业主力军。据调查，广州过六成新业态从业者认为自己位于社会中上阶层，过八成新业态从业者认为目前生活幸福。

即便在 2022 年经历严峻的新冠肺炎疫情冲击，广州也保质保量完成了城镇居民就业工作。在 2023 年 2 月 2 日召开的 2023 年广州市人力资源社会保障事业高质量发展工作会议上，广州市人社局负责人介绍，2022 年，广州深入实施高质量就业促进行动、强社保增福祉行动，稳就业惠民生。据统计，2022 年全市城镇新增就业人数 30.55 万，帮助 13.24 万名城镇登记失业人员和 5.63 万名就业困难人员实现再就业。目前，企业退休人员人均养老金提高到 3929 元/月，失业保险金标准调整到 2070 元/月，工伤保险伤残津贴提高至 6204.01 元/月，改革发展成果更多更公平惠及全体人民。

就业驿站把服务送到群众家门口

2023年6月26日上午，广州市就业驿站建设现场推进会在荔湾区逢源街文化站召开，交流近期各区就业驿站工作情况，部署下一阶段就业驿站建设任务，全力以赴做好稳就业工作。近年来，广州市人社部门积极发挥领头羊和火车头作用，在全省率先把就业驿站开到群众家门口、心头上。建设就业服务驿站被纳入2023年广州市十大民生实事，在做好新时期稳就业、保居民就业工作方面蹚出一条创新之路，提供"广州样本"。

在当天的就业驿站建设推进会现场，荔湾、南沙、从化区分别展示了就业服务成果视频，分享了就业驿站建设经验，并和现场观众一起探讨如何构建有效、有能量的就业服务驿站。

在荔湾区逢源街道就业驿站实践基地，每天出品的咖啡来自通过技能培训成功跟岗实习的视障咖啡师；在人来人往的广州南站就业驿站服务点，每天为八方来客提供就业服务指引。

"在这里不仅能学会冲咖啡的技能、与消费者打交道的技巧，还认识了很多朋友。"33岁的易女士有视力障碍，在广州市荔湾区逢源街道就业驿站，一个多月的培训增强了她的求职信心。氤氲的咖啡香气，弥漫在小店内外。80后的阿敏是这里的咖啡师。烧水、称好咖啡豆重量、温热滤杯、磨豆、倒咖啡粉、注水闷蒸……几分钟后，一杯手冲咖啡完成。

"每天早上，我会在9点30分左右到店内准备，10点准时开店，一直营业到晚上6点下班。下班后，我可以回家照顾小孩、辅导功课。"易女士说，在来到就业驿站之前，她没想到像自己这种情况还能找到工作。她听网上的消息说，2023年的就业形势非常严峻，很多大学生都找不到工作。她也是抱着试一试的态度过来看自己能在这里做些什么。没想到，就业驿站的服务人员耐心询问了她的情况，并对她进行了技能培训。她一边制作咖啡，一边说："我喜欢这个工作，我可以独立完成。为客人冲出一杯香醇的咖啡，让我很有成就感，我终于可以发挥自己的价值了。"

在咖啡店对面，就是帮助易女士上岗的逢源街就业驿站。阿敏因黄斑变性影响视力，加上要照顾孩子，找工作曾处处碰壁。2023 年初，她完成就业驿站的咖啡师综合课程培训，在就业驿站实践基地完成了跟岗实习，目前已正式走上岗位。

"在真实的工作场景里培训，能帮助残障人士建立自信。"逢源街道就业驿站站长张倩昕介绍，自 2023 年 3 月开始培训以来，该站已累计培训咖啡师 18 人、烘焙师 9 人，其中已有 6 人进入咖啡店工作，还有部分在做兼职工作。对暂未就业者，驿站也会持续跟进，继续提供培训，并利用社区活动鼓励大家实践。

就业驿站的帮扶不止于技能培训。荔湾区就业中心主任劳健谊介绍，就业驿站会定期收集岗位信息，建立零散用工服务信息发布体系，并整合区、街、企业就业服务资源，结合求职者的就业意向，通过"一人一策"的方式持续跟进，致力于打造 15 分钟就业圈。"2023 年以来人口流

◎ 2023 年 11 月，广州市"阳光就业"高校毕业生系列专场招聘活动在广州某高校举行

149

入多了，求职需求也大了，建立驿站很有必要。逢源街道 0.78 平方公里的辖区内常住人口达到近 7 万人，就业需求不小。就业驿站能发挥很大作用。"

在"家门口"就业的还有东漖街的李女士。在东漖街羊城家政基层服务站，她学会了小儿推拿和长者护理，还取得了安心服务证，如今每周服务三四户家庭。"既能更专业地提供服务、增加收入，还能照顾好我的家人。"李女士说。

记者了解到，荔湾区在东漖街、西村街两个街道开展家政基层服务站试点工作，探索"家政＋养老＋就业"融合发展的社区家政养老服务新业态新模式，并作为第一批省、市示范点进行推广。此外，荔湾区还搭建"线上技能提升培训平台"，上线育婴员、保育员、家政服务员、居家养老照护等线上课程，截至 2023 年 7 月共吸引 1961 人次进行"南粤家政"类培训并领取补贴。

下一步，荔湾区将促进各街道进驻企业探索建立家政企业服务联盟，促进家政服务沟通交流，进一步推进家政基层服务站建设，形成"15 分钟优质家政服务圈"。

就业驿站是广州全力保就业的一项创新，它是把就业服务延伸至社区基层一线的创新工作模式。如今，就业驿站已经逐步覆盖广州的各个街道。驿站建立完善"发现、服务、跟踪"机制，实现就业服务全覆盖。通过大数据对接、进家入户排查等渠道，摸清各街镇辖内劳动力底数和就业服务需求，切实解决群众就业的关心事、烦心事。

就业驿站不仅仅为市民提供就业岗位，更为辖区内的居民提供就业技能培训，例如将粤菜师傅请到教学现场，通过体验式学习鼓励就业困难人员积极学习新的就业技能、拓宽就业思路。

把就业服务延伸至村居，在家门口也能上班

对于广州不少适龄就业人员和青年学生来说，不仅要"能就业"，还要"就好业"。2022 年的新冠疫情，让长期在酒店工作的王彪（化名）失去了工作，他只好一边在外面开网约车，一边打零工，一边找新的工作。第一次走进就业驿站，他发现这里与原来的零工市场不太一样。相比以前在路边揽活或者由熟人介绍工作，就业驿站为他提供了更多的就业机会和更舒适的找工环境。

"以前我们在路边揽活，有企业拿着招工的牌子，大家都一拥而上，上去介绍自己。整天风吹日晒，既不靠谱，也不安全。有了'就业驿站'，政府免费提供就业服务，及时发布用工信息，大家找活儿既省心又放心。"王彪说。

就业驿站设立的初衷，就是要解决就近就业问题。2023 年 7 月，刚刚揭牌不久的白云区钟落潭镇就业驿站，以政策扶持引导和政府购买服务的方式，联合镇政府、村委会、人力资源机构等不同主体参与合作运营管理，既扩大驿站的覆盖面，又提高服务的专业化和精准度。

钟落潭镇就业驿站的运营机构总经理表示，该驿站将通过举办就业政策宣讲会、收集企业空岗信息等方式，为大龄失业人员、灵活就业人

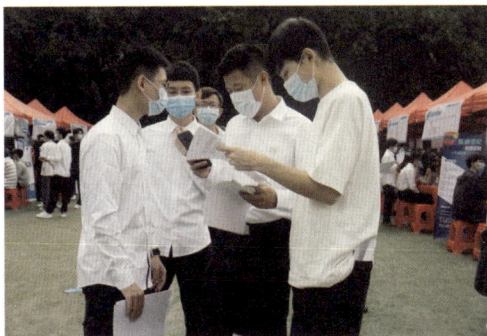

◎ 广州某高校学生参加春季招聘会

员和高校毕业生等重点就业群体提供就业服务。同时，用人企业可通过就业驿站，建立劳动力"蓄水池"和"资源库"，解决用工难题。

家住从化区凤二村的谢杰平有两个孩子，2023年以来，她一直想找一份能有时间照顾家人的工作。为了更好地照顾孩子，她2022年辞掉了镇上的工作，希望在家附近找一份工作。看到村里设立了就业驿站后，她抱着试一试的心态填写了信息，没想到很快就接到了电话。她是凤二村计生专干，协助村委计生、卫生、老龄的工作。"这份工作让我学到了很多东西，离家还近，我对这份工作十分满意。"谢杰平说道。

自2022年1月广州市首家"就业驿站"在从化区凤二村挂牌以来，就业驿站的建设如火如荼，践行将就业服务延伸至社区（村）基层一线的创新工作模式。截至2023年上半年，广州已建设154家就业服务驿站（2023年新增55家），形成农村富余劳动力主题、大学生主题、人才主题、港澳青年主题等多样化站点集群，全方位提供政策咨询、职业介绍、集中招聘等就业服务，成功帮助5000多人实现就业。广州市扎实做好稳就业工作，全面落实保居民就业任务，积极推动乡村充分就业工作，2023年，全市共有799个村达到充分就业村标准，全市11个区充分就业村建设率全部达标。

截至2023年底，广州已建成176家就业驿站基层服务点。每个区在

© 2022年11月，在广州高校举行的招聘会上，学生自信心满满

本月底前打造 2 个就业驿站示范典型，形成乡镇（街道）站、社区（村）站、园区站、交通枢纽站、银行站点等多样化站点集群。各区也将加大投入，提供充足的人力物力资源保障，为就业驿站立柱架梁，共同实现就业服务发展的新蓝图。

驿站坚持政府主导、为民服务两大原则，建立完善发现、服务、跟踪机制，实现就业服务全覆盖。通过大数据对碰、进家入户排查等渠道，发现摸清各街镇辖内劳动力底数和就业服务需求，结合典型应用场景制订服务流程，以规范、便捷、高质量的服务，切实解决群众就业的关心事、烦心事；体现政府公共服务的公益性，对于信息移交、主动登记、走访摸排掌握的失业人员，就业驿站应主动联系，提供有针对性的就业指导、服务，满足群众多元化、差异性的就业服务需求，并持续跟踪服务成效；整合人社等部门所有政策和服务资源，将就业创业服务指引、政策咨询、就业指导、职业介绍、用人单位劳动用工需求保障、线上线下招聘会、劳动力资源和用工需求摸查以及其他就业创业服务相关事项纳入就业驿站运营范围，提供全方位、一站式、高质量就业服务。

为帮助未就业适龄人口尽快实现就业，驿站一砖一瓦的布置都要力求体现科学性，结合各区人口分布特点，合理化规划驿站分布，就连选址也要尽量选定在就业任务重、百姓需求量大的村居，临近企业集聚地、交通便利地，满足"15 分钟就业服务圈"要求。本着因地制宜的要求，在现有相关场所羊城家政基层服务站、党群服务中心、创业孵化基地、公共人力资源市场及经营性人力资源机构等也可开辟具备同样条件的新服务场所，从而不断扩大服务半径，将岗位和服务搬到人群聚集地，将全方位、多层次、广覆盖的公共就业创业服务送到群众家门口。

"驿站把企业和求职者的距离拉得更近。"从化区凤二村就业驿站运营负责人宁阿梅介绍，就业驿站作为一个平台，提供就业帮扶、就业技能培训、就业公共服务三大板块服务，让劳务输送匹配更加集中，"求职者通过就业驿站这个平台，可以了解到更多招聘信息；通过直播带岗、线上面试等手段招工，降低了企业的招聘成本。"在她看来，"'就业驿站'让村民更容易接触企业，了解企业的就业环境。同时，我们也邀请企业到村里看看变化。这样一来，'就业驿站'成为一个独特的'落脚点'。把就业服务延伸到村里，畅通联系服务群众'最后一公里'。"

广州出新招打造就业服务品牌

就业体现民生，吸纳就业还要千方百计吸引群众，结合群众需求为群众提供高质量就业岗位。各区将继续结合工作实际，发挥各自资源优势，通过打造社区、乡镇和多元化主题就业驿站，开展职业技能培训、招聘对接等各类服务，帮助用工单位招工和求职者实现就业。

"身穿'绿马甲'，就业我来帮。"听到这句话，荔湾区残障人士阿进激动不已。在2023年"春风行动暨就业援助月"的一场创业带动就业宣传体验活动上，失业多年的他有了施展人像绘画天分的舞台，通过摆摊创业增加了自身收入、提升生活质量。2023年以来，荔湾区人力资源和社会保障局充分发挥党建引领作用，组建专业化的就业服务队伍，开展"绿马甲"就业服务专员行动，建成就业驿站26个，跟踪服务区内城镇登记失业人员62119人次，其中求职辅导54390人次、创业指导2496人次、技能培训3473人次、社工介入25人次，不仅为该区重点群体实现就业打开快捷绿色通道，甚至还将粤菜师傅请到教学现场，指点教授点心制作技艺，通过体验式学习鼓励就业困难人员积极学习新的就业技能、拓宽就业思路。

服务先"扶志"。荔湾区就业驿站把"树立正确就业观念"作为精准就业帮扶的首要任务，做好心理辅导，校正心态偏差，为人岗匹配、稳定就业奠定基础。该区43岁的居民余某原为年薪30万的建筑规划师，不幸失业，心理落差极大。在了解需求并接受就业辅导后，余某转变心态，愿意从低做起，最终经过精准链接匹配入职某市政建设工程公司，薪资虽差了一截，但让他满意，重拾对职业生涯的规划和信心。

针对基层就业服务人手不足、力量较薄弱等情况，南沙区积极探索引入市场力量在各基层社区（村）建设就业驿站，引导人力资源服务机构、社工服务机构、职业培训机构等社会力量参与驿站的建设和日常运营管理，面向劳动者提供一揽子就业公共服务。截至2023年6月，全区已在74个人口密集的村（居）设立基层就业驿站，2023年以来举办就业驿站专场招聘会9场，参加企业366家，提供岗位8126个；开展失业人员技能培训班3场，共计117人参训。

南沙区将港澳青年就业创业服务工作与就业驿站建设有机结合，目光锚定在承接粤港澳青少年交流融合、吸引港澳青少年融入大湾区建设等重要使命的创享湾。2023年3月，"就业驿站·创享湾"在TIMETABLE粤港澳创新创业基地挂牌成立，以服务粤港澳三地青年创业就业为核心，专注于为三地青年提供个性化职业指导与技能培训，提供全方位创业辅导、政策解读、融资对接等服务，营造良好的创业环境。

从化区村级就业驿站则已逐渐打造成为家门口就业的"广州样本"。

◎ 2022年，广东省直播带岗助"六稳"活动在广东职业技术学院举行

该区充分发挥平台优势资源,推动农村富余劳动力转移就业,实现了就业服务网络联通直达村(居)基层,就业招聘运作模式联通市场、企业、村一级,通过摸查底数、分类建立"人才库"、推送岗位、技能提升、直播带岗、就业公共服务等"六个精准"联通基层就业各群体,是服务老百姓就近就业创业、增收致富的改革创新举措,同时为实现乡村振兴战略提供有力支撑。

2022年以来,从化区相继建成11个就业驿站,已成功帮助2703名农村居民实现就业。截至2023年8月,就业驿站招聘专区累计提供218家企业、1662个岗位工种、岗位6537个;直播带岗涉及的313家企业用工缺口,提供岗位2000余个,辐射带动周边村民就近就业,招聘专区企业持续动态更新。

实现零就业家庭动态清零

广州市人社局有关负责人介绍,现在就业驿站已在广州多点开花。广州在全市推进就业驿站建设,已不局限在涉农的区,功能也不局限在转移农村富余劳动力。从化、花都、南沙、番禺、增城区已先后建成了62家就业驿站,成功帮助3102人实现就业,逐步形成农村富余劳动力主题、大学生主题、人才主题、港澳青年主题等多样化站点集群。2023年,建设"家门口"的就业创业服务驿站工作已被纳入广州市政府十件民生实事,广州市人社局鼓励各区结合零工市场建设、灵活就业、人社公共服务等工作,在全市村居、社区全面铺开就业驿站建设,2023年建设50家以上。在政府采购服务之外将探索其他合作方式,为人力资源服务机构、社区社会组织、社工服务机构、创业孵化基地和职业培训机构等社会力量和优质服务资源牵线搭桥,达成合作意向,主动建设符合条件的就业驿站,提供公共就业服务。同时,还会择优给予一定的就业补助资金。

就业驿站以线上线下形式为农村富余劳动力提供政策咨询、职业介绍、集中招聘等就业服务。举办各类"零距离"招聘会、直播带岗招聘等线上线下招聘会，截至2022年12月已举办了109场。通过上述各类就业帮扶，确保全市农村家庭至少一人获得工资性收入，零就业家庭实现动态清零，就业兴农，促进村民增收共富。在推行就业驿站工作过程中，人社部门引入经营性人力机构等第三方力量，鼓励人力资源服务机构、社区社会组织、社工服务机构、创业孵化基地和职业培训机构等社会力量提供精准化的公共就业服务。比如从化区，引入了人力资源服务机构红海人力集团运用就业驿站。

2023年1—3月，广州市以大龄失业人员、残疾人员、享受最低生活保障待遇人员、连续失业一年以上人员等符合认定条件的就业困难人员为服务对象开展就业援助月专项活动，推进就业困难人员稳定就业，实现零就业家庭动态清零。

2023年7月，广东省人力资源社会保障厅日前印发《广东省就业困难人员认定管理办法》（以下简称《办法》），进一步规范广东就业困难人员认定管理，完善就业困难人员就业支持体系，加强困难群体就业兜底帮扶，促进就业困难人员就业创业。《办法》于8月1日起施行。《办法》明确就业困难人员是指具有广东省户籍，在法定劳动年龄内、处于无业状态、有劳动能力和就业意愿的人员，同时需具备下列条件之一（共13类）：（1）大龄失业人员。指女40周岁以上、男50周岁以上的人员。（2）残疾人员。指持有《中华人民共和国残疾人证》或者持有退役军人事务部门发放的伤残证件的人员。（3）享受最低生活保障待遇人员。指在民政部门低保管理系统登记备案的人员。（4）城镇"零就业家庭"人员。指户口簿显示住址在城镇的同一家庭户口中法定劳动年龄内有劳动能力和就业意愿的家庭成员均处于无业状态的城镇居民家庭人员。

（5）农村零转移就业原建档立卡贫困家庭人员。指户口簿显示住址在农村的同一家庭户口中法定劳动年龄内有劳动能力和就业意愿的家庭成员均处于无业状态的原建档立卡贫困家庭人员。（6）失地农民。指依法被市、县人民政府组织实施征地而失去全部土地的农民。（7）连续失业 1 年以上人员。指最近一次办理失业登记后连续失业 1 年（含 1 年）以上人员。（8）戒毒康复人员。指经过戒毒治疗、康复后回归社会的人员。（9）刑满释放人员。指刑满释放后回归社会的人员。（10）精神障碍康复人员。指经过精神障碍治疗、康复后回归社会的人员。（11）失业 6 个月以上的退役军人。指从中国人民解放军依法退出现役且在申请认定时已登记失业 6 个月以上的军官、军士和义务兵。（12）需赡养患重大疾病直系亲属人员。指需要赡养同一家庭户口中有重大疾病直系亲属人员（重大疾病参照我国保险行业适用的《重大疾病保险的疾病定义使用规范》）。（13）省、地级以上市人民政府规定的其他人员。

摸需求，服务送到"家门口"。各级公共就业服务机构通过入户走访、电话联系、线上调查等方式，摸清服务对象就业失业情况和服务需求，建立跟踪服务台账，对就业困难人员 100% 开展分级帮扶服务：对有就业、创业、培训需求的，提供个性化援助服务；对就业意愿不强的，引入社工协同开展心理疏导，帮助提振信心，引导积极就业。活动期间走访慰问就业困难人员家庭 1720 户，帮助 35863 名就业困难人员享受就业帮扶政策，推进辖区内 11057 个用人单位招用就业困难人员并享受扶持政策，通过公益性岗位安置就业困难人员 61 人。

促匹配，密集开展招聘活动。为进一步加强灵活就业、用工余缺调剂服务供给，搭建线上线下灵活用工对接平台，设立灵活用工服务专区（窗），2023 年以来，全市共举办灵活用工专场招聘会 118 场次，参会企业 3400 家次，提供招聘岗位 10.44 万个，服务求职人数 7.74 万人次。打造特色专场招聘活动，在广州南站举办"招工服务月"暨"赢在广州"

高质量发展新春大型招工见面会，吸引参会企业 207 家，提供岗位 1.02 万个，求职者入场约 1.1 万人次，2000 多人达成求职意向。开展"广州市 2023 年民营企业服务月"招聘对接活动，通过线上线下举办招聘对接及特色主题招聘会 64 场，组织近 5000 家企业参会（4798 家，其中民营企业 3785 家），提供就业岗位 7.76 万个。就业援助月期间多场招聘会旨在帮助辖区失业人员、就业困难人员与有用工需求的企业搭建供需沟通平台，促进充分就业和企业的稳定发展。

优服务，创新就业帮扶机制。从 2023 年初开始，海珠区运用"AI + 人工"方式，摸查出 10777 名符合就业困难人员条件的失业人员，然后给这些人员发送短信，推介就业服务。荔湾区为全区 22 条街道选聘"绿马甲"就业服务专员，组建一支以职业指导师、创业指导师、专业技能培训师和社工师为主的专业化就业服务队伍，为就业困难人员提供精细化就业帮扶服务。黄埔区将 178 名特别困难的服务对象按每名 200 元标准开展慰问活动，传递政府对困难群体的关爱。花都区开展技能培训活动 10 场，面向妇婴护理、养老护理等家政服务工种，着力提高就业困难人员技能素养。

如今，广州各区人社部门已探索引入专业机构到就业服务实践中，让就业服务内容更加丰富多元。"我们希望通过'就业驿站'带动社区居委、民间组织、驻社区单位、爱心企业等主体参与到就业服务队伍中来，壮大就业服务主体力量。"广州市人社局相关负责人表示。

重点帮扶就业困难群体就业

2023 年上半年，广州人社部门举办各类"阳光就业"招聘活动 468 场，累计提供就业岗位 65.13 万个。广州多措并举，推动就业形势总体稳定，成效初显。2023 年 1—6 月，广州全市城镇新增就业人数 15.18 万

◎ 在广州某高校举行的大型
招聘会场面壮观

人，全省排名第一，完成全市年度任务的66%。就业是最基本的民生。广州以重点群体稳就业、主动服务保用工、建好平台促就业三项工作，稳住"就业底盘"，兜牢"幸福底线"。

2023年7月11日，广州市海珠区港澳青年人才就业驿站举办了一场特别的"结对"活动，就业服务专员代表分别与广州致景信息科技有限公司、广州蛋壳网络科技有限公司2家企业正式结对。"'结对'后，我们将通过微信、电话、走访、座谈等方式，从推送宣传惠企政策、实时对接用工需求、高质高效发布信息、有效有度服务惠企四个方面为对应企业提供全方位、多渠道、常态化的用工服务和指导。"就业服务专员介绍，结对活动将加强与企业的联系，点对点帮助企业解决招聘用工、企业发展等方面遇到的难点疑点。2022年，5名就业服务专员代表分别与广东芯粤能半导体有限公司、广船国际有限公司、艾利（广州）包装系统产品有限公司、广州辑因医疗科技有限公司、广州海缝汽车零部件有限公司共5家企业代表结对。"增强了我们的用工稳定性！"广东医谷南沙园区代表说，自从结对后，珠江街就业服务专员经常到医谷基地推送就业补贴政策和协助开展招用工工作，园区内许多高新技术企业都不同程度上享受了相关人才补贴政策优惠。

保用工就是保就业，保就业就是保民生。为此，广州对接21条产业链上下游企业，以及"专精特新"等重点企业，健全完善重点企业库并实时动态调整，进一步密切就业服务专员与重点企业的定点对接跟踪联系，依据企业注册地所属地区向每家企业统筹安排就业服务专员，建立用工服务三级联络机制和跟踪服务台账，建立重点企业用工常态化服务机制。

截至2023年6月30日，共258名就业服务专员与4586家重点企业"结对子"，提供24小时不打烊服务，为重点企业调度用工1.45万人次。在保用工和稳岗位的目标上实现政府与企业的"双向奔赴"。

在新业态用工保障上，广州走出了"创新之路"。

2023年3月，全国首个新业态用工保障行业自治组织，广州市新业态用工保障联盟成立，是广州率先全国支持新业态发展的创新举措，由平台企业、人力资源机构、专家智库、从业者代表等63个成员组成。

"我们旨在携手新业态用工企业、为新业态用工提供服务的人力资源服务机构、行业智库和业内劳动者代表等，积极推进行业自治，共促广州新业态高质量发展。"联盟相关负责人介绍。

广州市新业态用工保障联盟将架起政府与平台企业、合作企业、新

◎ 高校招聘会吸引了大批求职者前来应聘

161

业态劳动者之间交流的桥梁，构建共商共建共治共享的和谐用工关系，在推动新业态用工保障工作上走在全国"前列"，打造新业态用工保障的"广州样板"。

当好"店小二"，让企业有工人可用，工人有工作可干

2023 年 9 月，天河区获评"2023 企业家幸福感最强市（区）"，从"好招工"到"招好工"，天河区人社局一项项稳就业、助创业的政策措施陆续实施，一张张强保障、优服务的"民生清单"不断延展，持续深化企业的走访联系，有针对性搭建公益性招聘平台，提高就业服务水平，做实做细做好服务企业的"店小二"，当好企业用工"护航人"。

天河区着力扩大企业招工渠道、持续完善就业服务，分行业、分领域、高频次靶向发力，开展现代都市工业企业、新一代信息技术企业、餐饮酒店连锁行业、百货旅游行业、餐饮酒店连锁行业等各类专场招聘活动，满足不同行业企业的用工需求。9 月连续举办"现代都市工业企业""新一代信息技术企业"等专场招聘会 7 场，提供就业岗位逾 2 千个。同时依托"天河就业"搭建线上招用工对接平台，设置人力资源机构专场，充分发挥人力资源机构资源丰富的优势，更快速、更全面归集辖区内优质岗位信息，促进企业与求职者精准对接。2023 年以来，天河区人社局组织各类公益性招聘会 112 场，提供就业岗位逾 6.4 万个。

据悉，2023 年广州讯锡科技有限公司吸纳高校毕业生 72 人次，享受小微企业招用高校毕业生社会保险补贴 21.2 万元；广州广电物业管理有限公司吸纳脱贫人口 18 人，享受吸纳脱贫人口补贴 9 万元；华海智慧后勤集团有限公司广州分公司吸纳就业困难人员 102 人次，享受吸纳就业困难人员社保补贴 38.2 万元……

天河区深入实施就业优先战略，优化调整阶段性稳就业政策，实施

稳岗支持和扩岗激励措施，通过扩大用工需求、提振市场信心、稳定企业经营带动更多就业，及时兑现社保补贴、岗位补贴、就业见习补贴、吸纳就业补贴等政策。2023年1—9月，天河区人社局累计受理审核各类惠企就业创业补贴1.61亿元，惠及企业2.79万家次。

天河区人社局通过委托辖区内优质人力资源机构对248家企业开展就业失业监测；开展"人社局千企行"活动，深入走访24家民营企业；配备79名服务专员与909家重点企业"结对子"等一系列措施，高质量解决企业诉求。"一对一"实地调研走访、"组团式"面对面会谈等多种形式完成企业服务对接，"点对点"推送惠企政策，"心贴心"了解企业诉求，及时接收、处理企业各类诉求和意见建议，通过"亮身份""说来意""唠家常"做到为企服务"零距离"。

稳住就业"底盘"，促就业"广州经验"：
"绿马甲"为失业人员再就业保驾护航

除了就业驿站外，广州市各区也积极探索，在帮助失业人员再就业方面各出奇招，为广州市"保就业"探索出"广州经验"。

"除了勤劳、肯吃苦之外，我本人本来没什么特长，也没有专业技能证书，没想到，街道社工专员不仅找到我为我提供贴心的技能培训，还帮我安排了一家和我的技能对口的公司让我上班。现在每个月的工作我也很满意，感觉我的生活重新迎来了阳光。"说起自己再就业的故事，马女士十分激动。马女士之前一直从事家政服务工作，从事这个行业已经十多年了。2022年疫情期间，因为雇主家节约开支，马女士也失去了工作。因为年龄偏大，马女士到多个就业机构去找工作，都没有找到合适的岗位，这让她有些灰心丧气。但毕竟一家人还有开支，整天坐在家中也不是办法。最终在驻点街道"绿马甲"社工的帮助下，马女士接受了

◎ 为促进群众就业，广州对特殊群体就业实行重点帮扶

劳动技能培训。进用户家前，先换工鞋、扫工牌确认身份；家庭保洁服务中，干湿清洁须分开，不同区域使用不同颜色的清洁毛巾；消毒使用雾化消毒机，主要为了快速灭杀细菌病毒；服务后请客户检查工具箱以及要带走的垃圾，确认没有误丢贵重物品后离开……在家政服务行业的技能培训中，马女士大开眼界。通过技能培训，马女士了解到，家政服务是朝阳产业，也是爱心工程，大有可为。最终，在街道就业专员"绿马甲"的帮助下，马女士成功找到了一份工作，待遇和工作环境她都十分满意。

"绿马甲行动"就业专员服务是广州市近年来打造的专门为失业人员保驾护航的品牌项目。一是引入社会力量，建立一对一就业帮扶队伍。通过购买服务引入社会力量，组建一支以职业指导师、创业指导师、专业技能培训师和社工师为主的"绿马甲"专业化就业服务队伍，配备18～22名就业服务专员驻点街道，充实服务力量，开展"一对一"就业跟踪、政策宣传、岗位匹配、职业指导、创业指导和社工就业辅导等工作，做实做细做精登记失业人员、就业困难人员和离校未就业高校毕业生等重点群体就业援助。

二是分层分类评估，实施全方位就业跟踪服务。"绿马甲"就业服务专员每月以电话询访、上门走访、线上调查等方式，针对服务对象就业意愿、就业障碍、就业竞争力的高低采取三维评估分层跟踪模式，实施全方位就业跟踪服务。对登记失业人员、就业困难人员提供分类分级就业服务，开展岗位分析、职业规划等指导与评估，提供每月至少3个或以上的岗位推荐服务，进行政策宣讲以及技能培训信息推介。对符合条件的人员，落实培训、就业、创业等相关补贴。对零就业家庭、残疾、戒毒康复等就业特别困难人员量身定制帮扶方案，实施就业体验，推荐参加技能提升课程；开展技能评估和匹配指导服务，梳理就业经验、挖掘就业优势。截至2023年10月份，"绿马甲"就业服务项目共帮扶全区城镇失业人员实现再就业14030人，就业困难人员实现就业4670人，促进创业4060人，新增就业12829人。

三是特色特产培育，推动全链条就业培训服务。"绿马甲"就业服务专员的介入，逐步形成"访训"融合的育才体能工作机制。依托"粤菜师傅""南粤家政""广东技工"三项工程，结合走访、跟踪服务掌握服务对象技能培训需求，鼓励辖区重点失业群体参与技能提升培训，积极对接与培训课程对口的企业，推荐通过培训考核人员到对口企业应聘，

◎ 2022年底，广州某高校举行招聘会，为企业用工和大学生找工作搭建桥梁

促使其实现就业。充分发挥区域非遗文化资源优势，借助永庆坊非遗街区的品牌集聚优势，为服务对象提供干事创业平台。协同非物质文化遗产协会，围绕特色非遗项目设计粤菜师傅及三雕一彩一绣精品课程，并将课堂延展到各街道、社区，让劳动者在家门口也可以学到实用的技能，形成"访谈—培训—入行—创业"全链条服务。截至 2023 年 10 月份，开展非遗技能培训 1201 人次，创业指导进社区培训 2930 人次，促进 6953 人次就业。

四是一企一街扶持，落实全覆盖就业需求服务。积极拓展"绿马甲"就业服务范围，走访联系辖内重点企业、园区，引导企业提供爱心岗位，撬动社会不同行业推动就业，进一步强化区内就业支持网络。截至 2023 年 10 月份，共完成走访联系 1601 家重点企业和 12 个园区。服务中小微企业政策宣讲，上门派送"企业就业服务包"，扩大政策覆盖面，编辑整理第一手求职意向和用工需求，丰富"荔湾就业"微信公众号的"好工作天天见"栏目内容；积极完善"荔湾招聘"小程序，为企业和求职者提供 24 小时不打烊的招聘服务。截至 10 月份，开展网络招聘 248 期，约 44.27 万人次浏览，为 727 家企业发布岗位 28294 个，"荔湾招聘"小程序共采集 6857 个岗位信息，服务 8117 名求职者顺利就业。

以创建"一街一特色"就业品牌为抓手，结合各街道不同的产业特色和文化风貌，整合各街道龙头产业（企业）力量，实施就业体验、职业指导和创业指导等，实现以产业带动就业，以就业反哺产业为目标，形成高质量循环驱动力。

如何进一步提升就业质量？
持续推进技能提升让百姓收获"稳稳的幸福"

广东工业大学经济学院教授明娟表示，广州争取创建国家级人工智能与数字经济试验区已步入全面提速阶段，数字经济将在创新驱动发展、经济转型升级和社会精细化治理方面发挥更大、更强的引领带动效能，同时也将引发新一轮广州就业市场新变化。广州市就业市场也面临着新的挑战。

明娟指出，随着广州数字经济和产业经济逐步走向深度融合，高素质高质量数字人才日渐成为数字经济发展的核心驱动力。广州数字人民币的运营和创新对数字化人才提出巨大要求，数字人民币的研发、维护、推广、升级，都需要计算机领域的高端人才，且货币关系国家财政运行的稳定，因此对数字人民币的安全性要求极高，需要这个领域顶尖的科研人员才能满足国家对数字人民币工作人员的需求。目前广州就业市场对掌握数字技术的人才供给无法满足当前数字经济发展的需求，广州数字化人才缺口急剧增加。根据零壹财经·零壹智库发布的数据，2021年4月至2022年2月，广州全市平均每月有7882家企业发布数字人才招聘需求，数字人才平均月需求量50629人，且广州数字人才的平均年薪整体呈上升趋势，从2021年4月的16.84万元增加到2022年2月的22.94万元，增加了36.26%，这显示出广州对数字经济人才的庞大需求以及广州目前存在的数字化人才缺口问题。

数字化技术的飞速发展催生了大量具有较高技术含量的新就业岗位，市场对数字技术人员处于供不应求状态，导致产业链与人才链的脱节。各经济领域数字化进程的加快导致数字人才培养能力弱、供给不足以及大批低技能劳动人群被迫失业，成为广州当前经济发展中亟待解决的问题。

从广州三次产业从业人员近40年的巨大变革来看，高速发展的数字经济加速了就业结构调整，第三产业从业人数大幅增长，反观第一产业从业人数，从1980年占全部从业人数的40.23%，到2010年、2015年、2020年分别下降到总人数的8.30%、6.78%、5.04%，第二产业从业人员构成比例也从 1980 年的 26.22% 下降到 2020 年的 22.51%，不难分析出：随着数字经济的飞速发展，第一、二产业的工作逐渐被数字技术取代，第三产业则在不断催生新岗位。数字经济新增岗位对一些传统岗位产生替代效应，"两端极化"现象突出，即新增高技能岗位对数字技术专业人才的需求不断扩大，同时大量新型劳动密集型平台企业对低收入、低技能的服务型岗位需求也在增加。由于短期内大量低技能劳动力流入服务业，会造成低端劳动力拥挤在传统服务业领域，而制造业释放的大量中等技能劳动力，如普通技工、蓝领等，短期内很难被市场有效吸纳，结构性失业问题日益凸显。

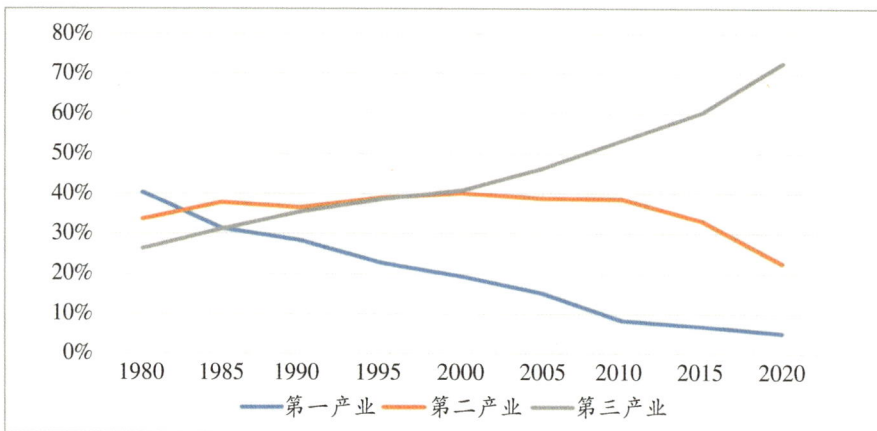

1980—2020 年广州三大产业从业人员构成比例

资料来源：根据 1980 年至 2020 年广州市各年统计年鉴整理

　　在数字经济持续高速发展的背景下，随着数字技术的不断渗透和创新，对其进行适当的调控与精确的监督变得越来越困难。首先，新业态的出现大多建立在平台基础上，劳务关系不明确，给监管带来了极大的困难。广州当前以工业化为基础的社会保障体系要求劳动者和用人单位间具备稳定明确的劳动关系，以便雇佣关系中的劳动者获得稳定的劳动收入,而没有明确雇主和劳动关系的非正式从业人员难以从现有的社会保障体系中受益。其次,随着数字经济的深入发展,数据安全风险随之蔓延。新一轮数据要素市场的建立,区块链等新技术的出现使数据交易链中各个环节出现的数据安全风险和矛盾纠纷增多,数据安全体系有待完善。最后,数字政府和数字治理虽然得到了快速发展,但在不同层级、不同部门之间仍然缺少对信息系统进行系统设计和评价的监督。

为此,明娟建议,一要加快数字人才培养。数字经济的发展推动人才培养的不断变革,高素质数字化人才将是未来数字经济发展的主要驱动力量。首先,相关部门可通过设置高校数字经济学科试点,开办数字经济基础培训班和精英提升班,分别培养既了解传统行业技术又掌握数字技术的复合型人才和熟练运用数字经济理论及先进分析方法解决重大数字经济问题的一流人才,夯实数字化人才队伍根基。同时,加大广州数字人才培养相关政策福利的宣传力度,吸引高技能人才、鼓励创新,不断实现核心技术和专业人才的匹配。最后,必须加强对失业者和潜在失业者的精准培训,提高就业者的数字技术应用能力,推动劳动者就业能力提升和实现高质量就业。

二要健全社会保障制度。在信息化条件下,社会保障体系要适应新的劳动关系,因此,首先要明确平台企业和新兴企业的劳动保护责任,鼓励新型从业群体参保,并及时调整和完善与劳动合同相关的规定,有效扩大社会保障覆盖面,最大限度保障数字经济就业群体的劳动权益。其次,要加强对新业态劳动用工服务的指导和对新型企业平台的劳动保障监察。最后,要完善就业困难人员兜底保障措施,全力帮扶经济转型升级过程中遭受严重冲击的人群,从最低工资、失业保险等方面入手,进一步健全社会保障制度。

三要坚持发展与规范并重。首先,要重视推动各平台企业健康发展,坚持发展与规范并重,规范健康是要求,持续发展是目的,构建和完善企业信用评估体系，对实体企业和平台企业一视同仁，有效降低平台企业的信誉认证费用。最后，加强对平台企业和新型企业的监管，明确平台型企业准入规则，加强对招聘信息的识别和筛选，防止虚假招聘信息的诈骗和套取信息行为，鼓励各平台企业承担起相应的责任。

7 病有所医
让广州人"掂过碌蔗"

看病难、看病贵，让基层群众看得上病、看得起病、看得好病，一直是广州推进医疗改革的目标。解决看病难、看病贵问题，事关群众的幸福感和获得感。党的二十大报告提出，推进健康中国建设，把保障人民健康放在优先发展的战略位置，完善人民健康促进政策。广东省深化医改工作一直走在全国前列，广州则是其中最重要的"试验田"之一，贡献了很多宝贵的经验，如：花都区"一元看病"、基于大数据按病种分值付费（DIP）改革、医保部门引导的药品集团采购（GPO）新模式、深化公立医院综合改革、全面加强公共卫生体系建设等。创新举措不仅得到了国家、省的充分肯定，也为百姓带来了实实在在的实惠。2022年3月，广州入选财政部、国家卫生健康委公立医院改革与高质量发展示范项目首批试点，成为全国唯一入选的常住人口过千万省会城市。过去几年，广州深化医药卫生体制改革，积极缓解居民看病难、看病贵问题，市民的幸福感，也在看病就医越来越便利的过程中逐步提升，让市民感叹生活的安定感"掂过碌蔗"。

深化基于大数据按病种分值付费改革，降低群众看病负担

广州市医疗资源非常丰富。截至 2021 年末，广州共有医疗卫生机构 5814 家，总床位数共 10.65 万张，医院床位共 9.74 万张，千人床位数 5.7 张。其中，医院 291 家（三级甲等医院 42 家），基层医疗卫生机构 5332 家，专业公共卫生机构 88 家，其他机构 103 家。全市共有三级医疗机构 105 家，实有床位合计约 7.74 万张，其中 11 家为部属，34 家为省属，28 家为市属，17 家为区属医疗机构，其余 15 家为其他部门企业及社会办医。不过，广州的医疗资源依然高度集中在中心城区，60.4% 的医院、72.2% 的床位和 65.7% 的医院建筑面积均集聚在中心城区，外围区的南沙、从化、花都区单体医院院均建筑面积分别为 1.1 万、1.3 万和 1.8 万平方米，院均床位数分别为 120 床、120 床和 160 床。基层医疗资源增长乏力，2015—2021 年全市基层医疗卫生机构年均增长仅 6.7 家、30 张床位，增长率分别为 5.2%、6.7%。病床使用率降幅达 14.4%，2021 年病床周转次数仅为 16.6 次/年。

广州优质医疗资源丰富，但也存在分布不均衡的问题。为此，近年来，广州推动公立医院医疗资源的扩容和下沉，促使高水平公立医院从仅关注自身发展到着眼于带动区域服务能力提升，实现由"单兵突进"到"整体联动"的转变。

随着 2019 年初医保系统机构改革，广州市医疗保障局成立，原来分散的医保决策和监管职能集中为一体，建立了统一的医疗保障行政监管体制，广州医保事业随之进入了高质量发展的快车道。怎样让参保人的"救命钱"每一分都用到实处，发挥最大效用，同时还激励医疗机构提高诊疗水平和服务质量？广州市医保局决定从医保支付方式改革入手，利用现代信息技术提供的大数据进行大胆探索，构建起"总额预算支持正常增长、病种分值引导合理施治、费用支付体现激励机制、智能监控加

强过程管理"的治理体系。

广州市率先实践基于大数据按病种分值付费，其改革一步一个脚印取得的成效，便是广州医保治理体系改革的缩影。

在原按项目付费方式下，由于医生与患者在医疗上存在信息不对称，很容易导致"过度消费"，滋生"大处方""大检查"等过度医疗行为。这不仅造成医疗资源的极大浪费，还损害了参保人的经济利益。为了推行按病种分值付费改革，全广州收集了三年间 800 余万份病案的大数据，形成了 1.2 万个核心病种组和 25 个综合病种组，计算相应的病种分值，作为付费基础，设定全新规则如下：

一是运用大数据手段，实现病种本地化。按照"疾病主要诊断 + 治疗方式"的组合对历史数据进行聚类分组，以病种作为付费单元，形成初始病种目录库，并筛选病例数较多的病种作为核心病种，其他占比较少的病种归为综合病种。

二是采取基准病种法，实现分值精准化。按照各病种与基准病种次均医疗费用的比例关系确定病种分值。通过大数据分析对费用影响较大的因素，建立辅助目录，对辅助分型病例、偏差病例进行分值校正，刘特殊病例经评议后按实际费用计算分值，确保病种分值契合诊疗成本、反映疾病严重复杂程度，提高医保精准支付水平，促使医疗机构进一步保障患者住院需求。

三是综合多方因素，实现医院系数差异化。运用基本系数反映不同级别医院的费用差异，综合多维度评价指标形成加成系数，通过分值加成，激励或约束医院，引导医院提升服务水平、合理定位发展，保障特殊群体和危重病人就医。

目前，广州医保 DIP 改革已覆盖全部住院定点医院，惠及广州 1400万参保人。广州 DIP 改革打破传统的项目付费、定额付费方式，协同推进医保、医疗、医药改革，促进医保事业更高质量发展，更好保障人民健康，实现多方共赢。

一方面，参保患者看病贵问题得以减轻。改革后，广州共有 3125 个病种次均费用显著下降，占全部病种的 31%。全市医疗费用增长速度下降，切实减轻了参保人经济负担。

另一方面，发挥医保支付的杠杆作用，促进医院更好发展。全市住院患者平均住院天数下降 8.4%，三级医院病种时间消耗指数下降 11.7%，改革后获得医保结余奖励的医院数量和比例均显著增长。全市三级医院老年患者收治比例提高 17.5%，病例组合指数（CMI 值）从 1.16 提高至 1.24，基层医院收治长期住院患者的例数、费用及平均住院天数均增长超过 30%。此外，让轻病回归门诊，每年减少不必要住院 5.6 万人次，住院患者人均住院次数下降 5.8%，专家病例评审得分逐年提升。

DIP 改革形成广州特色

广州 DIP 改革实践获得了各方肯定，也得到了定点医疗机构的点赞。"全院近 1/3 病种、一半以上病例次均费用下降，脑缺血性疾病、肾结石、心绞痛等这些常见病治疗的费用都有明显下降。临床科室在激励下想尽办法改善方案、提高效率，患者用最少的钱看好病，满意度提升了。"南方医科大学珠江医院医务处主任李超说。截至 2022 年 10 月，DIP 已经覆盖了全市所有定点医疗机构。2021 年与 2018 年相比，大医院收治老年患者比例提高 17.5%，基层医院收治长期住院患者的例数、费用、平均住院天数均增长超过 30%；改革后共有 3125 个病种次均费用显著下降，大医院患者平均住院天数有所下降，每年减少不必要住院 5.6 万人次。

2020 年 10 月，国家医保局在广州召开全国 DIP 试点推进暨培训会，将广州经验做法上升到国家层面推广；2021年12月，广州成为国家DIP付费示范点14个城市之一；2022年9月，广州成为国家DRG/DIP模块监测点首批6个城市之一。

2022年，广州医保服务以迎接国家一体化政务服务能力评估为契机推动经办服务提档升级，66个高频事项时限压缩率从84.7%上升至87.6%；141个医保服务事项均上线广东政务服务网"一网通办"，97个事项上线"穗好办"APP实现"掌上办"，10个医保公共服务事项纳入"一件事"主题集成服务。创新开展"医保+银行"合作模式，将高频服务事项办理从医保大厅延伸到合作银行网点，打造广州"医保15分钟服务圈"。推广"医保+税务"业务联办至全市11个行政区，实现医保和税务部门13项关联业务线上即时联办、驻点专窗联办及线下直通联办。充分发挥社会各界的监督作用，成立首支医疗保障政务服务观察员队伍。深入推进门诊异地就医直接结算。积极参与国家跨省异地就医门诊慢特病试点，率先完成省内生育跨市就医直接结算工作，顺利承接省内跨市就医直接结算集中审核结算业务。2022年，广州市作为就医地完成费用直接结算155.3万人次，作为参保地完成13.9万人次。

广州市医保局负责人介绍，按DIP改革凸显广州特色。过去4年间，通过建设全国首批DRG/DIP模块监测点，引导医疗机构更加注重内部成本控制，走出广州特色之路。目前，广州DIP付费方式已基本实现在医疗机构、医保基金、病种分组的全覆盖，2022年版DIP病种目录共有病种7867个，纳入DIP结算病例共134.5万份，占全部住院病例的95.4%。2022年9月，广州成为国家DRG/DIP模块监测点首批6个城市之一，DIP改革入选广州市首批"最具获得感"改革案例。广州市医疗保障局还大力促进国家医保谈判药品落地实施。建立广州市国家医保谈判药品"双通道"管理机制，做好275个国家医保谈判药品、30个支付

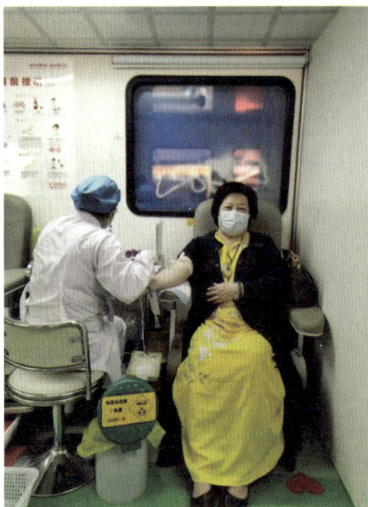

◎ 2020 年 3 月，广州一位热心人士参与义务献血

标准试点药品的数据监测工作，督促本市定点医疗机构履行配备 291 种"双通道"药品的主体责任。公开遴选 30 家"双通道"医保定点药店，实现全省统一的电子处方流转外购药品结算服务，最大限度减轻慢性病、重特大疾病患者负担。推进药品医用耗材招标采购落地见效。持续优化广州药品和医用耗材集团采购（GPO）模式，为全省 17 个地市的医疗机构提供采购服务，广州平台现已挂网药品 2.7 万个，耗材约 200 万个，累计采购金额 1779 亿元。主动向国家招采中心获取全国最低挂网价格，2751 个药品、9844 个耗材完成价格联动。推动非公立定点医疗机构基本医疗服务医保结算标准改革。对自愿申请参加药品、医用耗材集中采购并实施药品、医用耗材价格"零加成"的非公立医疗机构，与公立定点医疗机构执行统一的基本医疗服务医保结算标准。

2023 年开始，广州市继续深化 DIP 改革，完善复合式医保支付体系，探索建立符合中医药特点的医保支付方式。加大大数据、人工智能等现代信息技术运用力度，健全医疗服务价格动态调整机制，推进常态化药品耗材集中采购工作。落地实施"双通道"管理机制。不断创新医保基金监管方式，持续助力健全三医联动体系，促进医保、医疗、医药协调发展。

锚定"三减一优"，提升患者就医体验

如今，很多广州市民都有这样的感觉：去医院看病、就医越来越方便了，医院的缴费窗口似乎也不像以往那样排长队了，就医的舒适程度大大提高。从 2021 年开始，广州启动"就医信用无感支付"的探索让很多患者眼前一亮。这项探索，聚焦就医环节手续多、缴费排队长等问题开展支付改革试点，参保人授权签约后到试点医疗机构就诊，免除所有诊间窗口排队支付流程，实现"先看病，后付费"。南方医科大学珠江医院（简称"珠江医院"）、广州市第一人民医院及其南沙分院、广州医科大学附属第二医院等医保定点医疗机构已上线门诊及住院待遇就医信用无感支付服务，2023 年又新增了 30 家医保定点医疗机构纳入试点。广州市成为国内首个推出医保住院业务就医信用无感支付的城市。除了省时省力，使用这项服务的参保人，还能使用信用就医账户额度来垫付住院

◎ 就医条件越来越好，市民幸福感大大提升

押金和医疗费用，进一步缓解了垫资压力。截至 2023 年上半年，广州已经有 30 余家医院开通就医信用无感支付。

"医生完成诊疗服务后，医院信息系统会自动发起无感支付，医保报销部分实时记账减免，自费部分由签约绑定的信用就医账户同时自动支付，节省了医患双方时间。假如所有参保人都开通服务，医院人员和系统在结算方面的承载量也会大大减少，运营效率将大大提高。"珠江医院一位工作人员说。

"广州聚焦提升患者就医体验，以减时间、减成本、减费用、优服务'三减一优'为抓手，推进智慧医院建设，深化'互联网＋'医疗健康发展，助力老百姓在深化医改进程中以相对实惠的价格和便捷的方式获得优质医疗服务。"广州市卫健委相关负责人介绍。

DIP 对大数据的运用、"无感支付"与银行金融系统的联动，都是近年来广州打造"智慧医保"的具体成效。实际上，广州"智慧医保"早已融入参保人日常生活的点点滴滴，让市民看病、就医更加便捷。

去药店买药，都能打开手机刷医保码付费；去银行办事，可以在自助机顺便查个人医保信息；孩子的学生医保自动划扣成功，"叮"一声手机短信通知来了；想换医保定点，就用手机上粤省事、穗好办……运用大数据、云计算、互联网、人工智能等技术手段，聚焦基金监管、药品耗材、病案审核、支付改革和长护险等领域提出解决方案，智慧医保的运用不止于便民。近年来，广州致力打造大数据智能监控示范样本。作为国家智能监控示范点建设城市，务实的广州医保高起点建设了 DIP 系统、智能监控系统、智能审核系统、药店联网监管系统，通过建立虚假住院、低标入院和高套分值预警等 10 个大数据平台，制订过度诊疗、就医聚集行为等 34 个监管规则，将与医保基金使用相关的所有数据纳入自动实时监测预警，实现险种、机构、人群全覆盖，真正给基金监管装上"电子眼""扫描仪"，医保基金监管从以人工核查为主向全面智能监控转变,连住院病房都可实现"刷脸"监控。2021 年 7 月,国家医保局对广州智能监控示范点建设进行总结评估验收,结果为"优秀"。

2016 年 8 月,广州率先在全国启动"互联网 + 医保"移动支付试点工作,在全市定点医疗机构推广应用,截至 2016 年 10 月,医保网上移动支付应用累计实名认证用户共 1300 万人,金额累计超 12.8 亿元。2020 年 2 月起,广州持续拓展医保移动支付应用场景,打破传统业务流程,将"群众跑"变成"数据跑",截至 2022 年底,广州已有 41 家医疗机构开通医保"互联网 +"复诊诊疗服务。但患者就诊过程中各环节所面临的"痛点"依旧存在,如需多次缴费操作、因费用不足延误救治等现象仍然存在,如何从时间成本上降低损耗也成为医疗机构改革的重点。从 2022 年 7 月起,广州进一步开展住院就医信用无感支付试点工作。符合申办条件的医保参保人开通服务后,免除所有诊间排队环节,住院押金及医疗费用通过其就医账户信用额度无感支付,信用额度及免息期帮助患者有效缓解住院押金和自付医疗费用的垫资压力。患者等账单日再还款即可。这项创新的"医保 + 银行"服务,让更多患者感受到了便捷。

锚定"三减一优"目标的探索,还包括用心经营了近十年的"广州健康通"。自 2014 年上线以来,其便捷的服务逐步改变了羊城人民的就医习惯和体验,截至 2023 年 5 月,已接入包括所有三甲医院在内的 216 家医疗机构,提供预约挂号、医疗缴费、健康档案查询、检验检查报告查询、线上问诊、家庭医生签约等 36 项便民服务,注册总用户数超过 1548 万人。

类似的尝试还有许多,2019 年开始推行的电子健康码,如今已有 108 家医院和 165 家基层医疗卫生机构接入系统并启动应用,有效改善了医疗机构一院一卡、重复发卡、互不通用的现象。

针对群众意见集中的不同医疗机构检查检验结果不能互认，重复检查带来的费时费力费钱问题，广州从 2018 年开始建设检验检查结果互认应用平台，深入推进全市医疗机构医学检验、影像检查结果互认工作。同时，率先探索激励机制，遴选有较大影响力的三甲综合医院进行试点，根据检查检验结果互认工作成效给予相应补贴。

据了解，截至 2023 年 5 月，患者在广州二级以上医疗机构就诊时，医生可实时调阅患者近期做过并在互认范围内的检验检查项目，若仍重复开单，互认应用平台将发出预警提醒并要求医生填写原因。卫生健康行政管理部门可通过后台对医院进行监管，规范医生开单，让群众放心就医。

如今，该平台接入机构数量达到 273 家，2022 年共收集约 4317 万份检验报告、778.5 万份检查报告，总互认次数 67.4 万次，平均互认率96%，节省费用约 1.39 亿元。

多层次医保制度为居民看病难、看病贵撑起"保护伞"

广州市民的医疗保障情况如何？广州市如何解决市民看病难、看病贵问题？广州市医保局党组书记、局长邓佑满 2023 年 6 月在京参加第六届中国多层次医疗保障体系创新高峰论坛时介绍，自从 2001 年启动医保制度以来，经过 20 多年的发展，广州已形成了以职工基本医疗保险、城乡居民基本医疗保险为主体，以职工大额医疗费用补助、城乡居民大病保险、商业补充健康保险为补充，以困难群众医疗救助为托底的三重医疗保障制度体系，并且开展了长期护理保险制度的试点，不断满足人民群众日益增长的医疗保障护理的需求。截至 2023 年 6 月，广州市基本医保参保人数接近 1400 万，其中职工医保超过 900 万人，城乡居民医保将近 500 万人，参保人群结构稳定，职工医保在职与退休人员的比例为5.5：1，城乡居民医保在校学生占69.3%，商业补充健康保险投保人数稳定在367万到383万之间，基本实现对广州常住居民的应保尽保。服务供给方面目前全市定点医药机构接近9000家，其中定点医疗机构2782家，定点药店6214家，有偿付险机构323家。覆盖全城医疗服务网络。

在广州市多层次医保制度建设方面，邓佑满介绍，广州市多层次医保支付体系，包括基本医保、补充医疗保险、商业健康保险和医疗救助，基本医保重点在保障参保群众的基本医疗需求，注重公平性、普惠性和分类保障，补充保险重点在于参保群众，医保目录范围内个人自付费用再保障，特别是减轻大病费用的负担，商业健康保险重点在于解决参保群众，医保目录范围外的医疗费用负担，医疗救助重点在保，对于困难群众医疗费用的兜底保障。基本医保方面目前广州市基本医疗保险制度涉及了门诊统筹、门诊特定病种、住院、个人账户待遇，不断间接完善动态筹资的机制，待遇保障水平比较高。

筹资方面，广州市通过人大立法的形式制定了广州市社会医疗保险条例，明确建立了与经济社会发展相适应，与各方承受能力相匹配，与待遇水平相协调的动态筹资机制，保障资金稳定可持续运行。待遇方面，广州市自2009年起就建立了普通门诊统筹制度，形成了重点保大病、适度保小病的全面医疗保障待遇。截至2023年上半年，广州职工和居民基本医保年度最高支付限额分别达到86.6万元和32.7万元，门诊特定病种67个，子病种33个，2022年12月，广州市按照国家和省的统一部署，推进职工医保门诊共计保障改革，对统筹资金和个人账户进行结构性调整，将减少的个人账户金额增加统筹资金主要用于门诊共济保障，大幅提高参保人员的门诊待遇。职工医保参保人普通门诊由每月300元的月度限额调整为年度限额，2023年在职职工为7200元，提高了3600元；退休人员为10100元，提高了6500元。同时提高普通门诊和一类门诊特定病种的报销比例，门诊保障水平位列全国前列，通过医保资金结构调整，着力提升统筹保障的效能，同时大幅提高门诊统筹待遇，优化便民就业措施，得到越来越多社会各界和参保群众的认可和支持，改革形势稳定向好。

在补充保险方面，广州市补充保险包括职工大额医疗费用补助和城乡居民大病保险，2022 年 12 月起，广州市以市政府名义出台医保规章，广州市社会医疗保险规定，优化医保筹资待遇制度框架，明确职工大额医疗费用补助从职工基本医保资金中出资，用人单位和个人无需另外缴费。此外，广州市城乡居民大病医疗保险办法也明确，城乡居民大病保险费从城乡居民基本医保中划转，个人无需另外缴费。截至 2023 年上半年，广州市职工大额医疗费用补助城乡居民大病保险年度最高支付限额分别达到 43.3 万元和 45 万元，切实满足参保群众大病医疗保障需求。

特殊医疗保险品种为特殊群众织起"保护网"

广州市重点搭建起的保险保障网，也让市民在工作、生活中更加安心。在穗岁康商业补充健康保险方面，以群众需求和期盼为导向，以提升基本医疗保险保障范围外水平为切入点，广州从 2020 年 12 月创新开展政府指导商业运作的穗岁康商业补充健康保险，充分发挥市场职责作用和商业健康保险的补充作用，作为一款完全遵循自愿参保原则的商业健康保险，穗岁康试点三年，每年参保人数 367 万到 383 万左右，投保率始终稳定在基本医保参户人数的 28% 左右。参保率每年均超过 80%，同时穗岁康切实提升参保群众综合医疗保障水平，总体赔付率在 80% 到 90% 之间，个人获赔金额最高 104.9 万元，已获赔参保人中人均获赔 1.7 万元。从 2021 年试点开始到 2023 年 4 月，合计赔付 40.9 万人次，赔付

12.4 亿元，减轻个人负担率超过 38%，有效防范化解因病致贫的风险。穗岁康年度保费统一为 180 元，广州市常住人口可按自愿原则投保穗岁康，穗岁康涵盖住院、门诊特定病种、普通门诊、急诊等多项待遇，待遇一为住院和门诊特定病种基本医疗费用中的个人自付费用补充；待遇二为住院目录为药品费用和检验检查费用的补偿；待遇三为门诊目录外药品费用的补偿；待遇四为特殊群体的待遇保障，包括 18 岁以下 I 型糖尿病儿童的特殊耗材补偿，癌症筛查费用的补偿，严重精神障碍患者使用长效机制个人负担费用的补偿，以及见义勇为人员个人负担医疗费用的补偿。对于免赔额以上符合规定范围内的费用，穗岁康报销比例在 50% 到 100% 之间，这个 100% 是对于这些特殊群体，像见义勇为人群等，都是 100% 的补偿。穗岁康四大创新特色是四不限、三统一、两衔接、一开放，四不限是对于参保人不限年龄均可参保理赔，自费药品不限病种范围，不限药品品种报销，为设计特邀目录参保人在定点医疗机构住院和门诊进行合理诊疗，使用治疗所必需的自费药品均可纳入保障。三统一是由政府部门统一参保范围，统一保障水平，统一保费标准，报销比例不会因为有既往症而降低。两衔接是待遇政策经办服务与医保有效衔接，实现一站式结算。一开放是开放医保卡个人账户支付本人其直系亲属的保费，统筹共计。穗岁康自实施以来得到社会各界的高度认可。

在医疗救助方面，对于符合条件的广州市医疗救助对象，在定点医疗机构发生的合规医疗费用，经基本医保加补充保险，加商业健康保险多重保障以后，还可由医疗救助进行托底保障，在结算顺序上先通过穗岁康结算后才进入医疗救助的结算，可借财政资金充分发挥多层次的保障功能。广州市医疗救助范围广、待遇高，保障水平居全国前列，截至 2023 年 6 月，制度覆盖了特困、低保、低收等本市以及市外 11 类救助群体月 26 万名救助对象，救助对象住院和门诊特定病种的医疗救助比例达到了 80% 到 100%，年度报销额度达到了 32 万元。2011 年广州市成立了

◎ 医护人员进社区为社区居民
进行健康义诊

国内唯一的专门医疗救助经办机构，广州市医疗救助服务中心，在医疗救助公共服务领域已实现待遇一站式结算和全程业务通办，不断提升便民利民的服务水平。

此外，长护险近年来在提升老年人住院和护理待遇方面发挥了重要作用。广州市作为全国首批广东省内唯一的长期护理保险试点城市，于2017年8月开始长期护理保险的试点，有效保障适能人员的照护需求。一是覆盖人群广泛，目前已实现对全体职工医保参保人和18周岁以上城乡居民医保参保人的覆盖，实现制度公平普惠。二是筹资机制多元，建立单位、个人、财政等共同筹资的多元筹资机制，均衡多方责任，促进稳定可持续。三是待遇保障充分，将重度失能、中度失能人员纳入保障范围，涵盖基本生活照料、医疗护理服务等待遇，按照不同失能等级人员提供不同时长、不同频次的专业化护理服务，满足失能人员多元护理需求，同时合理设定差异化待遇支付政策，从试点开始到2023年6月，广州累计享受偿付险待遇人数约13万人，偿付险资金累计支出38.4亿元。

"一元看病"模式有望 2027 年在广州所有村卫生站推行

基层医疗体制改革是提升基层医疗服务能力的"引擎"。2008 年，广州市在花都区开始试点"一元看病"，花都区"一元看病"模式从 2008 年 5 月 1 日开始推行。当时新农合医疗制度已经较为成熟，村民大病重病有了比较好的保障，但门诊看病不能报销。花都区农村户籍人口数量不少，为了解决村民看病难、看病贵的问题，花都区有了一个大胆设想——通过政府出钱的方式向乡村医生购买医疗卫生服务，村民每次只需要交 1 元挂号费就能在村卫生站看病，门诊报销目录范围内的药品免费供应，如果需要注射就再出 1 元注射费。新模式首先在 14 个村试点。在大多数群众的支持下，这种模式在花都区迅速推开，2009 年 6 月扩大到 57 个村，2010 年 9 月实现村卫生站全覆盖，受惠村民达 45 万人。随后，"一元看病"在市内其他涉农地区逐步推开，作为基层医疗体改的一项重要举措，成效显著。从 2021 年开始，"广州市推广农村一元看病"被纳入广州市民生实事项目之一，在白云、黄埔、花都、南沙、从化、增城等涉农区全面推广。根据"五年行动计划"，广州市将推进村卫生站"一元看病"模式全覆盖，保障农村居民就近看病，到 2027 年底，"一元看病"模式有望在广州所有村卫生站推行。

同时，为了更好地满足广大参保患者合理用药的需求，让国家谈判的好药、高值药、救命药买得到，报得了，广州积极推行"双通道"管理。截至 2023 年 3 月，包括多种常用慢性病用药、肿瘤用药、罕见病药品等在内共有 291 种药品被纳入了"双通道"。"双通道"是指通过医保定点医疗机构和零售药店两个渠道，广州市医保参保人可购买就医所需的"双通道"药品，并在医保定点医疗机构或零售药店购药时享受一致的医保报销待遇。简单来说，纳入"双通道"的国家谈判药品，参保患者可以通过定点医疗机构和定点零售药店两种渠道购药报销。国家谈判药品中，既有高血压、糖尿病、高血脂、精神病等慢性病用药，也有肿瘤用药和罕见病用药等。截至 2023 年 3 月，广州市已推出 16 家"双通道"定点医院和 30 家"双通道"定点药店，并根据工作推进情况新增。

8 广州街坊
筑起"平安广州"屏障

习近平总书记在党的十九大报告中指出，要"加强社会治理制度建设，完善党委领导、政府负责、社会协同、公众参与、法治保障的社会治理体制，提高社会治理社会化、法治化、智能化、专业化水平"。2018年3月7日，习近平总书记对广东提出了"四个走在全国前列"的明确要求，其中之一就是要求广东"在营造共建共治共享社会治理格局上走在全国前列"。广州作为广东省的政治、经济和文化的中心，在"四个走在全国前列"中扮演着至关重要的角色。为此，广州市制定了《营造共建共治共享社会治理格局走在全国前列三年行动方案》。2018年5月，中共广州市委政法委、广州市平安建设促进会和广州市见义勇为基金会共同打造"广州街坊"平台，发动广大群众积极参与基层自治、群防共治志愿服务。"广州街坊"旨在建立多渠道城市治理协作机制，增强群防共治的动员力，创造新时代的广州"枫桥经验"。

凝聚各方力量，群防共治守一方平安

广州社情民意研究中心发布的《2019年度广州城市状况市民评价报

告》显示，2019 年度广州市"社会治安"满意度为 86%，在"民生安全"领域满意度各项评价中居于首位，并达到历年最高位。这一转变背后的原因很多，创新社会机制、构建社会治理共同体，最大限度动员和发挥社会各种维护公共安全力量的作用，从根本上扭转广州的治安总体形势，推动了市民群众治安观感显著向好，是其中的重要原因。

近年来，广州市在社会领域锐意进取、改革创新，取得了一系列社会治理成就。其中在构建"社会治理共同体"方面，取得了突破性进展，如在公咨委建设、社会组织培育与发展、社区共治议事会和打造"广州街坊"等方面均有成功的探索。可以说，广州市着力打造的基层社会治理生力军——广州街坊，既是广州在推进共建共治共享社会治理格局中的创新之举，也是广州在构建"社会治理共同体"方面的积极探索，丰富了中国各城市地区打造"社会治理共同体"的案例库。"广州街坊"正是社会治理共同体在广州这一超大城市社会治安领域的生动实践和典型案例。2018 年 5 月，中共广州市委政法委正式公布《广州市深化新时代群防共治工作三年建设方案》，明确提出将在未来三年内建立一支规模达 80 万人的"广州街坊"队伍，发挥其在社会治理工作中的信息员、巡防员、调解员和宣传员作用。近年来"广州街坊"群防共治队伍在总体数量和人数上都获得了急剧的扩大和增长。数据表明，截至 2020 年 5 月，"广州街坊"平台已聚合 342 支队伍，共有超过 144 万人参与其中。对其进行个案式分析与解剖，分析其运作机理和突出特点，具有重要的现实意义。

以 2018 年为例，依托"广州街坊"群防共治小程序，共建立了活动群组 100 个，以线上召集、线下活动的方式共开展 2396 场次群防共治活动。在移动信息技术的加持和协同下，"广州街坊"着眼于将网络空间力量向现实群防共治力量的转化，通过充分撬动社会资源，实现了规模、影响力和功能的急剧扩张。群防共治小程序实际上被建设成为"广州街坊"组织的专群互动平台、资源聚合平台、公益服务平台和社会协同平台，这也充分说明把传统的群防共治工作和新技术新手段结合起来，既是对平安建设工作新机制的探索，也有助于将社会治理共同体理念"实战化"和"实操化"。

2018 年以来，"广州街坊"群防共治组织在平安广州建设中发挥了不可或缺的作用，通过担当社情民意的"信息员"、邻里守望的"巡防员"、矛盾纠纷的"调解员"、平安法治的"宣传员"等角色，"广州街坊"成为广州社会治理中一道独特的风景。它为居民群众聚合参与基层社会治理提供了便利的平台和渠道，也是社会治理共同体在广州平安治理中的成功探索和生动实践。

如今，行走在广州，大街小巷处处张贴着醒目的"最小应急单元"标志。在学校、大型商超、批发市场等人员密集处，在街头巷尾、城中村等城市末梢，臂戴红袖章、身穿马甲的他们隐于市井，排查隐患，巡逻瞭望。他们是这座城市的普通居民，又是社情民意"信息员"、社区安全"巡防员"、矛盾纠纷"调解员"、平安法治"宣传员"、应急处置"支援员"。他们有一个共同的名字——"广州街坊"。凡人善举融入了美丽羊城淳厚的安全底色，群众参与基层治理，让城市社会治安防控体

◎ 广州市花都区某小区群众举行歌唱比赛

系的安全网越织越密。在 67 万"广州街坊"、2.3 万个最小应急单元的助力之下，广州平安建设考评连续五年居全省前列。广州市最小应急单元建设经验做法在市域社会治理试点创新交流会上向全国推广。

"广州街坊"是一个凝聚多种社会力量的庞大平台，主要包含以下四个方面的力量：一是专业力量，包括全市政法干部和其他行政执法部门的专业人员。二是半专业力量，包括辅警、治安联防队员、治保会成员、群防队员、巡防队员、保安员和出租屋管理员等。三是行业性社会力量，包括公交车、出租车司机，环卫工人、快递员和外卖人员等企事业单位人员。四是志愿力量，包括热心平安建设的广大市民群众。把党的优良传统和新技术手段结合起来，探索"理念公益化、动员社会化、工作平台化、队伍组织化、项目品牌化"群众工作新机制。以"地缘""业缘""趣缘"为纽带组建"广州街坊"群防共治队伍，成为聚合百万人的基层社会治理重要力量。各层级平安促进会紧紧围绕"平安守护"的目标，大力发动和建设基层平安志愿者队伍。平安志愿者队伍由热心社区事务、关心社区发展、关注社区安全、社会评价好的居民群众组成，主要分为社区类和行业类两大类。社区类平安志愿者主要包括辖内居民、退休党员或老干部、楼栋长、物业小区物管人员、商铺店员、酒店前台服务员、辖内机关事业单位干部等。行业类平安志愿者主要由辖内"吃、住、行、消、乐"密切相关的重点行业、重点场所从业人员组成，包含快递员、送餐员、出租车驾驶员、加油站工作人员、娱乐场所服务员、保险业务员、网站网吧管理员、清洁工、送奶工、维修工等。在建立志愿者队伍的同时，充分发挥好平安志愿者的"四员"作用：一是发挥治安信息员作用。通过发动"广州街坊"广泛收集周边信息，特别是涉及社会治安和安全稳定的信息，及时上报。二是发挥矛盾纠纷调解员作用。通过形成多层次、全方位的群防共治工作网络，及时掌握矛盾纠纷苗头，及时参与调解，及时妥善处置，将矛盾纠纷处置在基层，化解在萌芽。三是发挥治安巡防员作用。通过发动"广州街坊"开展警治联勤、联户联防、联村联防、保安巡逻等"平安守护"行动，震慑、防范、协助打击各类违法犯罪活动。四是发挥宣传员作用，参与平安法治宣传。通过各种群众喜闻乐见的方式，开展对广大群众的平安法治宣传，不断提升群众安全感和平安创建知晓率。

组织赋权和资源注入，为"广州街坊"提供动能

"广州街坊"依靠政府与民间的力量，打造各具特色的群防共治品牌，每一个品牌都是一个小型的社会治理共同体。广州市组建了平安联防志愿服务总队，平安志愿渐成整合之势；广州市白云区试点开展红棉防线工程，发动职业学校学生注册"红棉侠"；广州地铁集团有限公司组织公司员工成立平安志愿者"红马甲"，协助维护秩序、帮扶救助；广州市海珠区赤岗街统筹赤岗地区党建联促会63家成员单位及90个物业小区的安保资源，组建"赤岗地区平安联盟"，实行联岗守望；广州市荔湾区基于趣缘聚合人力，发动群众参与义务治安巡逻、环境监督、社区志愿服务。这些小型的社会治理共同体都发挥着社情民意"信息员"、邻里守望"巡防员"、矛盾纠纷"调解员"、平安法治"宣传员"的作用，成为基层社会治理的生力军。

为更好凝聚各方力量，打造人人有责、人人尽责、人人享有的优秀社会治理共同体，加大"广州街坊"群防共治品牌的知晓度和美誉度，使其实现在广州的"落地""扎根""壮大"目标，广州市委政法委和中山大学传播学院建立了战略合作关系，致力于塑造、宣传、推广"广州街坊"品牌。主要做法包括：在"广州街坊"一级品牌之下打造各具特色、各有优势的二级品牌，如"靠埔青年""狮岭一家人""越秀邻里""天河群防"等等，从数量和品质上丰富和提升"广州街坊"组织，使

其社会功能更趋完善，社会动员能力不断加强；融合传统媒体与新媒体，报纸、宣传栏和电视、广播、网站、微博、微信、新闻客户端等多种宣传媒介，推广宣传"广州街坊"品牌，力求达到深入人心、深得人心的效果；借助专业的新闻传播团队，深度发掘"广州街坊"运作以来涌现出的优秀典型、感人故事和先进做法，在此基础上进行提炼、总结和升华，把"广州街坊"品牌作为输出广州城市形象的重要着力点，并借此以点带面创新社会治理模式。

为进一步完善"广州街坊"的功能，不断提升品牌知名度和关注度，吸纳更多的民间力量参与到这一群防共治的组织活动中来，中共广州市委政法委和广州市见义勇为基金会等部门主办了"广州市见义勇为好市民（广州好街坊）"评选活动，采用公益创投等方式扶持发展各具特色的"广州街坊"自主品牌。下一步还将进一步完善各项工作机制，加大科技支撑和人力物力财力保障，除了财政上予以支持以外，还计划用好各类举报奖励政策和法律，按规定对提供信息的群众给予奖励。

在建立平台、创建品牌的同时，"广州街坊"在工作机制上也有所创新。首先是建立了战平切换机制。在平时，群防群治力量聚拢在各种社区社会组织之中，自行开展多种多样的公益活动，在特别时期，由公安机关带领群防群治力量进行防控。这种战平切换机制，既增强了群防群治力量的日常凝聚力，又实现了战时召之即来、来之能战的目标。其次是建立了动力机制。"广州街坊"以公益理念和志愿精神凝聚街坊，有效激发街坊的主动性和积极性。再次是不断完善动员机制。充分发挥平安促进会的枢纽作用，联合、发动辖内的社区社会组织，持续发动各街镇、各社区的群众广泛参与社会治理，不断提升群防共治工作的组织化、体系化程度。

现代科技，特别是互联网科技的发展，给城市治理带来了革命性的变化。建设社会治理共同体是推进社会治理现代化进程的具体目标之一，

◎ 广州某小区居民召开"居民议事会",发动群众参与社区管理

其中,以信息化建设为基础,不断提升社会治理的网络化与智能化水平,提高运用新技术的能力,是建设社会治理共同体过程中不可或缺的内容。调研表明,"广州街坊"的良好运转,离不开智能化、网络化新技术的成功应用,新技术缩小了沟通距离,降低了沟通成本,能够充分发挥社会力量和公众在社会治理中的协同作用。

广州市有关部门将互联网信息技术与传统的群防共治工作相结合,全面提升"广州街坊"的信息化、智能化水平。如开发"广州街坊"App平台,使大量信息汇聚于手机软件平台,在手机上实现了"广州街坊"队伍管理、信息采集、宣传发动、线索举报等功能,以信息技术支持"广州街坊"宣传发动、及时响应、精准打击,形成互联网+的群防共治格局。又如目前运行的"广州街坊"群防共治微信小程序及其后台系统有着强大的功能,通过这一微信小程序,可以实现专群互动、资源聚合、公益服务和任务协同等多种功能。各种以地缘、业缘、志缘、趣缘为纽带形成的群团,可以通过这个平台广泛参与城市社会的治理,也可以利用碎片化时间参加兴趣活动。平台让群众活动的发动者和参与者打破了地域空间的限制,也打破了组织的界限和时间的限制,实现了实时呼应、及时匹配。自2018年5月9日上线到2020年初,已吸纳了超过110万群众加入。

"广州街坊"是参与广州治安环境建设的最重要主体，但广大街坊自发性参与只是碎片化和原子化而非常态化的。而城市的群防共治要以街坊为基础，因此"广州街坊"平台的运行，党委和政府部门的赋权具有重要作用。如广州市委政法委要求各街（镇）组建成立平安促进会，工作范围覆盖辖内社区（村）。街（镇）平安促进会是以平安创建，共治共享为宗旨的公益性社会组织，由各区党委政法委作为业务主管单位，按规定在当地民政部门登记成立，并事先按干部管理权限审批后推荐各街（镇）党工委（党委）副书记兼任会长或主管该组织，会员由所辖区域内社会组织、重要企事业单位、重点行业、场所负责人和本辖区热心公益的居民组成。会员的具体组成比例由各街（镇）根据实际情况确定。在职能上，平安促进会可承办各类政府购买服务项目，积极参与治安防控、矛盾纠纷调解等方面工作。各区、各街（镇）将社会治安防控、矛盾纠纷调解等方面的工作任务，以政府购买服务的方式，编列年度部门预算，并按财政管理规定，由平安促进会等社会组织予以承办。平安促进会是一支维护城市基层社会治安和社会稳定的重要力量，纳入街（镇）综治信访维稳中心工作体系，逐步形成综治信访维稳中心与平安促进会等社会力量互补互动的社会治理格局，确保群众积极参与社会事务的决策、管理和监督。

广州作为一个超大型城市，每年吸引大量外来人口，很多人居住于城中村和城乡结合部，人群组成和社会结构复杂，多种因素交织在一起，社会治安面临严峻考验。但是，不管社会环境如何复杂，人们对安全、稳定、和谐社会治安的追求是一致的，这是对社会治安环境的共同需求基础。社会治安属于公共产品，政府有义务为社会公众提供公共安全服务，但是政府不是万能的，人们主动参与社会的群防共治，可以弥补政府职能的不足，也可以有效提高城市治安管理的效能。通过"广州街坊"平台，广大街坊可以提供各种信息，及时上报发生在身边的治安事件。

各种"广州街坊"特色品牌的志愿者组织，提供组织化服务，如白云区"快递小哥"，荔湾区"如意骑行队"和上下九"十铺联防"，越秀区"左邻右里"，黄埔区在无人机爱好者中建立一支平安守护力量，花都区在外来人员聚居区建立治安力量。"饿了么"公司主动与"广州街坊"合作，计划发动全市1万多名外卖骑手加入"广州街坊"队伍。截至2019年7月16日，全市通过"广州街坊"群防共治微信小程序发起活动311场次，吸纳超过29.57万余名群众加入"广州街坊"。

建设"社会治理共同体"，调动广大群众参与群防共治的积极性

广州是一座实际管理服务人口超过2200万、流动人口超过1000万的超大城市。作为国家重要的经济中心之一，社会治安清朗有序、公共安全扎实稳固，是广州迈向高质量发展的"硬前提"。如何创新城市群防共治机制？2017年9月，在广州市委政法委直接指导下，广州市平安建设促进会启动"红棉防线"工程，参与其中的平安志愿者，成了最早的一批"广州街坊"。发现违法线索、参与应急救援、调解矛盾纠纷、协助疏导交通、开展反诈宣传……越来越多居民加入了社会群防共治的大队伍，逐渐壮大的"广州街坊"阵列成为平安广州建设中最强大的群众力量。来自各行各业的人们加入了基层治安防控体系，形成了城市安全"人人有责、人人尽责、人人享有"的社会治理"同心圆"。如今，实名注册人数达到67万的"广州街坊"队伍，已经成为广州市乃至全省社会治理的一张响亮的名片，持续擦亮平安广州、文明广州的底色。他们就像城市的毛细血管，共护超大城市的和谐安宁。

基层安则国家安。应对复杂多变的治安形势，打通基层应急处突"最后一公里"，广州在坚持和发展"枫桥经验"的实践上给出了答案。2021年5月以来，在"广州街坊"群防共治队伍品牌旗帜下，广州全面

发动群众，以防范化解影响安全稳定的风险隐患为重点，根据基层场所属性、安保力量及治安复杂性，划定最小安全防范区域，形成一个社会治安突发事件先期处置的防卫系统——"最小应急单元"。

警力有限，民力无穷。处突力量前移至"群防共治"，安全关口前移至一线区域，最小应急单元成为城市的第一道坚固防线，有效提升了风险隐患发现率，实现城市群防共治资源再整合、再组织、再优化。针对各类突发事件，"1分钟自救、3分钟互救、5分钟增援到位"是广州最小应急单元在建设初期就立下的"军令状"。为了确保各单元始终处于"箭在弦上"的工作状态，广州依托无线通信和视频监控系统，随机对全市最小应急单元开展拉动测试、应急演练，平均每天拉动测试705个单位。当前，广州共建成2.3万个最小应急单元，应急处置力量29万人，实现全市基层单位、重点场所、重点部位全覆盖。随着最小应急单元建设的持续推进，广州市社会大局秩序安全稳定。截至2023年2月，广州市最小应急单元累计成功协助处置各类突发案事件868宗。

基层治理中，难题化解依靠群众，纠纷调解交给群众，社会服务托付群众。曾有不少网友笑言："北有'朝阳群众'，南有'广州街坊'。"广州从不缺温暖，生活在这里的人们素来有公益情怀。荔湾石围塘社区有一支平均年龄超50岁的"如意平安骑队"。9年来，这群佩戴头盔、身着"西红柿炒鸡蛋"配色骑服的中老年人骑着单车穿梭在辖区老仓库、火车站、花卉市场等重点区域，他们是社区里亮眼的安全"岗哨"。

多年下来，"广州街坊"建设、最小应急单元建设得到中央和省相关部门高度认可，广州市民群众获得感、幸福感、安全感更加充实、更可持续、更有保障。越来越多的广州街坊加入基层治理群防共治队伍，一起守护广州这座国家中心城市和国际化大都市。

"广州街坊"之所以生机勃勃，在于它特别强调辖区群众的主体性和责任感，特别强调以人民为中心的发展思想，特别强调回应和满足人民

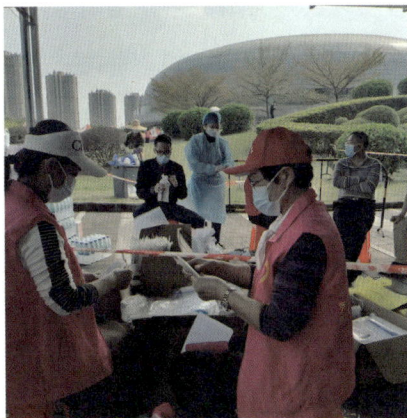

◎ 2022 年疫情期间，广州市社区居民
自发成立志愿服务队，服务小区居民

群众对平安、和谐和有序美好生活的向往。所谓"人人有责"的"社会治理共同体"，是强调社会公众在保持社会安定有序方面应该承担起应有的责任；所谓"人人尽责"的"社会治理共同体"，是通过完善社会治理职能职责体系，为每一个社会公民提供发展空间和政策支持，使得人民群众在参与社会治理方面有能力、有支持、有创造；所谓"人人享有"的"社会治理共同体"，是要通过完善和增强政府的公共服务供给能力，提供坚实的物质基础、丰盈的精神财富，提升人民群众的获得感、幸福感和安全感。"人人有责"回答"谁来管"的问题，"人人尽责"重视发掘"责任归属"，"人人享有"关注人民群众的"获得感"。基于上述三个层面的"人人"，建设"社会治理共同体"，不仅要探索社会治理主体如何实现多元共治，也要思考如何进行治理变革和机制创新，更要致力于消除社会需求与公共服务供给之间的"缝隙"，使人人有责、人人尽责、人人享有从理念落实到行动上，制订出推动"社会治理共同体"建设的系统性方案。

"广州街坊"的成功案例表明，只有建立起引领和推动社会力量参与社会治理的各项制度，强化各级政府抓好社会治理的责任制，进一步完善实现共建共治共享的合作治理机制，积极探索自主治理机制，才能真正搭建起"社会治理共同体"的运作平台。综合看，从"规制性要素、规范性要素、'文化—认识'要素"三方面入手，打造完备的制度体系，才能充分调动社会资本，培育辖区群众参与意识，推动"社会治理大家治"良好局面的形成，从而促进社会稳定有序运行，使社会充满生机和活力。

"广州街坊"群防共治组织既注重多元治理主体的参与作用，也高度重视社会成员在参与过程中的利益供给和共享。以利益共享机制的建设促进社会治理共同体营造，首先，要着力寻求社会成员利益和价值的连接点和最大公约数，实现柔性、有机的社会团结，强化社会成员对社会治理共同体的认同感和归属感；其次，社会治理过程和社会治理成果要保持透明和公平，使得利益相关各方在利益分配的知情权、参与权和话语权方面获得相对一致的地位，减少甚至避免社会治理实践中极端排他性社会治理主体的出现；最后，要高度重视基层社会的智能互联式治理，发掘技术的便利性和智能化，实现公共服务和社会治理在人群中的精准化供给，促进社会群体中利益的人人共享，确保多元主体利益共享机制的持续性发展。

对于广州的群防共治治理模式，广州市委党校副研究馆员李建国总结说，广州在打造平安广州的系统工程中，努力完善、创新工作机制。一是全面加强社会治安防控体系建设，推动各类治安问题源头治理，完善社会治安防控体系，加强重点地区、重点场所社会治安综合治理，加强基层综治维稳力量建设，维护良好的社会治安环境；二是健全食品药品安全监管机制、安全应急体系和食品安全管理综合协调机制，形成政府、企业、行业组织、消费者和媒体共同参与的监管工作格局；三是健全安全生产监管机制，完善安全生产法律法规政策标准、技术服务、预警预测、应急处置和救援、社会监督、宣传教育和培训体系建设，健全

◎ 广州市某社区，社区居民主动
在社区举行的公益活动中当志愿者

以预防为主的安全生产长效机制；四是推进安全社区建设，加强居家安全宣传、教育、服务和管理，努力防止居家安全事故发生。建立社会矛盾排解机制，按照社会管理重心下移的原则，在街道、镇组建政务服务中心、综治信访维稳中心、家庭综合服务中心和综合执法队。积极拓宽和畅通社情民意诉求表达渠道，准确把握群众的合理合法要求，建立科学有效的权益协调机制，引导群众依法行使民主权利、维护自身合法权益。当矛盾出现时，强化源头制止、防止恶化、及时处理，充分发挥基层社会矛盾调处作用。改革创新是社会建设的永恒动力。近些年来，广州强调创新社会管理，创造加强社会建设的政策环境。进一步深化社会管理体制改革，积极推广政府购买社会服务，逐步实现公共服务社会化、专业化、市场化，真正做到和谐保平安。

"广州街坊"的优秀代表——秀全大妈

2023 年 7 月初，暴雨袭击广州。花都区秀全街道红棉社区的一支大妈巡逻队这几天格外忙碌。大妈们几乎每天都要对小区的每层楼逐一巡逻，排除安全隐患。一群平均年龄超过 60 岁的大妈们，放弃了宝贵的休息时间和含饴弄孙的天伦之乐，在社区"专管闲事"，得到了社区街坊们

◎ 广州市花都区"秀全大妈"志愿服务队成为社区群众的贴心人

的交口称赞。张晓英带领的这支社区服务队，八成是退休女性。队员中既有刚退休的中老年人，也有年过八旬的长者。化解邻里纠纷、调解家庭矛盾，更是他们擅长的，不少濒临离婚的家庭就是在张晓英和大妈们的调解下得以挽回。13 年下来，张晓英带领的这支"秀全大妈"志愿服务队已经从当初的 27 人增加到如今的 2300 人。老年人退休之后如何焕发第二春？"秀全大妈"们用十二载真情服务社区，诠释了什么叫老有所为。花都区秀全街道 2000 多名来穗中年妇女组建的"秀全大妈"志愿者队伍在邻里互助、接送学生、维护交通安全等志愿工作中作出突出贡献，成为"广州街坊"中的优秀代表。

年过六旬的张晓英精气神十足，看起来像 50 多岁的阿姨。"这几天大暴雨，有业主车停在低洼处可能会被水淹，我们要去现场看看，通知车主挪一挪。"由于广州持续出现暴雨天气，张晓英有些睡不着。一天下来，她要打十多个电话。一旁的老伴和她开玩笑说："你比居委会主任还忙。"

（一）大妈立功：大雨天气巡逻时发现蛇洞

"连续 3 天都有大暴雨，很多小区的阳台上都种有花花草草，万一掉下来怎么办？" 2023 年 5 月 10 日，天还没亮，张晓英就起身了，这些年她养成了一个习惯，心里如果想着事情，晚上就会睡不着。第二天早上 6

点，张晓英就窸窸窣窣起床了，其他队友还没起床，她只能自己先就近逐栋排查一遍。她坐上电梯，逐层仔细查看。果然，有几户人家的花盆摆放的位置有些不安全，如果大风一吹，花盆有坠落的风险。张晓英赶忙拨通了小区物业管理中心的电话，让他们通知户主。

暴雨天气中，有些车主把车停在低洼处，容易遭水浸。张晓英和队友们在每天巡逻时也会及时报告给物业管理处。如今，红棉社区一共有300多位"秀全大妈"，从周一到周五，每天都有一支由大妈们组成的巡逻队，在上午9点和下午3点，对小区和小区外面的道路进行巡查。

2023年7月中旬，大妈们在日常巡查时就立了一功。因近日持续阴雨天气，小区又靠近山体，大妈在日常巡查时发现一处蛇洞，里面有蛇出没。大妈们及时将这一消息报告给小区物业管理处。物业管理处随后采取专业措施，在蛇洞中投放了专门的药物。"幸亏在巡逻中发现了蛇洞所在，否则蛇跑到小区伤了人，那后果不堪设想。"

（二）"奶奶穿上红马甲，就像超人穿上了披风，变得无所不能"

如今，有事就找"秀全大妈"，已经是红棉社区居民们的口头禅。她们制定了"邻里守望""十铺联防""值班"巡逻防控制度，组织志愿者成立巡河队，每天分两班对全街河道进行集中巡查、垃圾清理等，同时

◎ 广州市花都区红棉社区门外，由退休老人组成的志愿服务队将电动车摆放整齐

成立巡逻队，配合开展出租屋"人屋"登记纳管基础工作，把每天巡逻发现的问题、居民反映的情况进行登记，及时反馈到村（社区）和有关部门。

穿上红马甲、穿上红袖章，张晓英感觉自己一下子年轻了10岁。张晓英的孙子形容奶奶穿上红马甲就好像超人穿上了自己的披风，顿时变得无所不能。小区巡查员、党风廉政监察员、老年文化队队长、社区文化书屋管理员、社区居民小组长……身兼多个职务的她每天都从早忙到晚，但她一点都不觉得累。张晓英的老伴说，张晓英有时一整天都在外面，早上出门前她会带上几块面包和一壶白开水。实在来不及回家吃饭，中午就啃面包，靠在椅子上眯上半小时，下午继续忙碌。长年忙着在社区当"管家婆""和事佬"，张晓英对自己的家里反倒很少照顾到，这让她的老伴多少有些意见。每当这时，孙子都要站出来为奶奶打抱不平，"我奶奶干的可是正事。"久而久之，老伴开始默默支持她。

她每天带着10多名队员在小区里巡逻，遇到可疑人物及时报告，成为专区民警的"千里眼""顺风耳"。这支巡逻队对犯罪分子起到震慑作用，小区和周边治安状况明显好转。

调解家长里短、化解家庭纠纷，也是张晓英的日常工作内容。"这些年下来，我们张队（张晓英）调解的家庭纠纷可多了。起码有三四对，两口子都快要离婚了，经过我们张队做工作，最后又和好了。两口子还经常一起过来看望张队。我们举行活动，他们也都热心参加。"一旁的陈冬珍快人快语，说出了张晓英的"英雄事迹"。陈冬珍这么一说，倒让张晓英有些不好意思了。这些年，邻里发生纠纷或家庭出现矛盾时，张晓英还充当"调解员""和事佬"，及时把矛盾化解在萌芽状态。

（三）既是家庭纠纷"调解员"，也是社区群众"贴心人"

过去这十多年究竟调解了多少家庭矛盾，张晓英已经记不清了。不过，有几对经她调解成功的，如今逢人都夸她好。

2021 年 6 月，张晓英所在小区住户阿雪（化名）和老公闹离婚，要到社区居委会开证明。居委会主任这才知道，这两口子的矛盾已经到了不可调和的地步。实际上，在这之前，街坊们对这两口子的情况已经有所耳闻。之前，阿雪和婆婆芳姨（化名）三天两头都在吵架，有时两人吵架的声音很大，甚至连邻居们都惊动了。邻居们打电话到居委会，居委会也会上门查看、劝说一番，但最终都不了了之。

没想到事情闹到了两口子要离婚的地步。"英姐，还是要你出马，劝劝他们吧。这小两口两个孩子，最小的才 1 岁，离婚了怎么办？"那天晚上，张晓英一宿没睡。她早就听说过阿雪的婆婆很厉害，要做通她的工作谈何容易。

张晓英还是决定上门试试。张晓英当天上门，没说是去劝架的，只说是去串门的。几位老人家在一起聊天谈心，好不热乎。说到家庭生活时，芳姨忍不住唉声叹气。她说自己命苦，老公去世后从江西来到广州和儿子一起生活，没想到却处处受气。说自己的儿媳妇太不像话，整天乱花钱，在网上乱买东西，根本不顾家。并且，她和儿媳生活方式差别也很大，有时她劝儿媳，儿媳根本听不进去。婆媳经常斗嘴，到了后来，两人到了水火不容的地步，谁也不和谁说话。婆媳大战，夹在中间最痛苦的是阿雪的老公。他左右为难，先后调解了几次都没成功。最后，阿雪只好摊牌：如果婆婆不搬出去住，就要离婚。两人连离婚材料都准备好了。

当时芳姨正在气头上，她说："离就离吧，反正我儿子跟着她也是受气。"张晓英知道，这"坚冰"结得太厚实。她动之以情，和芳姨说："我们都是婆婆，但也都是儿媳熬过来的。你和她吵架，她对你两个孙子不好，最后受罪的还不是你儿子和孙子吗？真的离婚了，后爹、后妈会对两个孩子好吗？"从那以后，芳姨似乎开窍了，经常邀请张晓英到她家玩。

随后，张晓英又找到阿雪，做她的思想工作。"我和你说，两个孩子一个 4 岁，一个 1 岁，你一旦离婚后对孩子伤害多大啊。你在外面请个保姆带两个孩子，你也不放心。你在外面请个保姆，每个月也要 6000 元。就算婆婆有再多的不是，至少在带孩子这一点上她是尽心竭力的。那是她孙子，她能对俩孙子不好吗？"几次谈心后，阿雪的态度开始有所缓和。

从那以后，张晓英三天两头就到芳姨家玩，帮她带孙子。原本从来没有笑容的芳姨，脸上的阴云逐渐散去。经过前后 4 个月的"融冰"，芳姨和儿媳终于和解。阿雪这时才理解公公去世后这么多年婆婆独自一人生活吃了多少苦，原本势同水火的婆媳两人，最后抱在一起痛哭。如今，经历过"离婚危机"的阿雪一家变得非常和谐，阿雪也经常带着两个孩子到张晓英家玩。"还有什么比挽回一个破碎的家庭更幸福的事呢？就算我跑断腿，心里也甜。"张晓英笑着说。

"秀全大妈"中的李芸（化名）以前和她儿媳妇有纠葛。张晓英想着如何帮他们化解纠纷。听说她的儿媳妇是贵州人，爱吃饺子。但李芸又不会包饺子，于是，她组织五六位队员到李芸家中，和面的和面，剁馅的剁馅，很快就包了 300 个饺子。当晚，当李芸的儿媳妇回来后，看到婆婆已经为她包好了饺子，吃上热腾腾的饺子，儿媳觉得婆婆真贴心。从那次之后，李芸也跟着"秀全大妈"们学会了包饺子。如今，一家人相处得十分和睦。

十年义务帮群众接送小孩，在大妈眼中只是"小事"

没有钱，没有待遇，很多时候还要倒贴，张晓英的"秀全大妈"团队靠什么吸引这么多大妈加入进来？爽朗的张晓英一句话点出了秘诀："靠的是一颗热心。"

　　陈冬珍老人来自湖北襄阳，她和张晓英一样，是"秀全大妈"的元老级人物，她追随张晓英整整 12 年了。她说，当年正是受到张晓英的感召，她才加入"秀全大妈"团队。"当时我都 63 岁了，觉得自己不中用了，晓英跟我说，谁说不中用了？老了照样能发挥大作用。"这对陈冬珍触动很大。当时，陈冬珍和小区的马大叔夫妻俩发现，住在小区的很多家庭都是双职工，两口子每天都要上班，而家中老人又不方便过来带孩子，每天早上 8 点前将孩子送到幼儿园或小学成为很多业主的一大负担。于是，陈冬珍和马大叔夫妻俩一起，承担起接送小区孩子上幼儿园的重任，风雨无阻。"说实话，当时大家都觉得是举手之劳，觉得根本不算什么。"陈冬珍说。不知不觉，帮忙接送小区孩童上学，已经持续了 10 年时间，当年不少刚上幼儿园的小朋友如今已经小学毕业了。陈冬珍说，参与"秀全大妈"的活动让自己变得年轻。70 多岁了却仍然精神抖擞，虽然头发花白，但说起话来却声如洪钟。

　　一旁的张晓英接过话茬："我们就是'专管闲事'的，像接送小孩上学这种'小事'，我们说上几天几夜也说不完。"一天早上，居民杨伯在小区花园散步时突然晕倒，这一幕恰好被"秀全大妈"一名队员及时发

◎ 广州市花都区秀全大妈志愿服务队队长张晓英

现。"老人倒了扶不扶在我们这里不是问题，当天这名队员发现老人时老人脸色发紫，好像中毒了。队员及时向我反映情况，同时上前帮忙并拨打120。约20分钟后，我们就把老人送到就近的医院治疗。"张晓英说，后经了解得知，老人被一种毒性极强的虫蚁所伤，手臂上全是疙瘩，幸亏及时救治才挽回生命。

在陈冬珍看来，"秀全大妈"能发展起来，离不开张晓英身上的那股"执拗"劲。"她身上有内蒙古人的豪爽，做事风风火火，她认准的事一定要去做。"

2019年3月，秀全街计划举办一场大型公益活动，需要"秀全大妈"帮忙。当时，张晓英正和几位亲戚到汕头游玩。接到电话后，她马上提早结束行程，连夜赶回花都组织居民参与。"张阿姨的热心在我们社区是出了名的。一句话就能随传随到，为了社区公益事业，她任劳任怨。"花港社区居委会主任李凤招说。

张晓英说，"秀全大妈"是群众的"贴心人"，她们来自群众，在群众心中，她们犹如亲人般亲切；她们也走进群众，和群众毫无距离感。不少社区群众正是因为得到"秀全大妈"的帮助才加入进来，队伍也因此越来越大。

从27人发展到2300人，这个"大妈团"了不得

张晓英说，当初自己组建起"秀全大妈"这支队伍，纯属偶然。在花都区秀全街道，以东风日产为核心的汽车以及相关产业带动了数十万人在这里安居置业。这里也聚集了很多给下一代带孩子而来到广州的"老漂族"。"秀全大妈"创始人张晓英也是一个"老漂族"。她祖籍内蒙古，退休之前就职于内蒙古乌海市交通设计院。张晓英的儿子在风神汽车工作，2009年，退休后的张晓英来广州"投奔"儿子。刚到广州时，

人生地不熟,她感到很孤单。但她是个闲不住的人,跳广场舞就成为她最大的消遣。在跳广场舞过程中,不少大妈都成为她的好朋友。"当时东风日产的负责人知道我儿子在他们厂里工作,问我能否组织一个服务队,和他们一起活动。我当时心想,反正闲着也是闲着,何不把大妈们发动起来?"起初,张晓英带领着风神花园小区的广场舞大妈们到儿子的工厂进行文艺演出,以及进行志愿服务。这让她意识到,老年人退休后能找到事情做,充实很多。

2010年10月26日,在居委会干部李凤招的支持下,张晓英把大妈们组织起来,建立起由27人组成的风神花园小红帽志愿服务队,负责在社区巡逻和志愿服务。这也就是后来"秀全大妈"的雏形。张晓英说,"秀全大妈"一开始是个互助组织,是为了帮助那些从五湖四海来到广州的老人融入广州。"很多老人刚到广州,适应不了广州的气候、饮食和生活方式,因为语言不通,不少老人也没有熟人,很多老人甚至不敢出门,连菜市场都不敢去。"

来自内蒙古的张晓英有着北方人的豪爽与热情,厨艺也相当不错。大妈们聚在一起,交流美食也成为大家最开心的事,西北的肉夹馍、北方的胡辣羊蹄、四川的麻辣香锅,说着说着,大家决定自己动手,想吃

◎ 广州某小区,热心的街坊们在国庆节期间举行丰富多彩的文娱活动

什么，就聚在一起，人人齐动手，做出一桌美食来。张晓英心想，何不来个社区"百家宴"？每年的中秋节、春节等特殊节日，风神花园的"百家宴"就会正式启动，每家每户做一个拿手的特色菜，住户们都可以过来品尝。每年的"百家宴"也成了社区街坊们最快乐的节日。

随着"秀全大妈"们举办的活动越来越多，声势也越来越大。2014年，在秀全街党工委的支持下，该队伍逐渐发展壮大，并改名为秀全大妈志愿服务队。发展至今，"秀全大妈"一共有2300名队员、66支特色文化队伍，包括合唱队、模特队、太极队等文艺团队，逐渐成为社区公共文化主体，覆盖秀全街道的7个村、6个社区。

"2021年9月，接到要宣传新冠疫苗接种的任务后，需要上门入户宣讲，对社区60岁以上老年人进行了摸底，'秀全大妈'曾创下一晚上走访25栋楼3750户的纪录。"花港社区居委会主任李凤招说。

"大妈队伍"为广州社区治理积累出宝贵经验

这些年，张晓英一直想着如何把社区的老年人发动起来发挥余热。"我们的老人不能每天只去一趟菜市场，然后就在家中看电视。"张晓英说，"秀全大妈"卧虎藏龙，有退休教授，有高级工程师，为了让老人老有所为，张晓英发动老人们积极参加老年大学课程，舞蹈、书法、乒乓球、广场舞、藤编、插花、瑜伽、合唱、太极等特色老年大学课程都深受社区老人欢迎，最多的时候，有老人一年报了10门老年大学的课程。因为很多课程竞争太激烈，2023年每位老人只能报5门。

如今，"秀全大妈"团队俨然成为2300多位老人的心灵归宿。"我每次来到队里，和姐妹们聊天我都感到心情舒畅、乐呵。"陈冬珍来广州十多年了，还是没学会讲广东话，但这丝毫不影响她在广州安享晚年。"秀全大妈服务队让我焕发了第二春，我在这里找到了实现自我价值的

◎ "秀全大妈"志愿服务队

地方。"

如今,"秀全大妈"在宣讲党的十九大精神,促进邻里和谐、化解社区矛盾、帮助慰问困难群众、参与公益慈善活动、宣传文明创建、禁毒、水环境治理、垃圾分类、扫黑除恶等,成为营造共建共治共享社会治理格局的主力军。

在张晓英的带动下,越来越多的退休老人加入"秀全大妈"大家庭。正能量满满的"秀全大妈"连续两年获评"广州街坊"品牌队伍。"秀全大妈"妇联还跻身"全国巾帼文明岗"行列。詹小英也获评"广州好人"。

张晓英有个小目标,希望"秀全大妈"的人数能突破5000人。但她65岁了,她想着培养接班人。"我想找一些1969年至1970年的,比我小10岁的。"但几年下来,接班人还是没着落。"要当领头人,怕是不好找啊。"张晓英说。

张晓英说,如果自己的身体吃得消,就干到80岁。"先干到70岁再说吧。"这位"不服老"的阿姨看起来永远那么年轻。

这么多年下来,张晓英做好事有时也会遭遇别人的不理解:你们这么大岁数了,天天在社区当活雷锋,也不要回报,图个啥?张晓英说,她的想法很简单,自己是一名有30多年党龄的老党员,要做一名合格党员，就要在身边做一点小事，让自己的余热照耀大家，让大家都能温暖起来。"共产党让我们在退休之后依然能过上好日子，我们感恩这个社会，我们既然老有所依，就要老有所乐，就要把我们身上的余热发散出去。我们'秀全大妈'聚是一团火，散是满天星。"

9 口袋公园
装满群众幸福感

公园是城市中展现自然之美、释放生态价值的重要开放空间。随着生态文明建设纳入"五位一体"总体布局，中国城市公园绿地建设脚步加快，许多城市开始将公园建设视为绿色发展和城市建设的新思路、新定位。作为公共空间，公园承载着为市民和游客提供观光休闲场所的功能，也体现着城市的生态价值与人文关怀。公园建设是否与城市发展相协调，是否满足人民群众对美好生活期待，是否为提升群众幸福指数做出了贡献，既是对一座城市发展水平的检验，也是对城市治理水平的考验。截至2020年底，广州人均公园绿地面积位居第一。广州城市的密度很高，特别是老城区，而珠江新城等中心城区则体现大疏大密的特点，写字楼高度集中在一个点，但同时也有临江公园、珠江公园、花城广场等大型公园，这与北京等各个区域开发密度比较相近的城市形成鲜明对比。其背后，是广州以建设公园城市提升居民幸福感和获得感，进而强化科技创新、激发经济活力的发展理念。相关专家也指出，现在的公园城市理念不再单单是公园和城市概念简单的叠加，也不单以公园数量来衡量，更重要的是城市发展和建设理念的转变，要从以前的工业逻辑回归到以人为本的逻辑上来，以满足人们对美好生活的需求为导向，推动其与生活、生产、生态的协同融合，为城市的宜居宜业提供保障和支撑。

城市公园建设让市民直接有幸福感

城市公园是位于城市范围之内的重要公共绿地。城市公园的特色以游憩为主，同时兼具供居民观赏、休息、保健和娱乐等功能，具有包容性高、改善城市生态环境质量等作用，对于提升居民幸福感有重要作用。根据广州市林业和园林局修编的《广州市城市绿地系统规划（2010—2020）》，广州市城市绿地分为大型城市公园、社区公园和街头游园三大类。其中大型城市公园分为综合公园、专类公园；社区公园分为居住区公园、小区游园、带状绿地；街头游园指街旁绿地。从满足居民假日出行需求的角度和从满足周边居民日常游憩需求的角度，广州综合公园的服务半径分别为 1000～2500 米建成区范围和 800 米建成区范围。

华南理工大学旅游管理专业硕士研究生陈渊博曾对城市公园建设与生活幸福感之间的关系做过详细研究。陈渊博指出，FLOW（情绪体验）概念最早由学者 Csikszentimihalyi 在 20 世纪 60 年代提出，他认为 FLOW 是指人们对某一活动或事物表现出浓厚的兴趣并能推动个体完全投入某项活动或事物的一种情绪体验。FLOW 是一种积极情绪，FLOW 的表现有愉快、幸福、满意等主观情绪。FLOW 理论的研究已从心理学扩展至其他学科如旅游学。旅游学领域中关于 FLOW 的研究国外集中于户外探险旅游、虚拟旅游社区两个方向，其中 FLOW 的影响因素是核心研究内容；国内的研究则侧重于旅游情景下 FLOW 的再现及其影响因素的研究或将 FLOW 与幸福感等积极情绪结合在一起研究。FLOW 是幸福感产生的重要因素。陈渊博在位于广州市中心城区的三个综合公园：天河公园、越秀公园、流花湖公园实地走访了 600 位在公园休憩的市民，向他们对城市公园建设与生活幸福感之间的关系进行了专题研究。

与旅游目的地的特有属性不同，城市公园的便捷可达性和免费开放性使之可获得性高，人们对从生活场景到公园场景的转换与外出旅游的心情转换是有差别的。经过分析，游憩者去往城市公园前的心态动机主要有以下几种：一是释放生活工作压力，舒缓躁郁情绪。现代生活中，快节奏的生活步伐和高压的工作环境使得工作一族常常神经紧绷，在广州的城市公园调研时遇见的工作族常常面带倦容。城市公园是静谧安宁的场所，山水树木虽无法言语但能包容化解人的万千思绪，抚平人内心的波折。因此许多工作族会在周末或者休息时间前往城市公园游玩休憩。"工作上的压抑让我在每周一天的休息日只想往外跑，让旅途的愉悦消磨内心的烦扰，每周一个小景点成了生活中近似规律般的存在。而1小时路程的辐射范围，还没去过的就数天鹿湖公园了。"一位女性受访者、90后小范说。"在日复一日的工作中感觉到疲倦，萌生出去走走，感受大自然，享受生活的想法，约上几个朋友，就近选择了从化的石门公园与增城的温泉，作为郊游放松的目的地。"上班族毛先生说。除了上班族，普通居民有时也会选择城市公园作为暂时的"解脱空间"。当生活的烦恼无法诉说时，从日常生活场景中逃至大自然的怀抱是个不错的选择。"当烦

◎ 大新路口袋公园

恼的时候，总想到一个没有人认识的地方逛逛。这次选择了从化石门公园。"在从化石门公园散步的王女士说。"离上次旅行又过了几个月，内心急促想逃离城市的心越来越骚动，终于到了 11 月忍不住了，适逢看到马蜂窝问答里面的枫叶观赏季节和各省推荐好地，于是琢磨着寻找小伙伴开始计划了这一场逃离城市的自驾之游，看看自己的幸福感能不能在公园散步中有所提升。"都市白领小琳表示。

在城市公园中有一类群体不容忽视，他们是以离退休为代表的中老年群体。陈渊博在广州三大公园进行的"城市公园与居民幸福感"调查中，55 岁以上的群体占比达到 20%，是所有年龄段中占比第二高的群体，也是到访城市公园最频繁的群体。这类群体已经把公园当成除家以外的第二个生活场所，公园在其日常生活中所占的比重很高。由于许多人已退休，且子女上班无人陪伴，所以有的人把社交重心转移至公园，这类群体在城市公园并不是为了消除烦恼，而是为了增添生活乐趣，提高生活品质。公园中的中老年群体的游憩活动种类十分丰富，主要包括散步、观赏、竞走、打拳、跳舞、舞剑、唱歌、打乒乓球、乐队练习等。"我每天都会抽时间出来逛逛，在家里待满 4 个小时就要出来走一走，到公园来就是为了运动，能够让身体保持健康。我已经 70 多岁你看得出来吗，就是因为每天都要到这里来做操锻炼身体，这个越秀公园里面的很多树都是我们那个年代的人种的，前人种树，后人乘凉嘛。"在越秀公园，一位 60 岁的阿姨说。

"我家就住在越秀公园旁边，每天吃完饭就到公园里来，上午和下午都会锻炼下身体，基本上有时间就会来，除非打雷下雨。我从小就喜欢唱歌，在 2010 年退休后就经常在各个公园溜达。之前唱歌是公费出钱买唱歌机，每个人轮流唱几首，现在大家都自己买了唱歌机，今天你拖一个过来，明天我拖一个过来就很方便。而且大家都是爱唱歌的人，你唱给我听，我唱给你听，大家一起鼓鼓掌，也是蛮开心的。"一位退休阿伯说。

除了中老年群体，一些青年人把城市公园当做社交拓展场所，在接受问卷调研的游憩者群体中，选择与朋友、家人一起结伴游玩的人占73%。这些游憩者在邀约别人或应约后与朋友家人的同步活动中能增强互动性，也能感觉到陪伴的重要性。而且在放松身心的环境中与他人一起享受闲暇的时间是增强双方交流、增加双方情感的良好途径。

广州城市公园中的越秀公园和天河公园并不仅仅只是居民休息的场所，因其园内的历史景点或建筑更是成为来广游客的必游景点之一。越秀公园里有中山纪念碑、镇海楼、广州古城墙等众多文物，天河公园里有邓世昌衣冠冢等代表景点，这些人文景观是吸引本地居民的重要地标。

综上所述，不同群体到城市公园游憩的动机千差万别。例如上班族到公园是为了消除烦恼疲惫，转换场景放松身心，老年人群体则偏向于锻炼身体，外地访客对于有名的公园是出于对自然人文景观的向往。但是不管哪一种动机，游憩者或多或少都是带着一丝期待憧憬而来，都把城市公园视作乐园，城市公园是事关市民幸福感的重要基础设施。

陈渊博表示，在经历了观赏公园动人景色和参与趣味活动后，网络游记的游憩者内心感受变化最深的便是积极情绪的增强和消极情绪的衰退。充满负能量的人到城市公园游憩后会被公园的独特魅力所中和，其心境会产生很大的变化。有的游憩者在公园观赏游走时，除了能从景色中放松自我，在看到园里的百态情景时甚至会产生对热闹场景的感慨，有的会感叹生活的美好，有的感受到由衷的幸福。"今天周末觉得没事可做就想着到周围的公园坐一坐，因为平时工作都是比较重复枯燥，觉得有些烦。今天在越秀公园坐一坐，虽然也没做什么事，只是在里面走走都感觉心情好了很多，能让自己安静下来，我觉得这种感觉挺好。身边有一个这么大的公园，感觉幸福感一下子就提升了起来。"

陈渊博通过对公园600位受访者进行问卷调查发现，广州城市公园游憩者幸福感水平是 4.05，属于高水平。在公园游憩的过程中，4 个层面的评价，得分最高的是游憩意义 4.20，其次是游憩满意度 4.18，然后是积极情感 3.93 和 FLOW 因子 3.90。这说明在城市公园游憩，游憩者能感受到水平很高的放松感、充实感和快乐感，也对公园气候、自然人文环境、游憩设施设备、卫生状况、周边交通状况满意度高。在人口特征对城市公园游憩者幸福感差异性分析中，发现年龄不仅对游憩者幸福感，也对游憩者的积极情感、FLOW、游憩满意度和游憩意义存在显著性差异。

城市公园游憩者幸福感的形成机制展现了游憩者幸福感在游憩前、游憩中、游憩后三个阶段的产生、发展与形成。在游憩前，游憩者追求的是一种自我释放，根据游憩者的类型，笔者将游憩者的追求动机分为四类：释放生活工作压力，舒缓躁郁情绪；强健体魄，追求高品质生活；慕名瞻仰，到此一游；偶然路过。这四种游憩动机都是因人的特异性而产生，不管是哪一种动机，游憩者或多或少都是带着一丝期待憧憬而来，都把城市公园视作乐园。在游憩过程中，游憩者获得 FLOW。FLOW 是一种平衡状态下的积极情感，当游憩者被景观吸引住或参与活动中能沉浸忘我时会产生 FLOW 情绪及满意度等情绪。在经历了观赏公园动人景色和参与趣味活动后，游憩者最明显的变化就是积极情绪的产生和消极情绪的衰退，而且从整体上对结束的游憩活动会有满意的评价。较高的满意度不仅会促进幸福感的产生还会对重游意愿产生正面影响，从而增加游憩者重游的可能性。游憩者在游憩活动中产生的物理、生理和心理共同互动的过程，带给游憩者全面且深入的体验，促进了整体的幸福感。几乎所有游憩者都表示，希望公园能在步行 15 分钟内到达。

广州城市公园特征分析

如今，广州城市共建如火如荼，给市民带来"出门见绿""绿在生活"的享受同时，城市公园已经成为市民生活的一部分。广州的城市公园建设也体现出以下特征：

（一）保留山水格局特色

广州自南越建立番禺城时，在选址上就已体现出其对天然地貌的尊重和对自然风景的追求。广州古城的格局是依山傍水的，城市与自然的山水格局形成了和谐共存的有机结合，自然而然的，城市生活空间也与自然环境紧密结合。广州城市的山水风貌主要体现为"云山珠水滨海"，在历代"羊城八景"的评选中白云山、越秀山、珠江向来入选其中，这也反映了虽然在历史发展中广州地形地貌发生变迁，各朝各代城市建制有所不同，但是人们对自然山水景观的追求与审美观被一直延续下来。南越王宫御花园遗址，现名南越王博物院（王宫展区），是一千多年前南汉王朝的皇家园林，也是迄今为止中国发现的最早的宫殿，其中对岭南造园手法的审美观念已经有迹可循，南越宫的建筑传承了秦汉时期的高层建筑造型特点，保留下来的九曜园便可看出庭院有根据岭南的气候和物质特点进行设计。它的造园技术和艺术审美已经体现了岭南园林的典型特征。后到了清代的广州园林中，其造园手法也非常注重结合自然，不能过于人工化，尽量保持原生的自然风光。由此可以看出广州人对于山水自然的尊重与热爱。所以在近代公园的选址依然延续了城市中对自

◎ 广州番禺一处口袋公园

然山水的审美观和追求，这是一种地域文化观的基本体现，生于斯长于斯的人们在与所生存的环境长期磨合形成的审美观和价值观，是外来的西方文明无法取代的。

（二）历史事件的纪念见证

在城市迅速扩张与急速膨胀时期，城市中的自然山水、历史人文遗迹往往显得尤为脆弱。在 1982 年，国务院首次公布了一批历史文化名城，广州就是这一批 24 个历史文化名城之一。广州作为广府文化的聚集和扩散中心，在唐宋时期，广州已经是中国最大的一个通商口岸，后到了清代，也是"一口通商"政策中，中国唯一的对外贸易口岸，广州始终是一个对外开放的商贸城市，较早接触到了来自西方的文化思想，也建起了一批最早的租界园林。广州自 20 世纪 30 年代以来也一直是海上丝绸之路的主要港口，成为世界闻名的东方港口城市，也是世界上唯一的一个有着两千多年历史的重要港口。在与西方商贸过程中带来的文化冲突一直在与岭南的广府文化发生有趣的碰撞，在时间的长河里积淀下了特殊的文化印记，这些元素也融入了广州的各个公园。近代公园的建设中巧借广州自然山水、历史人文之景，将它们收为公园所用，构成公园景观组成之一，如"流花古桥"等城市历史古迹节点，可以串联起城市空间序列。从城市历史角度来看，这些特色的城市空间或场所以公园的形式在近代得到更多的关注与维护，继而得以延续利用。红色文化、外交活动等社会事件的发生场地，如烈士陵园、黄花岗公园，以及越秀公园中的中山纪念碑、观音山战斗遗址、百步梯、明代古城墙等等，在今天也焕发出了新活力。

（三）南国花城特色

广州作为一个亚热带城市，全年温暖多雨，光照和热量都充足，全年雨热同期且雨量充沛，气候条件比较利于植物生长。因此花木种类繁多，具有热带和亚热带特色，一年四季可以保持一派翠绿，树木葱茏，鲜花盛放，如苏轼所写"岭南地暖，百卉造作无时"。并凭借靠海的优越地理位置，作为海上丝绸之路始发港成为著名的花卉集散地。根据文字记载，广州种花业已有一千多年的历史，在唐朝末期开始萌芽，到清代形成了繁荣的花卉消费市场。19 世纪 60 年代形成了年宵花市，散文家秦牧在 1961 年描写花市的散文《花城》中描述到广州的年宵花市，描述了当时一日的光景，广州就骤然变成了一座"花城"，到了深夜，全城的人都出来赏花。长年发展下逐渐形成了专业的鲜花种植产业，带动了广州多产业发展，也成为一种鲜花消费习惯，逐渐融入广州人的日常生活。（侯苏桐，2019）因素馨花而得名的历史遗物"花渡头"，现只剩一个写着"花洲古渡"的石牌坊纪念着它的历史。在 20 世纪 70 年代改造滨江路的时候，渡口消失，石牌坊也移到了晓港公园内。发展至今的迎春花市成为广州花城独有的文化集市活动。到近代，为继续发扬广州的花城

◎《花城》赏花地图

文化，政府开展了一系列与观花和花艺有关的活动。最早举办迎春花会的是文化公园，其历史可追溯到 1953 年春节的小型时花观赏会，并经历"点春（1953 年）—迎春（1957 年）—迎春会（1960 年）—迎春花会（1981 年）"四个发展阶段。初以越秀公园、文化公园、云台花园几个公园为主要场地，发展到现在的"广州过年，花城看花"春节特色节庆花事活动。

在春节期间营造了繁花似锦、欢乐喜庆的春节氛围，涵盖了广州园林博览会及越秀公园灯会、云台花园花展、麓湖兰花展等迎春花市系列活动。第一届广州园林博览会，从 1994 年的春节开始，以艺术园圃为主要的展览形式。到 2020 年已举办到第 27 届，发展为春节期间广州最重要的花事活动，也成为广州的各个园林行业，包括相关高校的一场综合性竞赛活动。现在赏花成为所有广州市民的生活习惯，在新技术力量的加持下，结合微信 H5 推出了全城的赏花地图，可以根据花的品种查看赏花位置，也可根据选择地点看到有哪些花景，体现出了广州园林人造园观念的与时俱进和对花卉艺术的热爱，也彰显出广州花城底蕴的实至名归。

（四）传承岭南精神

广州的园林从来不是只可远观的场景，而是渗透到了市民的日常生活。如泮溪酒家、白天鹅宾馆、花园酒店、北园酒店等很多广州的茶楼和酒楼中也有很多融入园林的消费环境。历史中广州园林对于水体的多重功能应用也包括了灌溉、供水等等。岭南地区本多瓜果树种，如原生的龙眼树和荔枝树等，到后来留作观赏树种，也具有景观美化、遮阴作用。在民国初期的动荡之后，陈济棠主政广州时期，广州的工业也发展起来，经济增长推动人口增加，广州逐渐成为民族资本主义发达的工商业城市，商贸文化大大渗入了这座开放港口的气质当中，广州出现一派万象更新的面貌，也影响到城市形态的改变。岭南人务实且平和的审美观念从古典园林一脉相承到了今日。

广州城市公园承载的文化活动

广州城市公园由广州的自然与文化因素建构而来，在人们的生活与公园之间体现出了广州精神文化因素，更是承载着羊城的过往记忆，既展示了广州两千多年深厚的历史底蕴，又体现了广州文化旺盛蓬勃的生命力。文化是城市的灵魂，城市公园作为城市的名片，是城市精神文化的集中体现，代表着一个城市的政治、经济、文化，展现了城市的文明与风貌。它是一种不可再生、不可复制的稀缺资源，为城市的今后发展提供了永不枯竭的文化营养。

目前广州的公园内开展的文化活动主要为群众性文化活动、文化展览、教育科普活动、花事文化活动几种类型。以越秀公园为例，作为最大的综合性公园，越秀公园在文化活动建设上起到了良好的作用。从南越王时期的传说，到现存唯一一段明城墙，以及园内海员亭、中山纪念碑等红色文化景点见证了广州历史，是对外游客的文化名片。借此资源园内开发了三条文化游览线路：以五羊雕像、明城墙、镇海楼为标志的广州著名古迹线路；以中山纪念碑、海员亭、光复亭、四方炮台为标志的革命史迹线路和以花卉展览馆、文化展览馆、粤秀书院为标志的国学国粹文化线路。广州市园林主管部门打造了岭南地区最盛大的过年游园活动，承办多年广州园林博览会，成为市民日常活动的重要场所。

比如，越秀花灯活动。自20世纪80年代起，越秀公园与自贡灯会就展开了深度合作。自2012年起，越秀公园积极打造"北有冰灯，南有花灯"的城市特色品牌，于每年春节期间成功连续举办了多届主题各异的"越秀花灯会"，通过花灯展览、园艺展示、群众演出及灯谜竞猜等活动，既丰富了市民游客的节庆文化生活，更传承、发扬和创新了广府文化，并通过不断发展创新，成功将灯会品牌做大、做精、做强，成为公园的新文化、新名片，是越秀公园"一园一品"其中的一个重要活动品牌，也成为广府文化的新元素、新亮点。现在的越秀花灯会，已成为"广州过年花城看花"迎春花市节庆系列品牌活动，也是越秀区广府庙会的重要内容。

又如广州城市公园展览馆。2019年越秀公园内新建的广州城市公园展览馆，是全国首个以城市公园为主题的展览馆，位于广州市越秀公园的东秀湖畔旁，占地面积约1000m²。展览的主题围绕人、公园、城市的关系展开。内容上涵盖了最早城市公园的出现，到中国的引入；岭南园林的造园艺术以及代表作的介绍；近代广州城市公园发展脉络以及公园特色、管理成就；众多园林人的设计建造贡献等六个方面。结合了传统的文物资料展示，以及现代的电子化设备如AI动物园等，通过观众与电子屏幕的互动，产生新奇的观展体验。开馆以来已经举行了与颐和园、豫园、拙政园等历史名园的交流会，也联合广州博物馆、十三行博物馆等文博系统展馆进行了联展。城市公园展览馆是对广州市在公园建设方面的总结，也体现出广州市对公园建设的重视与投入，旨在促进广州城市公园的建设发展和全国园林行业的文化交流，弘扬广府文化魅力。对推进广州建设城市公园有着大大的总结与展望作用。目前展览馆正在与文博系统跨界合作，努力开发更多特色文化产品，向博物馆的方向靠近。城市公园展览馆是对广州市在公园建设方面的总结，也体现出广州市对公园建设的重视与投入，旨在促进广州城市公园的建设发展和全国园林行业的文化交流，弘扬广府文化魅力，对推进广州建设城市公园有着大大的总结与展望作用。在这几项空间载体上，得以传播广州人文精神，总结广州的公园建设成就，为市民提供文化活动场所和科普教育，以及依托园内红色文化在爱国主义教育方面的宣传教育和志愿者活动。

广州公园布局合理性有待进一步提升

城市公园绿地是城市中最具公共性、开放性的开敞空间，对保障市民的身心健康和构建城市生态安全格局起着重要作用。随着"以人为本，社会公平"城市建设理念深入，人们对城市公园绿地要求越来越高，不仅关注公园数量和质量，而且更加关注公园所提供的自然服务是否便捷、平等、公平。传统的公园绿地使用情况评价指标（公园面积百分比、人均公园面积）反映的是城市公园绿地数量特征，未能体现其空间布局和服务功能。可达性，也称通达性、易达性，它是反映居民通过某种交通方式从某一给定区位到达目标设施的便捷程度，可达性已成为评价社会服务设施的接近度是否公平的重要评价指标。城市公园建设也直接关系到市民的幸福感。

华南农业大学信息学院副教授文雅等人曾对广州中心城区公园绿地空间格局及可达性进行了深入研究。

文雅指出，城市公园绿地可达性可以理解为城市公园绿地对于城市居民的可接近水平，体现主客体之间相互作用关系的人本理念，是城市公园绿地格局分析和服务功能评价的指标内容。影响绿地景观的空间可达性主要因素有两个方面：一是绿地景观的吸引力（如公园面积的大小）及其空间格局；二是不同需求人群的空间分异情况，常用服务半径模拟城市公园绿地服务范围，计算服务面积比、服务人口比等指标评价绿地景观服务状况。我国有学者对城市绿地可达性进行了相关探索，较多地关注城市绿地服务水平的空间差异性，较少探讨公园绿地空间分布格局对服务差异性影响。城市公园绿地的合理布局不仅有利于营造自然化城市绿地景观，更直接影响到城市居民游憩活动与城市生态健康。

根据住房城乡建设部 2017 年发布的《城市绿地分类标准》（CJJ/T85 - 2017），公园绿地是城市中向公众开放的，以游憩为主要功能，有一定的游憩设施和服务设施，同时兼有健全生态、美化景观、科普教育、应急避险等综合功能的绿化用地。公园绿地分为综合公园、社区公园、专类公园、游园 4 个中类及 6 个小类。

以广州中心城区的越秀区、天河区、荔湾区、黄埔区、海珠区和白云区的公园分布为研究对象。上述六区，城市公园绿地面积38.45km²，占总面积的6.52%，人均公园面积8.05km²。按照传统的公园绿地使用情况评价指标（公园面积百分比、人均公园面积），白云区公园面积百分比和人均公园面积分别以10.23%和49.52人/m²居首。这是因为白云区有著名的白云山风景区。而荔湾区公园面积百分比和人均公园面积仅有2.44%、1.32人/m²，两者差异较大。越秀区公园面积百分比为7.68%，高于六区均值，人均公园面积以2.29人/m²低于全区均值，而黄埔区却相反，公园面积百分比5.59%低于六区均值，人均公园面积以24.48人/m²远远高于六区均值。这是由于越秀区是广州老城区，人口密度高于黄浦区。天河区、海珠区公园面积百分比和人均公园面积分别为6.48%、2.66%和7.92人/m²、1.97人/m²，都低于全区均值。

城市公园绿地景观构成是衡量一个地区内公园绿地建设的重要指标。文雅等人调查显示，老六区的公园景观类型分布很不均匀。表现为市级公园占绝对优势，占公园绿地总面积的84.7%，区级公园、社区公园相对均衡，分别占8.24%、6.48%；街旁绿地最少，占0.54%。各区公园绿地景观构成也有明显的差异。白云区、黄埔区、天河区、海珠区、越秀区市级公园占公园绿地总面积均高于50%，尤其是以白云区最高，占93.89%，其他四区分别为：84.66%、82.88%、73.25%、60.07%。

在区级公园和社区公园的构成中，白云区所占比例最少，不到6%。其次是黄埔区，分别为6.9%、8%，而越秀区所占比例较高，为23.5%、14.9%。荔湾区公园绿地景观跟五区很不相同，以社区公园为主，占绿地总面积的47.9%。六区的街旁绿地比例相差不大，在0.38%～1.51%之间。

通过对老六区各类公园绿地进行指数测算，文雅等人发现，荔湾区、越秀区的丰富度指数均大于1，最接近最大丰富指数1.39，均匀度指数最高，说明这两个区公园景观类型分布最均匀。而白云区、黄埔区丰富度指数和均匀度指数相对较低，说明这两个区公园绿地景观类型分布不均匀，面积差别较大。天河区、海珠区丰富度指数和均匀度指数也较高，说明该区公园绿地景观类型分布比较均匀，面积差别较小。

就聚集度而言，6个区的聚集度指数92.44%，这是因为这六个区都是中心城区，市级公园占绝对优势。其中白云区的聚集度指数最高，为95.86%，这是因为白云区范围内有大面积的市级公园白云山风景区。而荔湾区聚集度指数最低，为83.59%，这是因为荔湾区内没有面积较大的公园，而社区公园比较多，公园离散程度比较高。

通过对6个区公园的可达性服务区分析发现，综合性公园服务面积最大，且分布集中在越秀区、白云区东南部、天河区西南部。这6个区的城市公园绿地服务面积为131.83㎡，约占总面积的22.35%，一共服务人口213.19万人，约占区域内总人口的44.7%。其中，越秀区服务面积比、服务人口比分别为74.7%、98.4%，两项指标都排在6个区之首。这表明越秀区公园绿地对城市居民使用情况的可达性最好，越秀区居民对公园的使用效率最高。

这是由于越秀区的公园以市级公园为主，且各类公园绿地景观分布均匀。在传统评价指标中人均公园面积最大的白云区，其公园绿地服务面积比、人口比分布为14.08%、11.03%，远小于老六区的平均水平。这是因为虽然面积最大的白云山在白云区，但受人口数量和位置所限，加之该区公园高度聚集分布，各类型城市公园均匀度差，其服务面积却并非相应最大。

相反，公园面积比和人均公园面积最低的荔湾区，服务面积比为17.3%，远高于白云区。这是由于荔湾区各类型公园绿地分布最均匀。"这说明，公园服务水平与空间格局密切相关，一个区域内不是说公园面积越大、公园越多就越好，而是各种类型的公园配备要均匀，不能过于聚集。"

统计显示，老六区只有 22.4% 的范围，44.7% 的人口能够方便地到达公园。这说明广州中心城区公园的可达性和服务效果不理想。从广州中心城区公园绿地分布图可以看出，白云区公园绿地过于集中，仅有不到 30% 的居民位于公园绿地 2 千米服务半径内，即仅有少部分居民能够步行 15 分钟内到达公园。

文雅等人表示，城市公园的布局大有学问，公园数量越多，空间分布越均匀，其可达性越高。白云区虽然城市公园绿地面积最大，但各类型城市公园均匀度最差，且聚集分布，因此其公园绿地可达性最差。荔湾区公园面积虽然仅占 2.54%，但各类景观结构均衡，且分散分布，所以其公园分布就比较合理，市民去公园的方便程度也远远高于白云区。

调查显示，白云区的公园服务人口比例只有 11%，也就是说，有近九成人口处于公园服务盲区。而黄埔区的公园服务人口占比只有 18.5%，也有超过八成人口处于公园服务盲区。海珠区的公园服务人口占比为 23%，也有近八成人口处于公园服务盲区。

研究小组表示，对于这些公园数量不足的区，首要的是增加公园数量，弥补公园绿化量不足的问题。

研究小组表示，白云区和越秀区作为公园分布的两个极端例子，当地居民在享受公园资源带来的便利程度上也差别很大。"白云区除了一个白云山，其他的街旁绿地和社区公园几乎没有，而越秀区的区级公园和社区公园分别占 24% 和 15%。别看白云山面积大，但因为它只能服务周边居民，所以它带来的辐射效应其实很有限，它的服务作用其实没有发挥到最大化。离白云山 1.5 公里外的居民基本上不会去白云山。所以，今后老六区不仅考虑增加哪种类型的公园，更要考虑把公园建在哪里更便民。"

由于这两个区内公园分布的这种特点，白云区和越秀区内各街道居

◎ 白云区萧岗口袋公园

民能享受到的公园绿地服务水平差异也很大。均禾街、嘉禾街、石井街、金沙街、松洲街、同德街、棠景街服务水平在 0.0 ~ 0.2 之间，缺乏市级公园，区级公园、社区公园、街旁绿地也相对缺乏，属于各类型公园服务的盲区。该区域属于广州的次新城区，人口密度低，建设用地比例相对较低，公园极度匮乏，需要大面积增绿，补上历史欠账。

永平街、新市街、三元里街、黄石街街道服务水平在 0.2 ~ 0.6 之间，这些街道主要以白云山风景区、麓湖公园等市级公园、区级公园服务为主，缺少社区公园、街头绿地。今后公园建设的重点是增加小型公园绿地，以便居民在小区附近就能看到绿色。

矿泉街道、大新街道（现分区合并至光塔街道、人民街道）、珠光街道、东山街道、白云街道公园服务水平也在 0.4 ~ 0.6 之间。该区域以社区公园、街旁绿地服务为主，由于人口密度大，建设用地比例也高，要增加大面积公园很困难，几乎不可能。

总体来看，广州中心城区绿地服务覆盖率较高，普遍高于 85%；外围城区则较低，其中白云区、南沙区低于10%，花都和萝岗低于50%。若不考虑公园绿地对农村生活用地的服务影响，白云区、南沙区、番禺区、花都区、萝岗区（已并入黄埔区）的公园绿地服务覆盖率有一定程度的增加，城镇化水平较低地区公园绿地的服务能力较低，公园服务盲区集中在农村生活用地，公园绿地布局总体呈现"重中心，轻外围"、"重城市，轻农村"的特点。综上所述，广州中心城区公园绿地的可达性和服务效果尚可，还存在进一步提升的空间。在原城市绿地规划中，以指标性控制为主，对绿地在城市环境建设中的生态作用机理的理解与应用深度不够，主要解决规划目标、总体布局、实施对策的总体性等，不能着眼于建设合理、完善的绿化网络结构体系，导致城市大块绿地大都分布在城市周围，城乡绿地之间缺乏联系，暂未形成一个完整的生态绿色网络。外围城区的公园绿地无论是可达性、布局还是规模方面仍需要进一步提升。在城市公园建设中，为了满足人民群众对美好生活的向往，满足城市人口增长带来的环境压力，必须通过均衡城市公园的分布，优化城市公园绿地空间格局来提升城市公园服务水平。

调研小组认为，广州中心城区公园绿地结构分布有待进一步提升，公园绿地基本呈聚集分布。市级公园面积占公共绿地总面积的84.71%，区级公园、社区公园、街旁绿地三类公园绿地的总和仅占公园绿地总面积的15.29%，市级公园占绝对优势。全区的公园绿地聚集度指数为92.44，聚集度高，分布的均匀度低。研究区内公园绿地空间布局的不合理性，影响其服务水平的发挥。在今后应根据合理服务半径均匀布局建设城市公园绿地，增加公园绿地景观类型的多样性和分布的均匀度，减少其聚集度。广州中心城区公园绿地面积不足，空间分布不均匀，服务水平差异性大，要进行公园绿地差异化建设。研究区内城市公园绿地总面积38.45km²，占研究区总面积的6.52%，人均公园面积8.05m²/人，城市公共绿地相对缺乏。基于网络分析，只有22.35%研究区、44.67%

的人口能够方便地到达公园，说明广州中心城区公园可达性和服务效果不理想。城市公共绿地服务水平空间分布不均，要进行公园绿地差异化建设。白云区北部属于公共服务盲区，具有较大公园建设潜力，需要增加各种类型公园绿地；白云区南部属于单一市级公园覆盖区，建设重点是增加小型公园绿地；越秀区人口密度大，建设用地比例也高，增加建设大面积公园较困难，可采用立体增绿。

可达性评价方法比传统评价方法更能真实反映公园信息。广州中心城区城市公园绿地面积、人均公园面积比以白云区最大，但其服务效果却不是最好的。从广州中心城区城市公园绿地分布图可见，白云区城市公园绿地分布过于集中，仅有部分区域位于公园绿地2000m服务半径内，即仅有部分市民能够在步行15分钟内到达公园。城市公园绿地空间格局是其可达性的重要影响因子。总体而言，城市公园绿地数量越多，均衡度越高，空间分布越均匀，则其可达性越高。反之亦然。白云区虽然城市公园绿地面积最大，但各类型城市公园均匀度差，聚集分布，因此其城市公园绿地可达性低。荔湾区城市公园绿地面积仅占2.54%，但城市公园绿地景观结构均衡且分散分布，造成了其城市公园绿地可达性远高于白云区。在城市公园建设中，城市公园绿地空间格局优化是提升其服务水平的重要途径。

广州公园数量还需要持续增加

华南农业大学风景园林与城市规划系主任李敏是国内著名的园林景观规划专家，他曾担任广州市市政园林局副总工程师，对于广州的公园建设，他再熟悉不过了。李敏表示，公园的布局大有学问，它体现了政府提供社会公共服务的均衡性，关系到市民的幸福感。首先，广州公园分布的科学性有待进一步提高。一方面，各类公园的搭配不均衡。他举例说，白云山面积虽大，但只有附近的人会去。所以，就算在广州再增加几个白云山，如果选址不合理，也很难充分解决市民的"公园饥渴"。另一方面，单纯追求公园数量的增加，而忽略了公园绿量的增加和质量的提高。他说，同样面积的公园，一块草地和一块林地它的绿量是不一样的，甚至相差几十倍。所以，广州的公园要在精品公园建设上花功夫。

其次，广州城市公园的建设还存在功能上的改进之处。随着时代进步和社会发展，广州公园从最初洋人专属的租界公园，到后来新中国成立后逐渐建立的大批公园，建设较早的公园开始出现设施陈旧、功能分区不符合现代生活习惯之处，以及一些被忽视的重要功能。目前，城市公园防灾避难场所的作用没有得到重视。诸如针对新冠肺炎疫情，在人民公园搭建了一座帐篷医院，成为临时的"方舱医院"，用于收治患者。凸显出了作为城市公园的防灾避难作用。2022年的疫情暴发，社区应对重大公共突发事件暴露出很多问题，应急保障系统薄弱，亟待完善，公园管理应该将突发情况纳入考虑范围之内。要充分考虑方案对公共健康的正负面效应，把"健康城市"和"安全城市"理念纳入公园管理工作中，应用到适宜的场地上。广州的城市公园都是由政府建设和维护管理的，资金基本上来自政府财政，但是也并不能完全保证，各个公园又缺乏筹资渠道，所以只有通过设立门票和其他营利性设施来解决公园的维护资金问题，如兰圃公园。但这样却使得城市公园在一定程度上失去了其基本属性——公共福利性。部分建设较早的公园其出入口由于用地和场所限制暂时无法做到人车分流，园内的无障碍设施也有待跟进，以及考虑到岭南地区日照时长的因素，户外的游乐设施和云道的遮阴效果是否理想等。

此外，广州公园的景观特色还有待提升。公园绿地作为门户景观的载体，目前对城市特色展现不充分。与各类物质与非物质文化遗产结合不甚紧密，未体现鲜明的本土景观特色，城市文化记忆缺失，缺乏创新性。公园绿地仅仅做到城市表面的绿，强调景观绿化，而缺乏休憩、亲水等公共设施的布置，以及能够吸引市民的趣味空间的打造。在广州建设过程中，由于高新建筑的林立，城市的天际线和自然景观也受到了阻挡。围绕城市的山体水系和海岸线，优越的地理位置提高了地块的价值，如今我们在城市中已经很难看到白云山的面貌，哪怕只是山顶。能够欣赏到珠江风光的地段也少之又少。希望通过科学的规划与管理控制，指导城市有序发展，并留出视线通道，结合公园建设，以景观资源给城市生活留下一丝诗意，保持广州特色的城市山水格局。

最后公园的可达性要进一步提升。简单说就是公园难找、难到。李敏说："公园的可达性，首先体现在步行的可达性。去公园方便不能指望其他交通工具的配套，如果所有人都开车去公园，公园也没地方停车。如果去公园要开车，那说明公园肯定不方便。"其次是进入公园的便利程度。"有些公园，你要绕一大圈才能进去，周围也没有供行人走的便道。有些公园要收费，不能供市民进去休憩、游玩，这都影响了公园的可达性。"

李敏表示，广州中心城区，像越秀、荔湾、天河，公园分布都还算比较科学，越到外围，公园布局越差。"比如番禺大石，差不多有100万人，有一个像样的公园吗？没有。有人说，附近有长隆野生动物园，那是公园吗？你付得起一次100多元的门票吗？它能发挥公园的功效吗？这周围有这么多小区，这么多人口，竟然没有一个公园。这是说不过去的。又比如亚运城的公园，那么大片绿地，平时没几个人去，利用率极低。"

具体到公园的可达性程度，从行业标准上看，一般来说，成人的标准是300～500米，儿童200～300米是比较科学的。现在很多楼盘打出口号说"我家住在公园里"，这个广告词喊得很响，这实际上说明了当前公园建设的缺位。"实际上没可能楼盘放在公园里。反过来就说明我们的公园建设水平落后于居民的需求。"李敏说。

231

在李敏看来，广州的公园服务半径可以进一步扩大。澳门的公园服务半径是 150～200 米，我们提出的目标是 2020 年 500 米见公园。这中间差了 3 倍，差距太大了。"人家澳门地方那么小，都舍得拿出这么多地方来建公园。"

李敏说："根据《广州市绿地系统规划（2021—2035）》，到 2025 年，全市建成区绿化覆盖率不低于 43.6%，森林覆盖率不低于 41.65%，人均公园绿地面积提升至 17.5 平方米/人，公园绿地服务半径覆盖率达到 85%。到 2035 年，全市建成区绿化覆盖率提升至 43.8%，森林覆盖率不低于 41.65%，人均公园绿地面积不低于 17.5 平方米/人，公园绿地服务半径覆盖率达到 90%。"

李敏介绍，广州公园的整体建设水平在 2000 年以前一直居于全国前列，无论是规划、布局，还是养护、管理，在全国都有名，可以说是全国水平最高，当时很多国内城市都来广州取经。

但最近 10 年，广州的公园建设的确落后了，受到很多城市的挑战。比如，深圳提出要建"公园之城"。截至 2011 年底，深圳有各类公园共 800 多个。从 2001 年公园数量 135 个面积 3313.6 公顷，猛增到 2011 年的 789 个面积 21900 公顷，10 年间两项指标激增 6 倍多。

"深圳福田区才 70 平方公里，有 103 个公园，广州哪个区有这个数？广州全市才 200 多个。一比较就有差别了。本来广州是全国最大的公园城，现在受到了一个新城的挑战，而且你还没找到足够的应对措施。"李敏说，现在市民感觉公园布局不合理，可达性差，这在新城区更明显，像番禺区、南沙区、黄埔区。说到底，近十年来，广州的公园建设未被足够重视，尤其是新区的公园建设相对滞后，总量还不能满足市民需求。

"现在把道路绿化和居住区楼盘的绿地当做公园来使用。这是一种不恰当的倾向。因为居住区的绿地，只是为小区居民服务，道路绿化是为了改善环境，都不是给市民休憩的，不能代替公园。"李敏说，实际上，国家对各类公园的服务半径也有明确规定，市级公园，1500 米；区级公园，500～1000 米；小区级公园，300～500 米。广州早前提出出门300 米见公园，指的是小区级公园，也就是社区公园。如果按照这个标准，广州还需要建设更多社区公园。

在李敏看来，公园数量仍需要增加，还有一个原因是很多规划中的公园没建成。"广州的绿地规划很先进的。现在市民觉得公园数量还可以增加一些，因为其实很多地方在地图上原来规划是有公园的，就是因为种种原因没建成。"

要逐步提高广州城市公园的设施配置等级

广东工业大学建筑与城市规划学院讲师江海燕在对广州城市公园分布情况进行调研时发现，生活方式的改变使公园绿地的消费呈现新特点：

（1）在公园绿地中进行运动锻炼等主动休闲的比例较高，公园设施等级需求提高。广州居民在公园的活动类型除了传统的呼吸新鲜空气、散步观光等被动休闲方式之外，运动锻炼类的主动休闲比例较高，占40.89%。在设施配置需求方面，各类球场、游泳池等高成本的复杂设施占总需求的比例为32.94%，高于简单健身器材、凉亭、橱窗等简单设施的比例（27.43%）。

（2）在公园绿地的消费方面，居民就近消费与趋远消费的特征并存。总体而言，居民对各类公园绿地的消费频率随距离呈衰减的趋势。社区公园和街道广场绿地消费频率最高，分别为2 次/周和1.5 次/周；而城市公园、森林公园（含风景区）则较低，分别为3 次/月和2 次/月。相对而言，居民就近消费与趋远消费的特征并存。按照传统观念，居住区绿地和街道广场因绿化简单、设施简易，无法满足居民丰富多样的景观体验、游乐娱乐活动的需求，居民更多偏爱城市公园；森林公园（含风景

◎ 广州市越秀区一处口袋公园让群众
幸福感满满

区）因消费门槛高而居民较少消费。但随着居住环境和交通方式的改变，社区公园更多取代城市公园作为日常消费品的性质；森林公园（含风景区）消费门槛下降，更少作为特殊消费品性质，更多取代城市公园周末、节假日休闲的常用消费品性质，处于双面夹击下的城市公园的地位则相对下降。

（3）服务半径的要求更加严格。尽管现行国家标准对城市公园的服务半径未作具体要求，但多数参考资料将市级和区级公园的服务半径标准定为步行 25 分钟至 50 分钟和 15 分钟至 25 分钟之间。本次调查的结果显示，居民能接受的服务半径大多在步行 10 分钟至 20 分钟以内，说明处于快节奏生活方式下的城市居民对公园绿地服务半径的要求比以往更加严格。

结合以上的特征变化和社会群体的差异性，政府在供给公园绿地特别是在绿地系统规划环节，应采取以下措施：第一，重新界定城市公园体系，调整公园绿地的性质定位和规划指标。针对以上变化，需要重新建立新时期应对居民生活方式改变下的城市公园体系，调整不同类型公园绿地的性质定位和指标。需要大力增加社区公园和街道广场绿地及其配套设施的供给，适度增加森林公园的供给，优化城市公园的布局并对影响城市公园使用的因素提出建设和管理指引，以增加其使用效率。影响城市公园使用效率的因素具体包括：开放时间排斥（上班一族日常使用与公园开放时间冲突）、经济排斥（门票制度）、距离排斥（公园位置布局以及出入口与道路关系）、交通排斥（公交系统或站点与公园出入口的关系）、质量排斥（公园特色或设施不足）、安全排斥（感觉不安全）等。另外，还需结合实际需求降低各类公园绿地的服务半径标准。

第二，提高公园绿地的设施配置等级。公园绿地的建设，除了传统的安静休息、游乐观光功能之外，应根据不同类型提高设施配置的等级，以满足家庭康乐、朋友社交的需求。社区公园、城市公园和街道广场需要根据周边设施的供给状况增加各类球场、游泳池等运动锻炼场所和设施；森林公园等以具有挑战性的森林活动项目、各种徒步路线和特色风景林为主。在布局上，这些运动锻炼场所应注意使用的便利性、可达性和可见性，应靠近主要交通道路、公园主要出入口，尽量布局在公园周边而不是内部。

第三，结合社会空间的特征差异化地供给公园绿地。政府在考虑公共物品的供给时，应更多着眼于弱势群体的实际利益。绿地系统规划应结合公园绿地的客观供给现状评价和社会空间分布，针对不同群体的需求分阶段、按层次进行差异化的供给。在消费特征上，首先，外地人和本地低收入老年群体更多地使用街头绿地和城市公园，对城中村的绿化更为关注，因此政府首先需要加强外地人聚集区和旧城区开放式的街道广场绿地供给及城中村的基础绿化。其次，外地人和本地低收入老年群体使用公园更多受经济条件影响，因此公园收费管理制度应考虑这些弱势群体的能力进行相应调整。相比较而言，中高收入群体更多地使用社区公园和风景区、森林公园，对公园的品质要求更高，而他们的使用更少受到经济条件的限制，因此可以通过市场供给增加高品质的社区公园和近郊旅游项目，以满足这一群体的需求。

广州城市公园发展提升策略一：优化公园体系布局

从广州的公园建设来看，已经具备了一定数量的绿色开放空间。在接下来的建设规划中，利用白云山、越秀山等自然山体、湖泊河涌，以及湿地作为城市开放空间的基底，结合云山珠海的城市山水格局和目前的公园绿化体系，形成合理的开放空间框架，可以通过社区花园、建筑庭院绿地等小型单元的开敞空间，经道路沿街绿地、商业步行廊道等开敞空间串联，形成点、线、面三位一体的完整城市开敞空间体系。以自然为美，把好山好水的风光融入广州市区，使城市内部的水系、绿地同城市外围河湖、森林、耕地形成完整的生态网络。城市的山水格局本身不仅是广州最突出的风貌特点，还维系着整个城市的空间形态和城市的生态性，承载着城市文化，应严格加以保护，在保护中寻求发展。推进"西联东进北优南拓"的城市发展战略，其中"北优"即包括白云山等在内的广州北部山体格局风貌的优化。因此城市开发应权衡发展与保护利益，立足城市长远发展目标，着眼城市特色风貌带来的隐形价值。

广州城市公园发展提升策略二：增强可达性，达到环境公平

开窗见绿、出户入园，是公园城市的重要特征。进入城市公园是社会公平的一个重要方面。从环境正义的角度来看，公共产品和服务的空间分布，不因为社会经济地位不同的社会群体而偏颇。为达到全城居民都能享受到公园绿地的福利，广州城内可根据具体情况采取不同的建设模式。

（1）旧城改造＋新区建设＋新区建设。该理念很早就被提出，广州作为一座有两千多年历史的古城，留下来的遗产在如今的生活中势必要面临旧城改造的问题。在旧城改造上，2018年，响应习近平总书记

对广州"老城市，新活力"的期待，永庆坊的"绣花式"微改造对西关老城文化遗产的修复和保护起到了一定的推动作用，在保留岭南传统的集体记忆方面有着积极的影响。恩宁路的改造最初本来是以大拆大建的方式进行，到最后落成的改造方案，保留了部分原住民，引入了新的商业业态，保留了老街巷的肌理，也延续了这座城市的风貌，体现出了我们对本土文化的自信与尊重。在新增绿地建设方面，新建设的开放式绿地要加强特色，绿化景观结合珠江与河涌综合整治，重现"水清、岸绿"的水乡景色，结合城市花景点及市区 11 条道路，总长 46 公里"一路一景"的建设改造，打造出一批规模较大、特色各异的主题花景。旧区改造加新区建设的思路引导下，为广州建设成为公园城市奠定了一定的基础，在未来也应当继续秉持此思路，借以其他城市新旧区的建设经验积极改进。

（2）增加口袋公园数量与类型。截至 2023 年，广州的大型公园存量资源已经相当丰富，正处于公园建设"提质"阶段。相较于大型公园，小型的口袋公园能够服务的居民范围更广、效率更高，对于居民来说具有更强的可达性。举例来说，根据调查结果得知，大北立交口袋公园的使用人群中以青年为主，其中高中/中专人群占 52%，未成年人和老年人使用的比例非常低。以外地游客为主，本地居民甚少踏足。大北立交口袋公园位于火车站对面的马路边，火车站及附近两处公交车站位置中间，成为疏散进出广州游客临时停歇的一处绿色空间，以及街道绿化清洁工作人员临时休息处。由于公园的开放性和街边的环境影响，少有长时间逗留的娱乐活动。综合以上信息可以得出，本公园人群流动性大，它从一块封闭式的街头绿化改为现在可进入、可停留的口袋公园后，对附近的人流起到一定的缓解作用。因此，不同的口袋公园因其地理位置、周边环境情况，人流差异很大，而面对不同人群，平等开放的公园正是这个城市所需要的人性化场所。由于现实中的差异因素限制，整个城市无法完全做到公园绿地均等化，所以要针对广州不同行政区，采取不同政策，突破目前公园服务半径的限制。在后续的建设中结合现有配置，根据人口分布推进公园绿地建设。

广州城市公园发展提升策略三：完善城市公园功能建设

城市公园作为城市户外聚集的重要场所，承担起了多样化的功能。

（1）开拓环境教育功能。研究表明，使用者在公园里游憩，在与自然的接触中，人的心理、情感、想象力等都会受到影响。尤其是对儿童，在对世界、自然不断探索和认知中得到健康的成长。2015 年，广州 "1 + 12" 个儿童公园全面开放。这意味着，广州率先建成了有广州特色且是全国唯一规模最大的儿童专类公园体系，开启了全国首例的儿童公园模式。无论是儿童公园的数量，还是占地总面积，广州都是全国之最。截至 2020 年底，13 个儿童公园面积共 173 公顷，成为全国规模最大的儿童公园群，而且 "1 + 12" 的模式使得资源分散化、均匀化，也是全国首创。广州市园林局相关负责人介绍，为了让孩子们有更好的游园体验，所有儿童公园都是按每 18 平方米 1 个人的客流占比进行设计，方便开展科普、教育。城市公园在环境教育方面的作用可以突破目前的现状。在硬件设施之外，尽可能将环境教育、科普活动融入儿童公园，可以与公园合作设置课外活动基地，以公园植物为观察对象，通过体验自然，培养学生对人与自然关系进行思考，树立爱护自然的观念。

（2）加强管理宠物友好空间。在广州市已有的城市公园分类里，专类公园中并无可遛狗公园或宠物友好公园。广州建设城市公园也不能忽视数量不小的养犬市民的日常生活。而广州市公园条例第三十七条明文写有禁止宠物入园的条例。于是大街小巷经常出现遛狗人只能在夜深人静时分，带着狗在绿化带边散步的情况。2012 年，广州市在中央公园、龙潭果树公园、磨碟沙公园和城北公园几处设有专门的遛狗区，而这些遛狗区基本上名存实亡，使用效果并不理想。这对于市里众多养犬市民来说是极大困扰。自 2009 年实施以来，《广州市养犬管理条例》从制度设计层面规范了文明养犬行为，到 2019 年对它进行修订完善，加强了犬只上牌管理规定，第二十八条提到"市政园林行政管理部门可以在其管理的公园内开设犬只活动公共区域"。为了规范犬只活动，不影响其他游客，更要进一步加强犬只公共区域活动的管理。纽约市的土地面积 78500hm^2，2018 年人口 840 多万，拥有 100 多个狗公园。广州面积 743400hm^2，2018 年人口 1490 多万，却暂无犬类公园。美国已经建立了相应的制度：所有进入公园的狗必须有有效的许可证和各种疫苗证明。狗的主人必须清理狗的粪便。攻击性强的狗必须戴嘴套，否则不能停留。

（3）重视防灾避难功能空间。目前广州的公园建设和管理中对防灾避难功能有所疏忽。尤其针对市区的大型公园，应当提前做好防灾避难专项规划，在通道和公共应急场地提升。可以结合公园硬件设施，开展地区社区居民利用防灾知识进行交流活动。作为地震灾害频发的岛国，日本已广泛认识到公园绿地在城市防灾中的作用和重要性。从吸取了 1923 年东京关东地震的教训开始，日本开始建立了由大面积疏散场所和避难通道组成的防灾公园体系。日本在 1993 年颁布的《城市公园法实施令》中首次提出了"防灾公园"的理念。1995 年阪神淡路大地震后，该城市公园被用作灾后重建、恢复、物资转运基地和城市街区的避难场所。在地震灾后救援和重建阶段，城市公园是救援力量和救援志愿者的所在地。同时，也可作为临时居住用地。城市公园是一个功能不受限制的开放空间。从灾难发生的短暂时刻到紧急疏散阶段、抢险重建阶段，再到灾后进行全面恢复的阶段，不同空间容量的作用，也在不断地体现。因此，可以看出，防灾公园和城市街区的综合规划和建设，对人口密集城市的防灾具有重要意义。

（4）增加运动场地数量。目前广州城市公园中的公共体育设施和场地较为匮乏，以硬质铺装为主的活动空间适合的体育运动基本为广场舞、太极、跑步，而青少年热爱的球类竞技运动的公共体育场所设施暂不足以满足人民的需求。

（5）完善无障碍设施。从公园现状来看，大部分公园的出入口并没有足够的无障碍通道。基于目前人口老龄化的现状，为促进广州向老年友好型发展，在小微绿地，如社区花园和口袋花园中应当改善无障碍设施，建设得更适于老年人出行。

广州城市公园发展提升策略四：加强公园特色建设

第一，突出地域特色。充分利用广州"青山半入城，六脉皆通海"的城市自然景观格局以及丰富的历史与人文资源，结合城市河涌水系和文物古迹，因地制宜建设公园绿地，突出广州岭南花城、绿城、水城特色。尊重公园的历史和风貌特色，新建、改建和扩建的内容应与公园的整体风貌相适应。园林植物群落配置尊重原有植物群落和特色植物景观，新种、补种的植物应体现岭南地域的自然风情和人文风情。建设过程中，园林建筑、园林小品等应突出表现岭南文化、岭南材料、岭南工艺特色，尽可能采用乡土材料，尺度应考虑与环境空间的协调及人体活动的要求，细部可以发扬岭南传统技艺特点。

第二，发展城市文化的指引作用。发展城市文化的指引作用是建设广州特色公园城市的必然路径，文化的注入可以保留城市记忆，增加文化自信，加深市民对本土文化的认可，增强城市的活力。考虑自然与人文的双重性，要将城市的历史文化同生态网络系统有机结合，即做到自然景观与人文景观相互依存、和谐统一，在城市空间中构建有"生命力"的生态系统。以生态文明建设视角，对城市建设中的开敞空间的体系建构进行规划设计，将开敞空间与生态系统有机结合，塑造城市特色空间，营造活力场所，打造生态景观化的城市。从目前广州城市文化活动来看，如广府庙会，由政府推行，多举行于商业空间。广府庙会为传统文化的传承与创新探索出一条新路径。举办的活动有岭南特色小吃、广东非物质文化遗产的工艺品、粤剧表演、民俗艺人活动等。而民间自发聚集的文化活动，如东山口的艺术集市麻花墟，不定时举行的文化集市有原创设计、手作达人、复古收藏、旅行收集、花艺设计、古着服装、陶瓷茶艺、皮具布艺、珠宝首饰等集市摊主带来的小型售卖和文化交流，逐渐形成固定的集市文化，产生了一系列文创产品。新型商业业态的介入促进了东山口历史建筑的有机更新，带来了浓厚的艺术氛围。这样的街道和集市的活化能够大大带动公共空间的社交效应。诸如此类的文化教育活动可推广到公园中，增加公园活动的类型。

广州的城市公园在各自的管辖范围内制作了相应的导览图，包括东山口艺术集市也有自制手绘导览图。可借鉴伦敦经验打造成全城范围的游览图并规划出不同风格的游览路线。对于广州公园建设来说，为了充分与国内其他城市形成差异化，从公园上也要建设独特的城市文化品牌。具体策略上，可以通过激活广东的非物质文化遗产，提高城市文化价值。诸如广东醒狮、广州木雕、广绣和通草画等众多为广大人民所喜闻乐见的珍贵民间文化遗产，以文化精神价值为核心进行整合品牌传播。扩大城市文化品牌的号召力和影响力，从顶层设计的高度，集中各领域的资源，统筹利用广州作为岭南文化中心和国家历史文化名城等优势资源，力争使各种资源的利用率最大化。开发推广广州 IP，再造城市品牌场景，形成一个创新支持体系，结合城市地标的 IP，尤其是与公园标志物有关的形象，来突出广州公园的符号标识。

公园建设，规划先行。每天出门步行 10 分钟，就可以到达公园——森林公园、湿地公园、郊野公园……2019 年，《广州市公园建设与保护专项规划（2017—2035 年)》（简称《规划》）开始公开征求意见。《规划》提出，近期广州全市拟规划新增公园共 828 个，其中 800 个为社区公园和街心公园，从而改善城市空间景观，提升居民生活品质，确保居民步行10 分钟可达社区公园。广州要建设"美丽宜居花城，活力全球城市"，公园和绿地建设是重要保障。《规划》提出，广州将对标国际标准，按照总体规划把广州打造成美丽宜居花城，形成"生态公园—城市公园—社区公园—街心公园"四级公园体系。公园配套的服务半径 150 米范围内有街心公园，500 米范围内有社区公园，2 公里范围内有城市公园，5 公里范围内有生态公园。总体城市公园覆盖居住用地的覆盖率需达 85% 以上；总体社区公园覆盖居住用地的覆盖率需达 95% 以上。

总体而言，在百年城市公园建设成果基础及未来规划中，连接北部山脉、中部都市、南部滨海，而逐渐形成的生态廊道网络是以综合公园为基础，结合广州主要水绿廊道，串联各大公园，形成"多廊串多点"的公园空间结构。广州在构建生态网络方面已经做出相应规划。根据规划，广州将构建连通山水、贯穿城区、功能复合的生态空间网络，维育市域生态资源集中分布的九大重要生态片区，构建"三纵五横多廊"的生态廊道网络。广州的北部，重点突出连绵起伏的原生生态山林风貌。中部城区，则重点打造传统与现代相互交融的都市风貌。南部靠海地区，则是打造出港城融合的滨海风貌。根据这九大重要生态片区，以及"三纵五横多廊"的生态廊道网络，基本串联了广州的山水与城区，将城市的基础性配置要素融入城市空间结构布局的优化，符合城市和绿地更和谐的城市生态文明建设理念。根据《规划》，到 2025 年，基本构建功能布局合理、设计特色鲜明、管理更加规范、品质更加优良的三级公园体系：自然公园—城市公园—社区公园，其中自然公园包括森林公园、郊野公园、湿地公园、风景名胜区和地质公园等；城市公园包括综合公园、专类公园、历史名园；社区公园包括社区公园和游园。《规划》新增自然公园 9 个，综合公园 5 个、专类公园 4 个、社区公园 50 个、游园 130 个，合计新增公园 198 个，全市公园总数达到 1398 个。人均公园绿地面积达到 18m²/人，公园绿地服务半径覆盖率达 80%。到 2035 年，形成内外一体、有机互通的自然公园—城市公园—社区公园三级生态化、人文化、精品化全域公园网络体系；广州市自然公园达 124 个、综合公园达 58 个、专类公园达 64 个、社区公园达 259 个、游园达 1193 个，全市公园总数达 1698 个。人均公园绿地面积不小于 18m²/人，公园绿地服务半径覆盖率达 90%。此外，《规划》打造 16 个"岭南花园"，启动建设世界级的"广州花园"项目，确定 14 个碳增汇示范公园，增加包括乡村公园、气候公园、老年人公园、岭南文化公园等特色专类公园。

构建生态网络的一大举措如今已经进入实施阶段，2017 年广州市政府在《广州市花景建设规划（2016—2020）》提出弥补花城名片的空缺，形成北有白云山、"广州花园"，南有广州塔、海珠湿地的"一塔一园"格局。广州花园设计方案紧扣"云山珠水花世界"的主题构想，充分依托白云山—麓湖的自然山水环境，着力打造依山傍水、高低错落的山水花园景观。广州市规委会通过的《广州花园及周边地区控制性详细规划》中，首次出现了"云道"的概念——将通过长达 8 公里的"云道"（空中步道），实现白云山、麓湖、越秀山的连通。这条云道的开通对于广州建设公园城市有着重要意义。

云道项目所在的白云山—麓湖—越秀山片区是广州市传统的城市中心区，也是人口高度稠密的地区，道路网络密集，多条城市主干道及城市支路在片区穿越。由于白云山、麓湖及越秀山各景区被城市道路分割，缺乏统一的路径连通，而"云道"建成后，以越秀公园东北门为起点，经马科斯桥至飞鹅岭和雕塑公园东门，穿雕塑公园内园道，跨下塘西路后经麓湖高尔夫至麓湖聚芳园，终点直达麓湖公园绿道，实现了白云山、麓湖、越秀山绿色路径的全线贯通，目前已经建成开放了四公里。

未来绿美广州让市民更加幸福

2023 年 1 月 31 日，广州市林业和园林局下发《关于推进广州市公园城市建设的指导意见》（简称《意见》）。《意见》提出，积极完善公园的家庭露营、亲子徒步等旅游功能，谋划"百年公园"。《意见》提出，到 2025 年，广州要初步形成公园城市格局。全市公园数量达到 1500 处，绿道达到 4000 公里，碧道达到 1506 公里，公园绿化活动场地服务半径覆盖率达到 90%，公园连通比例达到 70%，建成区 40% 以上面积达到海绵城市建设要求，林业园林碳汇能力年均增长 16.5 万吨/年。

到 2035 年，基本建成公园城市。全市公园不少于 2000 处，绿道不少于 4500 公里，碧道不少于 2000 公里，公园绿化活动场地服务半径覆盖率不低于 92%，公园连通比例不低于 80%，市民对绿色生态空间满意度显著提升。《意见》提出，结合城市更新，充分利用滨水空间、公共建筑退线空间、街旁空地和高架桥底空间，按照每 15 分钟社区生活圈至少建设 1 处社区公园、每 5 分钟社区生活圈至少建设 1 处口袋公园的标准，大力推进社区公园和口袋公园建设。

此外，实现园城功能融合。激发公园活力，面向全年龄段人群需求，提供为老适老、儿童友好、吸引年轻人的就近活动空间，加强公园与体育、文化、科教、露营、低碳等功能有机融合，实现公园城市可感、可知、可享、可用。

其中，包括积极完善公园的家庭露营、亲子徒步等旅游功能，提供更丰富的自然体验和更多元的公园功能，引导市民走向大山大水，提升绿色感知，拉动旅游内需消费。

此外，谋划"百年公园"，强化广府文化和岭南园林特色，加强乡土树种运用，全方位、多领域打造广州公园品牌，创新公园文化活动举办模式。

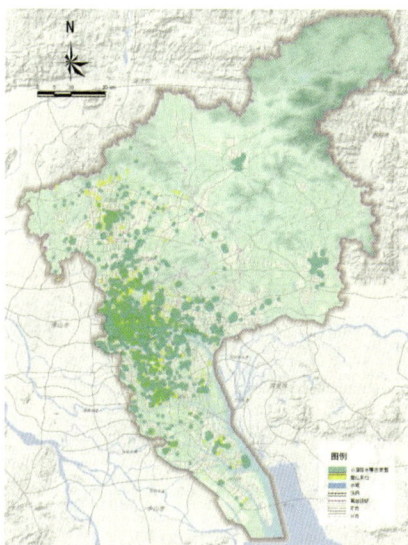

◎ 广州市公园绿地服务覆盖图

《意见》还提出，严格保护城乡绿化风貌，保护和传承有地域特色的树木和公园，将独具特色的历史名园、古树名木纳入历史文化名城保护范畴。尊重历史城区空间格局肌理，持续塑造越秀山—海珠广场传统轴线和燕岭公园—海心沙现代轴线地区的绿化形象，推进文化地标及周边绿化提升，激活文化空间。

到 2035 年广州将规划新增 7 个森林公园

"十四五"期间，重点在白云、黄埔、天河交界地区，试点建设森林公园群，高标准提升帽峰山、天鹿湖、火炉山、凤凰山、龙眼洞等森林公园品质。谋划新建 10 个公园，探索多途径营建绿色公共空间，满足居民就近休闲游憩需求。依托存量资源，新增慢行道 60 公里、改造提升 30 公里，实现环翠慢行贯通。

此外，开启千园融城行动。依托番禺、黄埔、增城、从化等郊野资源，规划建设 2 个郊野公园和 4 个古树公园。大力提升社区公园和口袋公园服务覆盖能力，新增社区公园不少于 55 个，新增口袋公园不少于 200 个。推进 10 个体育公园新建或改建。推进城市公共空间儿童友好改造，每区建设不少于 1 所区级儿童活动中心。

2023 年 9 月，《广州市绿地系统规划（2021—2035）》（简称《绿地规划》）正式印发实施。《绿地规划》以建设"活力公园城市"为目标愿景，提出到 2035 年，天蓝、地绿、水清、景美的生态画卷成为广州亮丽名片，全面建成绿色生态网络健康稳固、绿色服务普惠共享、岭南园林传承创新、花城文化精彩纷呈的活力公园城市和人与自然和谐共生的现代化绿美广州样板。

广州是粤港澳大湾区生态格局的重要组成部分，兼具山水林田湖海等资源，北依山、中沿江、南滨海的城市风貌特色鲜明，也是广东省首个国家森林城市。

立足粤港澳大湾区和珠三角国家森林城市群发展，《绿地规划》提出携领优化粤港澳大湾区生态格局，共同维育大湾区山体生态屏障和沿海生态防护带，协调建设区域生态廊道，加快广州与周边城市绿色生态协同发展。

市域层面，通过统筹建设北部生态涵养、中部城市森林和南部沿海防护三大森林生态片区，构建流溪河—珠江西航道—洪奇沥水道等八条区域生态廊道，打造 160 千米城市生态翠环，高质量建设珠江景观带，保护白云山、海珠湿地和南沙湿地三大城市生态绿核，形成"三片八廊、一环一带三核"的市域绿地系统空间结构，引导绿美生态、游憩、文化全面发展。

与此同时，立足于加强全市自然生态系统保护，《绿地规划》构建以自然保护区为基础、以自然公园为补充的自然保护地体系，推进自然保护区和自然公园整合优化，开展自然保护地示范性建设，提升自然保护地生态服务功能。全市规划自然保护地 75 处。

坚持节俭、务实建绿，鼓励近自然、本地化、易维护、可持续的建设方式。科学确定本市适宜种植的绿化树种名录，推广乡土树种应用。广州市林业和园林局推荐植物 868 种，包括细叶榕、大叶榕等乔木 366 种，灌木 200 种，藤本 63 种，草本 214 种和竹类 26 种。

《绿地规划》依托古树名木、历史名园、特色风貌林荫路等资源，保护老城区传统绿化风貌，传承岭南园林文化。划定绿线及第一批永久保护绿地，严格绿地保护和管控。

结合广州城市发展从增量扩张向存量提升转变的阶段特征，《绿地规划》提出通过更新地区新增绿地预留、低效绿地公园化利用等方式，增加居民身边的绿地，精准提高公园绿地服务水平。到 2035 年，全市规划新增公园绿地约 6320 公顷，人均公园绿地面积不低于 $17.5m^2/$人，公园绿地服务半径覆盖率达到 90.0%。

立足不同频次、不同类型的游憩活动需求，《绿地规划》提出，构建完善"生态公园—城市公园—社区公园—游园（口袋公园）"四级公园体系，重点增加社区公园和游园（口袋公园），适度增补郊野公园和城市公园。《绿地规划》还提出发展"公园＋"，提供全龄友好的就近活动空间，加强公园与体育、文化、科教、露营、低碳等功能有机融合，提升公园活力。

为进一步提升游憩空间的可达性和开放性，《绿地规划》整合绿道、碧道、道路绿带、林荫路、森林步道等线性空间，通过连公园、连绿地、连景区等，打造通山达海的高品质绿色游憩空间网络，让市民"远"能徒步山林、漫步郊野，"近"能出门见园、转角享绿。

衔接绿美广州生态建设计划，以加快全域公园建设、完善休闲游憩网络、保护生物多样性、大力提升城乡绿量为重点板块，推进绿地系统近期建设。到 2025 年，全市新增各类公园不少于 384 个、新增绿道 126

千米、改造绿道 1000 千米以上、新增立体绿化 20 万平方米、建设 9 处自然教育基地（水鸟科普类）。可以预计，以"绿美广州"建设为抓手，千年花城将更加秀美，广州市民的生活幸福感也将进一步提升。

10

1 小时生活圈
"圈"出居民幸福感

城市发展战略规划是重塑广州城市格局和功能的总纲领。战略规划关乎广州下一个 20 年的城市空间版图，更奠定了广州发展的方位。过去十年，广州的城市面貌焕然一新，这离不开背后的城市规划；市民出行越来越方便，生活越来越便利，这离不开背后的交通规划。以地铁为例，2012 年到 2022 年，是广州地铁积极服务国家发展战略，全力推动"轨道上的大湾区"建设，为广州以更实举措服务粤港澳大湾区建设，以更高质量实现"一张网、一张票、一串城"广州都市圈城际铁路项目的十年。如今，生活在广州的市民都发出这样的感慨：在广州出行，交通实在太方便了。

城市更新专项规划：助力广州城中村和城市面貌"华丽转身"

2023 年 2 月 6 日，《广州市城市更新专项规划（2021—2035 年）》（简称《专项规划》）公开征求社会公众意见新闻发布会举行。《专项规划》提出，为解决城市增量预留空间日益稀缺的问题，统筹新增用地与存量用地资源配置，规划至 2025 年，累计推进城市更新约 100 平方公里；

至 2030 年，累计推进城市更新约 200 平方公里；至 2035 年，累计推进城市更新约 300 平方公里。广州还将通过微改造、混合改造、全面改造多种更新方式，推动低效存量土地的盘活再利用，支撑高质量产业空间与公共服务设施供给。《专项规划》提出至 2035 年，广州拟推进旧村庄旧城镇全面改造与混合改造项目 297 个，旧城混合改造项目 16 个，综合运用各项政策以"留改拆"混合改造方式推进，鼓励推进老旧城区微改造项目、外围地区乡村整治提升项目。《专项规划》立足广州粤港澳大湾区核心引擎定位，衔接"南建面海新城、北筑产业极点、东立综合门户、西联广佛同城、统筹山城湾海、贯通功能走廊、壮大合作腹地、强化湾区核心"的发展策略，明确城市更新重点区域，实施差异化更新策略。基于广州市域总体空间格局，划分中心城区核心区、中心城区及周边城区、外围地区三片更新区域。其中聚焦中心城区核心区、中心城区及周边城区，在 2035 年前，广州拟推进旧村庄旧城镇全面改造与混合改造更新项目 260 个，提升城市核心功能。

城市更新建设内容，也被看作 2023 年度广州城市建设提质的重头戏。截至 2023 年 12 月底，广州已累计完成 918 个老旧小区的改造，累计改造老旧建筑面积 4959.2 万平方米，"三线"整治 2926.95 千米，增设无障碍通道 166.4 千米，完善消防设施 7.8 万个，新增社区绿地和公共空间 1005 个，惠及 67.9 万户家庭、217.2 万居民。

近年来，广州持续在城市更新中发力。2023 年广州市《政府工作报告》指出，广州在大力实施城市更新行动，推动出台城市更新条例，坚持"拆、治、兴"并举，推进旧村庄、旧厂房、旧城镇改造，在更新改造中延续城脉、文脉、商脉。加强片区统筹谋划，强力推进中心城区城中村改造。加快珠江沿岸贯通，推动各区滨江示范段建设。以"绣花"功夫推进 100 个以上老旧小区改造，推进北京路二期、上下九街区、聚龙湾片区（首期）等活化利用项目，打造历史文化保护传承典范。统筹

◎ 南沙港四期工程

违法建设治理与城市更新，促进违法建设科学分类治理。实现中心城区地下综合管廊等 4 个市属管廊全线贯通，推动管线入廊。

广州"三旧"改造规划，推进城市更新，其实也不是第一次了，而广州持续深耕城市更新，对于广州城市面貌改变而言意义重大。由于广州城市土地日渐减少，而城市的规模却越来越大，需要有更多的土地资源，因此，对旧村庄、旧城镇、旧厂房的改造和更新规划不仅可以提供更多的城市土地资源，还可以提高民生福祉水平，极大改变城市面貌，是一项民生工程。

国土空间生态修复规划：
绘就"山青林环、水秀海碧、田广人和"的美丽广州蓝图

2023 年 9 月 18 日，第 48 次广州市政府常务会议审议通过了《广州市国土空间生态修复规划（2021—2035 年)》（简称《修复规划》)。《修复规划》以将广州建设成"国家山水林田湖海一体化保护修复实践区、岭南地区生物多样性保护示范区、粤港澳大湾区生态价值转化先行区"为总体目标。到 2025 年，加快推进自然保护地、生态保护红线、重点修复区域的生态保护和修复，着力解决核心生态问题，筑牢北部和滨海生态安全屏障，整体生态环境质量持续改善，各类生态系统安全性、稳定

251

性显著增强；到 2035 年，全面构建安全、健康、美丽、和谐的国土空间格局，人与自然和谐共生格局基本形成，生态环境根本好转，建成山青林环、水秀海碧、田广人和的美丽广州。

《修复规划》提出筑牢通山达海的生态空间格局，统筹北、中、南三大区域的修复重点，以保育九大生态片区、提升六大生态节点、建设三级生态廊道网络为抓手，以生态修复的手段优化广州市整体生态格局。

其中，北部山地丘陵区重点强化生态源地保育，筑牢山体生态屏障；中部沿江平原区重点修复蓝脉绿网，重点保护白云山、帽峰山、白云湖、海珠湿地等生态绿核，以珠江为链串联河涌水系形成蓝脉绿网，完善城市公园体系，连通城市绿廊、风廊等；南部滨海河网区重点修复滨海生态系统，优化海洋生态屏障。

广州将保障农业生态系统安全，严格保护永久基本农田。同时，开展农村人居环境整治，建设美丽宜居岭南乡村。推进垃圾污水治理、"厕所革命"和村容村貌提升，梯次建设干净整洁村、美丽宜居村、特色精品村，建设一批高质量岭南特色精品乡村。

广州中心城区将结合城市更新通过拆违建绿、拆旧建绿逐步增加绿地与生态空间，外围城区以绿道、碧道及生态廊道串联沿线的森林公园、湿地公园及城市公园，实现绿色空间贯通，打造城市生态翠环。结合生态廊道构建 6 条市域通风廊道，增强气候舒适性。大力推进白云山、越秀山等山体周边系统整治与生态复绿工作，实现还绿于民。完善城市公园建设，满足市民日常休闲、娱乐、健身的需求。

《规划》结合广州城市结构、生态格局及现状存在问题，生态修复重点聚焦于矿山林地、湿地河湖、江海岸线、农田、乡村环境五个方面，制订"一体化修复计划""青山计划""碧水计划""蓝湾计划""锦田计划"及"筑境计划"。

其中，"一体化修复计划"拟开展粤港澳大湾区生态屏障保护修复、蓝色海洋生态屏障保护修复、重点流域河湖湿地生态保护修复、土地综合整治生态修复、生物多样性保护及支撑体系、生态廊道关键点修复等 6 项重大工程。"青山计划"拟开展北部山林屏障生态修复、城市生态绿地保护修复、珠江口沿海防护林修复等 3 项重大工程。"碧水计划"拟开展水源涵养修复、水廊修复、碧道建设、湿地保育等 4 项重大工程。"蓝湾计划"拟开展珠江河口生态系统及生物多样性保护与恢复、珠江口滨海生态修复等 2 项重大工程。"锦田计划"拟开展北部山水锦田工程、都市锦田工程、珠江口水网锦田工程等 3 项重大工程。"筑境计划"拟开展东江流域乡村筑境、珠江口乡村筑境、北部生态乡村筑境、江心岛乡村筑境等 4 项重大工程。

与周边城市交通互联互通规划：
构建"三张网"与粤港澳大湾区城市中心 1 小时通达

交通是现代城市的血脉。血脉畅通，城市才能健康发展。作为国家中心城市、粤港澳大湾区核心引擎、省会城市，广州必须充分发挥引领作用，全面增强综合交通枢纽功能，为城市高质量发展畅通血管命脉。2023 年 7 月，广州市规划和自然资源局发布消息称，《国土空间背景下的广州与周边城市交通互联互通规划》（简称《互联互通规划》）已经编制完成，形成广州与周边城市 210 条通道规划（轨道 59 条、道路 151 条），加快构建"湾区 1 小时交通圈"和"邻穗地区 1 小时通勤圈"。

2023 年 7 月，广州市规划和自然资源局有关负责人表示，通过调研发现，近年来，广州与周边城市的交通需求呈现四大变化趋势：一是区域经济关联度增强，城际交往需求总量成倍增长。广州与周边各城市间经济关联度提升 1.8 倍，跨城万人出行频次增长 65%。对外出行总量从日均 403 万人次增加到 766 万人次，包含 30% 的过境交通达到 1085 万人次，增长近 1 倍。二是中短距离高频次出行特征显著，经济腹地拓展需要更广泛的连通。30 公里内出行达 58%、都市圈 60 公里范围达 80%，轨道交通方式比例达 60%，有必要提供多层次、满足多尺度空间的交通服务。三是湾区科技创新走廊发展强劲，城市节点需要更高效的中心直达。知识城、东部枢纽、滨海湾、前海湾将成为广深港澳东岸创新走廊新的增长点，科学城、黄金湾、创新城、明珠湾、环海湾、横琴将成为西岸增长点，这些新增长点之间，以及与各城市中心的联系需要更加高效直达。广深极核双城联动，带动东岸科技创新走廊交通强劲增长 1.6 倍。南沙湾区中心崛起，带动西岸科技创新走廊交通快速增长 1.2 倍。四是新空间结构下，需要构建更大范围的通勤交通圈。随着广州与湾区城市的融合进入深水区，跨界通勤需求将进一步增长，广佛莞同城化交通需求将增长 90%，占广州与大湾区 11 市出行的 2/3，其中通勤交通更高达 80%，亟须提升区域通道的密度及可达性。

为此，广州对周边城市交通互联互通的规划中，聚焦区域交通韧性更强、湾区出行品质更优、同城通勤效率更高，着力构建"三张网"，推动广州与周边城市形成公铁多层级、方向多路径、网络互联通、中心直达快的互联互通交通网络。

建设国家骨架网，畅通国内大循环支撑能力。构建"双人 + 三横"国家铁路网，高效贯通全省、通达全国大城市群；扩容和新建并举，推进"两环十六射"国家干线网落地生根，形成 33 条国家骨架对外通道。

强化湾区干线网，提升极点辐射带动能力。围绕广佛中心，构建"双环 + 十字 + 放射"湾区城际网络，打造以"三环十九射"高速公路为骨架的多层级湾区干线路网，形成 63 条湾区干线对外通道。

织密同城支线网，增强通勤保障能力。构建广佛一张网、穗莞多通道同城化轨道网络，以及疏密有致的同城道路支线网，畅通边界地区微循环，形成 114 条同城支线对外通道。《互联互通规划》实施后，广州至各方向国家铁路、高速公路均在 2 条以上，与湾区城市中心 1 小时通达，中心通勤交通高峰 1 小时可达范围佛山方向由 15 公里拓展至 30 公里、东莞方向由 30 公里拓展至 50 公里。

以打造"全向多层立体网，高效便捷交通圈"为总目标，高标准建成高效连接全球、便捷辐射全国、快速直连湾区的现代化综合立体交通网络，形成"湾区 1 小时交通圈"和"邻穗地区 1 小时通勤圈"，推动广州与周边城市交通基础设施立体成网，支撑核心引领、轴带支撑、圈层联动的都市圈发展格局。

从"自成体系"向"立体复合"转变，加强不同运输方式之间的线位共用、信息共享、立体互联和标准互通。从"公路模式"向"轨道引导"转变，应对中短距离城际客流快速增长，建设"轨道上的大湾区"。从"站到站"向"门到门"转变，提供更优质、高效的都市圈通勤交通服务，从"1 小时交通圈"走向"1 小时通勤圈"。

与此同时，海珠区《广州市海珠区国土空间总体规划（2021—2035年)》（简称《总体规划》）。《总体规划》主要从三方面布局交通系统。客运枢纽方面，积极推进琶洲枢纽和沥滘枢纽两大客运枢纽建设，强化与粤港澳大湾区城市的链接能力。轨道交通方面，构建"城际铁路线＋城市轨道快线 A＋城市轨道快线 B＋城市轨道普线"的多层次轨道交通系统。在道路交通方面，规划形成"七横十纵一环"路网结构，打通交通瓶颈，提升路网密度，提高对外联系效率。《总体规划》指出，到 2035年，海珠区对外交通出行实现"3060"目标，即海珠区至航空、铁路枢纽 30 分钟直达，至粤港澳大湾区主要城市联系时间不超过 60 分钟。内部交通出行实现"7080"目标，即公共交通占机动化出行比例不低于 70%，轨道交通占公共交通出行比例不低于 80%，整体绿色交通出行比例不低于 80%。

绿地系统规划："绿美广州"让市民感觉生活在城市公园中

根据《绿地规划》，广州将打造形成长约 160 千米、宽约 1 千米的城市生态翠环，形成串联帽峰山省级森林公园、天鹿湖省级森林公园、莲花山风景名胜区等节点的环城公园带。

公园的增多是规划的一大亮点。《绿地规划》提出，重点增加社区公园和游园（口袋公园），适度增补郊野公园和城市公园。到 2025 年，全市新增各类公园不少于 384 个、新增绿道 126 千米、改造绿道 1000 千米以上、新增立体绿化 20 万平方米、建设 9 处自然教育基地（水鸟科普类）。

到 2035 年，全市规划自然保护区 5 个，面积 8775.76 公顷。其中现状优化 1 个，为从化温泉自然保护区；等级提升 3 个，分别为从化唐鱼自然保护区、花都芙蓉嶂白沙田桃花水母及其生态自然保护区、增城大东坑次生林自然保护区；归并 1 个，推进陈禾洞省级自然保护区与从化蝴蝶谷森林公园归并为陈禾洞省级自然保护区。

到 2035 年，全市规划风景名胜区 4 个，面积共计 20906.43 公顷。其中，现状优化 3 个，分别为白云山风景名胜区、莲花山风景名胜区、从化温泉风景名胜区；归并 1 个，推进增城白水寨风景名胜区与增城大封门森林公园、增城高滩森林公园、增城凤凰山森林公园、增城邓村森林公园、增城省级地质公园归并为增城白水寨风景名胜区。

到 2035 年，全市规划森林公园 54 个，面积共计 77906.85 公顷。其中，规划新增 7 个，面积共计 5481.70 公顷，分别为白云六片山森林公园、黄埔油麻山森林公园、南沙大山嶼森林公园、南沙南大山森林公园、花都称砣顶森林公园、从化通天蜡烛森林公园、增城南坑顶森林公园；等级提升 2 个，分别为番禺七星岗森林公园、番禺翁山森林公园。

到 2035 年，全市规划湿地公园 11 个，面积共计 2155.60 公顷。其中，规划新增 1 个，为黄埔埔心湿地公园，面积 23.44 公顷；归并 1 个，推进南沙滨海红树林森林公园归并为南沙湿地公园。

到 2035 年，全市规划地质公园 1 个，为南沙大虎山地质公园，面积 107.89 公顷。促进地质遗迹资源有效保护与永续利用，充分发挥其对经济社会发展的支撑作用。

商业功能区发展规划：打造活力千年商都、国潮时尚天堂

2023 年 7 月 8 日，广州市商务局正式发布《广州市重点商业功能区发展规划（2020—2035 年）》（简称《发展规划》）。《发展规划》表示，广州将衔接国土空间规划公共中心体系，匹配国际消费中心城市建设目标，构建世界级、都会级和区域级三级商圈体系，打造"5 + 2 + 4 + 22"的重点商圈格局，其中包括 5 个世界级地标商圈、2 个具有世界影响力的岭南特色商圈、4 个枢纽型国际商圈、22 个都市特色商圈。

建设 5 个世界级地标商圈，包括天河路—珠江新城商圈、广州塔—琶洲商圈、金融城—黄埔湾商圈、长隆—万博商圈以及白鹅潭商圈；打造 2 个具有世界影响力的岭南特色商圈，包括北京路—海珠广场商圈、大西关（上下九—永庆坊）商圈；打造 4 个枢纽型国际商圈，包括广州

◎ 广州塔美景

北站—白云机场商圈、广州南站商圈、广州东部枢纽商圈、南沙湾（南沙国际邮轮母港）商圈。

其中，天河路—珠江新城商圈发展目标是打造汇聚国际时尚消费地标的世界级地标商圈。强调串圈成轴，联动广州塔—琶洲商圈，打造中央活力区世界级综合消费轴。串点成街，将冼村旧改、赛马场作为珠江新城轴线上重要增长点，打造花城大道消费街与天河路高端超级购物街。

为将广州建设成为服务湾区、辐射全国、世界知名的重点商圈，形成多核引领、错位发展、均衡有序的商圈空间格局，营造岭南特色与现代时尚交相辉映的消费环境，打造享誉国际的时尚之都、蜚声海外的"国潮广货"消费标杆、卓尔不群的购物天堂，《发展规划》制定了多项发展战略。

其一，多核引领，打造滨江消费高地，构筑多核国际商圈。《发展规划》指出，要植根岭南文化基因，结合现状基础、区位特征与资源禀赋，突出国潮时尚特色，集中优势、差异定位，将天河路—珠江新城商圈打造成国际时尚消费地标汇聚地，广州塔—琶洲商圈打造成商业商务集聚、互动体验功能突出的世界级地标性综合商圈，金融城—黄埔湾商圈打造成数字引领、滨江活力的国际商业商务及高科技观光示范区、长隆—万博商圈打造成国际文旅及商业微旅高度融合示范区、白鹅潭商圈打造成集聚全球文化艺术消费和新兴商业消费的世界级地标商圈，强化配套、优化品质，构建多核引领、错位发展、均衡有序的商圈格局。

其二，地标带动，增量牵引头部载体，存量提质焕发活力。《发展规划》表示将推动地标商圈国有商业用地及存量物业"建管分离"，引进头部运营商和优质商业载体，高标准高品质推进地标商圈规划建设。顺应消费趋势，老商圈活化升级提质，积极引入沉浸式文化体验、夜娱等新业态，推动"老商圈"焕发"新活力"。

其三，传承创新，彰显广州烟火味，培育新消费新场景。《发展规划》指出要植根岭南文化特色，以特色骑楼、街巷为载体，融入 5G 等新兴技术，促进传统购物场所向消费体验中心转型，推动建设新时代粤韵商圈。充分响应 Z 世代、新中产、银发族等群体消费需求，积极创新，打造元宇宙、线上线下融合、老龄友好型的新消费场景，建设全体验、全天候、全渠道的数字商圈。大力发展首店首发经济，引入时尚潮牌。

在政策赋能方面，《发展规划》强调要打造包容监管厚植土壤，推动触媒触电触网。建立商圈工作机制，整合政府、协会、企业等各方资源，支持推动商圈高质量发展。发展首店经济，鼓励首店首发创新品牌落地。审慎包容监管，鼓励商圈开展多种形式的消费体验活动，打造新型消费场景。强化用地政策支持，在历史文化地区等重要地段兼容商业、活化利用等方面给予政策支持。充分利用新媒体加强城市商业形象传播，提升商圈国际知名度和美誉度。

广州地铁客流量全国第一，便捷程度令人称赞

2023 年 6 月，《2022 年广州市交通发展年度报告》（简称《报告》）出炉。《报告》显示，广州作为祖国的南大门，白云机场承担了对外门户枢纽功能，港口货物及集装箱吞吐量保持正增长，广州在湾区中交通核心地位显著，南沙对外交通联系持续加强；交通系统支撑城市空间高质量发展，绿色出行水平保持高位，新能源汽车发展迅速，交通模式不断向绿色化、个性化转变。

《报告》显示 2022 年广州地铁通车里程 621 公里，居全国城市第三，日均客运量 646 万人次，居全国第一；广州中心城区绿色出行比例达到 77%，居全国超大城市前列。2023 年上半年，广州地铁日均客运强度为 1.3 万人次/公里，蝉联国内第一。2023 年上半年，广州地铁线网日均客运量 807.3 万人次，较去年同期增长 19%，继续位居全国第三。

◎ 广州地铁十八号线列车内景

《报告》显示，广州对粤港澳大湾区辐射效果显著、南沙对外交通联系持续加强。广州都市圈交通一体化程度高，2022 年大湾区城际间日均出行量 542 万人次，广佛肇占 49%，其次为深莞惠（36%）、珠中江（15%）。广佛同城联系强，广佛两市间日均出行量 171 万人次，占湾区城际出行总量 32%，约为深莞的 2 倍（84 万人次）。

截至 2022 年底，广州开通运营地铁 16 条、有轨电车 2 条。在建地铁 10 条、有轨电车 1 条。广州地铁通车里程 621 公里，运营线路 16 条（段），地铁站点数 285 座（换乘站计一次，含 APM 线和广佛线）。2022 年 5 月 1 日，广州地铁 7 号线西延段开通运营，是大湾区第二条实现广州与佛山"零换乘"的地铁线。广佛之间，也是国内第一条"跨市"地铁的诞生地，跨市通勤每天都在上演。随着佛山地铁 2 号线、广州地铁 7 号线顺德段、佛山地铁 3 号线的通车，加上广佛线，佛山已有 4 条地铁与广州地铁无缝衔接，客流量也大幅上升。2023 年上半年，佛山城市轨道交通客运量达 7741.9 万人次，同比去年增长了 59.9%；进站量达到 5720.2 万人次，同比去年增长了 44.5%；日均客运量约 42.8 万人次，日均进站量约 31.6 万人次，客运强度为日均 0.34 万人次/公里。

2022 年广州南站年旅客发送量 4770 万人次，位居全国第一。日均旅客发送量 13.1 万人次，占铁路旅客发送总量的 71.5%，占比持续扩大。

与此同时，南沙与大湾区城市（含广州其他各区）日均出行总量同比增长 8.6%，达到 77.6 万人次；南沙与周边城市 32.7 万人次/日，占广州与大湾区跨城出行总量的 13%，同比增加 4 个百分点（2021 年占比 9%），南沙作为粤港澳重大合作平台的地位正在得到加强。

广州轨道交通支撑城市空间高质量发展、通勤时耗减少。广州轨道网络与城市空间骨架形态基本契合，沿轨道交通轴线人口岗位密度明显更高，轨道站点 800 米范围内人口、就业密度分别为 2 万人/平方公里、1.3 万个/平方公里，是非轨道覆盖建设用地区域的 2.9 倍和 4.1 倍，全市轨道站点 800 米人口岗位覆盖率 36.6%，中心城区 54.7%。2020 年至今，更多市民选择区内就近上班、居家远程办公等弹性工作方式，以及外围地区就业机会增长，全市平均通勤时耗 36.5 分钟、同比减少 2.2 分钟，45 分钟以内通勤出行占比 80%，维持在较高水平。

与此同时，绿色出行保持高位，新能源汽车成为机动车增长主体，电动自行车迅猛增长。中心城区绿色出行（含步行、自行车、电动自行车、常规公交、轨道交通）比例 77%，居全国超大城市前列。公交出行占有比率也从 35% 上升至 61%，成为市民出行的首选。新能源汽车发展迅速，全市新能源汽车保有量 56.3 万辆，同比增长 47.5%，成为机动车增长的主体，年度新增的机动车中 75.3% 为新能源汽车。电动自行车日均出行量 600 万人次，同比增长 14.5%，相比 2019 年增长 50.3%，呈迅猛增长趋势。

2025 年地铁里程将达 800 公里以上，打造 "1 小时轨道都市圈"

2023 年 6 月 2 日，广州市政府新闻办举行 "高质量发展·看交通" 新闻发布会，介绍广州市交通高质量发展相关情况。过去几年广州交通发展的成绩单首度公布。

广州市发展改革委一级调研员、工业发展处处长余伟介绍，作为广州市重点发展的新兴产业,轨道交通产业具有关联度强、技术资金密集、市场潜力大等特点。产业的发展壮大离不开龙头企业的引领和带动。近年来,广州依托庞大市场需求,充分发挥广州地铁集团"链主"的龙头带动作用,创新采用"设备采购+运维服务""股权投资+施工总承包"模式,培育形成一批龙头企业和重点企业。截至 2022 年底,广州全市轨道交通"四上"企业 710 家,高新技术企业 317 家,上市公司 22 家,专精特新企业 36 家,均比 2020 年有大幅提升。广州地铁集团客流强度常年保持全国第一,2022 年运送旅客总量 23.58 亿人次,居全国首位,率先实现"地铁、城际、有轨"全制式覆盖,已成为国内轨道交通以及综合交通枢纽领域专业领军示范企业。

轨道交通行业在给广州市民出行带来便利的同时,也给上下游相关产业的发展带来了极大的发展机遇。余伟表示,广州将按照"空间集聚,区域协同"的原则,持续优化以白云为核心,以南沙、番禺、花都为重点集聚区,以黄埔、天河、越秀、海珠等为重要支撑的"一核三区多基地"产业布局。白云区形成以白云电气为龙头,以广州轨道交通装备产业园和广州大湾区轨道交通产业发展中心为主要载体的南北两翼产业布局,产业用地规模超过 1 万亩。

南沙区形成中铁、中铁建、中交等央企施工龙头的区域总部集群;南沙大岗先进装备制造业基地、中铁隧道局新兴产业园、山河智能华南装备产业园为新兴智能装备、盾构机等高端装备制造业提供新的支撑。

番禺区和花都区在做好轨道交通整车造修业的同时,不断开拓轨道交通与新能源电动客车、半导体融合协同发展新空间。园区产业数字化稳步推进;天河、黄埔、海珠、荔湾等积极打造"AI+智慧交通"和新一代 AI 智能设备产业基地,赋能轨道交通产业智慧化转型。

当前,广州正在推进多条城际、地铁及一批综合交通枢纽建设,到"十四五"末,广州市轨道交通建设总投资将达到 5000 亿元,到 2035 年有望超万亿元，这将为轨道交通产业发展带来巨大空间。

在2023年6月2日的发布会上，广州市交通运输局总工程师邹小江介绍，广州正以更高质量打造"轨道上的大湾区"，持续完善广州铁路枢纽布局。计划2023年底前建成广州白云（棠溪）站、广汕铁路，尽快实现"高铁进城"，加快推进广湛高铁、深江铁路建设，打造与粤西地区的高速直连干线通道。同时，加快"轨道上的广州都市圈"建设。南沙至珠海（中山）城际（万顷沙—兴中段）已于2023年3月开工，二十涌站与南沙大型城市综合体计划将同步建成、同步开通。截至目前，地铁5号线东延段、7号线二期土建工程均已完成96%以上，正同步开展机电安装、装修工程，年底前有望通车运营。邹小江表示，下一步，广州将继续推进10条城际铁路、12条地铁线路的建设，力争2025年城市轨道交通运营开通里程达800公里以上，打造以广州为中心的1小时轨道都市圈。

在提升城市交通综合治理方面，2023年计划完成50个交通拥堵点治理。结合地铁新线开通，同步推进中心城区公交线路优化整合、强化地铁公交接驳以及市郊区域公交服务覆盖。同时，在目前广州市网约车订单合规率已超过99%的基础上，还将进一步通过加大网约车运营数据接入监测、每月将网约车市场规模、执法监管、服务投诉公开接受全社会监督等措施，强化行业监管。持续深化绿色交通建设，截至2023年底，广州全市巡游出租车实现纯电动化。

2022年8月2日，广州市规划和自然资源局发布《广州市轨道交通线网规划（2018—2035年）》，共规划了53条、2029公里的地铁线路。截至2023年上半年，广州地铁有16条线路，里程达621公里。根据规划，到2035年，广州还将开通30多条地铁线路，新增里程1000多公里。

广州市轨道交通线网由高速地铁、快速地铁、普速地铁三个层次构成，其中高速地铁5条，快速地铁11条，普速地铁37条。广州的目标是实现中心城区至南沙副中心、外围城区中心30分钟直达；市域公交占机动化出行比例60%，轨道占公交出行比例80%。

近年来，粤港澳大湾区一直在筹划轨道交通联网，此次广州地铁提出，将与湾区各城市中心60分钟直达，其中至佛山、东莞中心30分钟可达。

跨城地铁中，最重要的是5条高速地铁，时速可达到160公里/小时。其中17号线连接佛山，18号线连接中山、珠海、清远，22号线连接东莞、深圳，28号线连接佛山、东莞、惠州，37号线连接韶关新丰。佛山和广州之间已经有地铁联通，两个城市正在迈向同城化，未来两地之间还将开通多条快速和普速地铁，包括7号线、10号线支线、19号线、25号线、26号线、32号线、33号线、34号线等。此外，佛山、东莞还有10条线路引入广州。

未来，广州还将促进国铁、城际、地铁三种交通制式的深度融合，实现"外通内连、换乘高效、服务一体"的轨道交通运输网络。

广州出发通达全球，便利程度令人咂舌

在2023年6月2日的发布会上，广州市大湾区办常务副主任、广州市发展改革委副主任牟治平介绍，近年来，广州作为改革开放的排头兵，全面推动引领交通发展走在全国前列，综合交通枢纽核心竞争力显著提升。在发展动能上，国际航空枢纽方面，白云国际机场连续三年获评"全球机场服务质量满意度第一""中国最佳机场"。作为我国的南大门，广州枢纽服务能力依然保持全国前列，国家门户枢纽功能显著。白云机场年旅客吞吐量2610万人次，单一机场吞吐量连续三年全国第一。全年承担国际航空旅客吞吐量78万人次，是国家对外门户枢纽。2022年，广州港货物吞吐量6.56亿吨，位列全球第五。集装箱年吞吐量2486万标箱，位居全球第六。铁路方面，2022年，铁路旅客年发送量6667万人次、广州南站4770万人次均位居全国第一。

在发展质效上，广州海陆空多种运输方式衔接高效，旅客联程运输发展全国第一。例如，白云国际机场已接入广清、新白广2条城际和1条地铁，初步形成高效便捷的空铁联运体系。广州地铁实现粤港澳大湾区"地铁＋城际"一体化运作。广州绿色出行比例达78%，居全国超大城市第一。

牟治平透露，未来，广州将围绕枢纽能级、枢纽融合、枢纽经济三个方面进一步提升广州市综合交通枢纽的国际影响力和辐射力。持续提升枢纽能级方面，按机场年旅客吞吐量1.2亿人次、年货邮吞吐量380万吨的设计容量，推进白云机场三期扩建工程。实施铁路枢纽能级提升工程，于2023年9月底建成开通广汕高铁、2023年内开通白云站，推进广湛高铁、深江铁路建设，尽快开工建设广州站至广州南站联络线等项目。

同时强化枢纽融合，以一体化高效换乘理念打造空铁联运体系，推进T3交通枢纽轨道交通预留工程建设，构建以机场为中心的一体化集疏运体系。吸引国际班轮公司继续在南沙港新增航线和运力，打造以南沙港区为枢纽的集装箱海铁联运国际中转通道。推进广佛西环、南珠中城际、佛穗莞城际等项目落地实施，加速打造"轨道上的大湾区"。

此外，大力发展枢纽经济。以白云机场为核心，培育壮大临空产业集群。发挥南沙自贸试验区、粤港澳全面合作示范区等资源优势，吸引智能与新能源汽车等战略性新兴产业临港集聚。加快广州轨道交通装备

◎ 在建的白云国际机场T3航站楼鸟瞰图

产业园建设，推动一批企业入园集聚发展。积极推动广州东部公铁联运枢纽建设，通过发展产业物流、跨境电商物流等支撑智能与新能源汽车、新一代信息技术等产业集群集聚。

有轨电车：彰显广州现代城市特色的"流动名片"

在广州，还有一种非常舒适的出行工具，那就是有轨电车。如今，有轨电车已经成为彰显广州现代城市特色的"流动名片"。广州的有轨电车在 2014 年 12 月开始营运，目前的站点共有 11 个，即广州塔、广州塔东、猎德大桥南、琶醍、南风、会展西、会展中、会展东、琶洲大桥南、琶洲塔、万胜围站。很多市民都表示，每次乘坐有轨电车，总有满满的幸福感。广州的有轨电车已经整整运行了 10 年时间。除了安全外，还感觉十分舒适。广州的有轨电车通常都有三节车厢，空间非常宽阔，一点也不用担心拥挤。当车开进站点后，乘客可以从不同的位置车厢门上车，上车人十分有序，车厢内除了有座椅，还设置无障碍空间供轮椅人士、携带折叠单车人士使用，目测可以同时容纳几百人，完全没有其他公共交通工具的拥挤情况。

因为有轨电车是在预设的轨道上行驶，这条铺着轨道的道路是专用的，所以不会有其他交通工具，也因此不会出现塞车的情况，车辆的行驶永远都非常顺畅。有轨电车的班次也很足，几分钟一趟，所以没有浪费等待时间。为满足乘客通勤需求，从 2021 年 3 月 18 日起，有轨电车海珠试验段启用新版列车运行图，进一步缩短工作日早高峰时段候车时间间隔。新版运行图启用后，工作日早高峰时段（即 7:40—10:10）由广州塔站开往南风站的列车行车间隔将缩短至 5 分钟左右，极大程度地方便从广州塔站出发去往琶洲西区、珠江琶醍等地上班的市民。乘客乘坐有轨电车，如果有羊城通，直接刷卡上车就可以，同时有轨电车也享受 15

次后6折的优惠；若没有羊城通，可以在车站的售票机购买车票，票价是2元。

而广州有轨电车车站及车厢的设计，让人心情愉悦，幸福感满满。走进有轨电车的车站，仿佛让人进入一个七色彩虹的空间，绚丽的色彩让人感到非常舒服。当车进入每个站点，还会有不同的特色，例如"琶醍站"的设计，一边是一条长长的玻璃走廊，一边是透明玻璃，透过玻璃看珠江；再例如"广州塔"站，在有轨车站内，可以看到广州最高的三座地标性建筑——广州塔、东塔与西塔。广州的有轨电车注重发挥有轨电车"流动风景线"的作用，现在这条线路成为广州的一张新名片，被称为"最美7.7公里"。很多乘客在乘坐有轨电车时都会惊呼"太美了"。这也难怪，有轨电车沿着广州的城市地标和珠江河畔行驶，除了广州地标广州塔外，沿途还跨过猎德大桥、华南大桥、琶洲大桥，另还经过广交会展馆、琶醍啤酒文化创意艺术区、琶洲塔等城市地标及广州塔等旅游景点，充分彰显了广州的现代化气息。

与此同时，截至2023年7月1日，黄埔区有轨电车1号线也迎来开通运营3周岁生日。自2020年7月1日以来，黄埔区有轨电车1号线安全运营突破1000天，行驶里程突破280万公里，截至2023年底工作日客流1.2万人次/天，早晚高峰期客流占比全天高达53%，成为黄埔区刚需

◎ 黄埔有轨电车

通勤客流最为集中的公共交通骨干线。黄埔区有轨电车线路全长约 14.4 公里，共设 19 个站，有串联永和新丰、长岭居、水西片区、黄埔政文中心以及香雪商务中心等站，其中香雪站与地铁 6 号线接驳，水西站、长平站与地铁 21 号线接驳，满足地铁客流"最后一公里"需求。2020 年 7 月 1 日，永顺大道示范段率先开通，正式开启有轨电车 1 号线的服务之旅。2020 年 12 月 28 日全线贯通运营、平交路口陆续实现"信号优先"，联合高德上线列车动态地图，斑马线过轨通道文明出行大整治，轨道限速重难点技术克缺攻关，列车加开压缩间隔驾乘三次大提速，上线共享充电、贩卖机等便民服务，公益商业主题列车上线经营……每完成一个运营提升"小目标"，都向品质服务迈进了一个新步伐。

截至 2023 年 8 月，黄埔有轨电车 2 号线北段（香雪图书馆站—开源大道东站）已完成初期运营前安全评估，具备开通运行条件，剩余区段将结合市政设施建设加紧铺排；1 号线东延段已完成 PPP 合同变更补充协议，目前正在施工中，有望于 2025 年底前完工。两条线路的建成将有利于完善区域公共交通体系，提升公共出行品质。

如今，以广佛全域同城化为牵引，以广州都市圈一体化高质量发展为方向，致力建设全国领先、具有全球影响力的现代化都市圈，广州的城市规划正为广州人绘就"绿美广州"和"畅通广州"的蓝图，未来广州人的生活将更加便捷，市民的幸福感和获得感将进一步提升，广州对新青年、新市民的吸引力将越来越强。

参考书目

[1] 张捷、景守武：《改革开放以来广州市生态文明建设经验总结》，《城市观察》，2018 年 6 月 20 日。

[2] 郑航桅：《广州市城中村污水治理的探讨》，《环境与发展》，2020 年 1 月 28 日。

[3] 平思情、王芬：《河长制基层运行模式：运作逻辑、现实困境、优化路径 ——基于广州市河长制实践的调研》，《广州社会主义学院学报》，2021 年 1 月 20 日。

[4] 庞新悦：《广州市碧道建设水环境治理思路与措施》，《广东水利水电》，2021 年 2 月 15 日。

[5] 广州社会组织研究院、广州市社会组织联合会编：《广州市社会组织发展报告（2021）》，中国社会出版社 2021 年版。

[6] 陈宁：《城市社区居家养老服务资源整合的路径研究——以广州"3＋X"模式为例》，《长白学刊》，2021 年 4 月 28 日。

[7] 李雪：《基本养老服务体系建设的"广州模式"》，《中国民政》，2021 年 10 月 15 日。

[8] 广州市民政局：《广州：长者饭堂让老年人吃出幸福味道》，《中国民政》，2023 年 9 月 30 日。

[9] 林尚立主编:《社区民主与治理——案例研究》,社会科学文献出版社 2003 年版。

[10] 梁凤莲:《以文化共识为基础建设幸福广州》,《广东行政学院学报》,2011 年 12 月 10 日。

[11] 蓝宇蕴:《社会生活共同体与社区文化建设——以广州幸福社区创建为例》,《学术研究》,2017 年 12 月 20 日。

[12] 广州市民政局:《构建共建共治共享社区治理工作格局,建设幸福广州》,《中国社会组织》,2019 年 2 月 6 日。

[13] 陈博:《浅谈广州老城区更新保护利用工作——以广州恩宁路永庆坊旧城更新案例研究为例》,《智能城市》,2020 年 5 月 28 日。

[14] 朱颖、周璠、潘泽强:《空间正义视角下的老旧社区公共空间绩效评价与设计应对——以广州老城区为例》,《世界建筑》,2023 年 1 月 11 日。

[15] 黄孚中、梁宏飞、艾勇军、雷轩:《广州城中村混合改造实施策略研究》,《城市建设理论研究》,2023 年 8 月 25 日。

[16] 宋萌萌:《广州城市更新项目中关于保护与开发的协调难点及策略研究》,《住宅产业》,2023 年 11 月 20 日。

[17] 魏宗财、陈婷婷、孟兆敏、钱前:《广州保障性住房的困境与出路——与香港的比较研究》,《国际城市规划》,2015 年 8 月 19 日。

[18] 李紫妍、区慧美:《广州保障性住房设计研究》,《建筑工程技术与设计》,2021 年 11 月 20 日。

[19] 吴凡、罗伟佳等人:《保障性住房人居环境评价及其影响因素研究——以广州市保障房住区为例》,《工程管理学报》,2023 年 3 月 2 日。

[20] 陈诺思、朱秋诗、方武冬:《要素市场化配置导向的集体租赁住房供给优化研究——以广州市为例》,《南方建筑》,2023 年 4 月 8 日。

[21] 林静、王烨、骆媛婷:《广州市住房供应体系特征及问题研究》,

《建设科技》，2023 年 5 月 15 日。

［22］郭晓洁：《广州产业结构与就业结构协同性分析》，《广东行政学院学报》，2013 年 2 月 10 日。

［23］吴妙英：《"新常态"下看广州就业》，《中国就业》，2015 年 3 月 15 日。

［24］钟健雄：《2016—2020 年广州高校毕业生基层就业状况调查分析》，《广东技术师范大学学报》，2022 年 2 月 25 日。

［25］明娟、魏晓婷：《数字经济重塑广州就业市场研究》，《广东经济》，2023 年 8 月 20 日。

［26］李欣、李顺斌、潘惠娟：《广州市医保电子凭证推广应用的实践与思考》，《中国医疗保险》，2021 年 3 月 5 日。

［27］梁凤莲：《以文化共识为基础建设幸福广州》，《广东行政学院学报》，2011 年 12 月 10 日。

［28］黄明涛：《社会治理背景下"广州街坊"实践创新研究》，《探求》，2019 年 11 月 26 日。

［29］刘珺、江德平：《广州：基层社会治理之现状、成效与提升路径》，《区域治理》，2020 年 1 月 24 日。

［30］姚迈新：《"社会治理共同体"的广州实践与启示——以"广州街坊"为个案》，《长春市委党校学报》，2020 年 4 月 15 日。

［31］姚迈新：《城市社会治理共同体的实践机制研究——基于"广州街坊"群防共治组织的分析》，《探求》，2021 年 5 月 26 日。

［32］江海燕、肖荣波、周春山：《广州中心城区公园绿地消费的社会分异特征及供给对策》，《规划师》，2010 年 2 月 1 日。

［33］蔡彦庭、文雅、程炯、魏建兵：《广州中心城区公园绿地空间格局及可达性分析》，《生态环境学报》，2011 年 11 月 18 日。

［34］冯娴慧、陈渊博：《广州城市公园游憩者幸福感水平测量研究》，

《中国园林》，2018 年 12 月 31 日。

［35］谭燕珊、岑文诺、程晓山：《文化重构视野下广州城市公园的建设与发展》，《广东园林》，2022 年 12 月 28 日。

［36］张春阳、王子豪、王成芳、黄烨勃：《健康社区理念下的广州高密度城市更新单元规划设计探索》，《规划师》，2023 年 8 月 1 日。

［37］韩文超、彭伊倩、朱红、许永成：《粤港澳大湾区一体化发展背景下广州都市圈规划》，《规划师》，2023 年 11 月 1 日。

［38］刘小丽：《基于"加减"背景下国土空间详细规划编管方式思考——以广州南沙新区为例》，《城市建设理论研究》（电子版），2023 年 11 月 25 日。

［39］邓毛颖、邓策方：《数据赋能下的智慧国土空间规划实践——以广州为例》，《热带地理》，2023 年 11 月 30 日。